편견과 무지의 경계선 넘기

박명진 · 권택영 · 이재성 · 최강민 · 강진구 · 김민아

보고사

이 저서는 2004년도 한국학술진흥재단의 지원에 의해서 연구되었음.(KRF-2004-074-AS0085)

| 책을 내면서 |

　필자는 최근 몇 년 동안 국민/국가, 민족, 인종, 정치성, 이데올로기, 파시즘, 여성성 등에 관해 연구해왔다. 일제의 조선 강점과 한국전쟁, 이후 지속된 미국의 한반도 정책의 영향은 우리들로 하여금 하루라도 빨리 근대성에 도달하려는 조급증을 유발했다. 제때 근대성에 도달하지 못해 국권상실과 한국전쟁을 초래했다는 역사적 인식은 근대성에 대한 맹목적 추구로 우리 자신을 내몰았다. 이 과정에서 근대성을 완벽하게 성취한 서구(특히 미국)와 서구적 근대성을 선취해 아서구(亞西歐)에 도달한 일본에 대한 한국인의 감정은 이중적이기까지 했다. 전자가 근대국가에 대한 선망이라면, 후자는 식민지적 지배에 의한 민족적 자존심 훼손과 여기에서 유발되는 배타적 감정일 것이다.
　모든 민족과 국가는 타민족과의 접촉을 통해 자신의 민족(국가) 정체성을 구축한다. 이때 중요한 것은 타자의 시선이라 할 수 있다. 에드워드 사이드가 『오리엔탈리즘』에서 지적하듯 한 민족의 정체성은 타민족과의 접촉과 그 시선에 대응하면서 형성된다. 해방을 전후로 하여 한국에 대한 미국과 일본의 영향력은 가히 절대적이었다. 그 영향력은 정치, 경제, 군사 차원에서의 직접적인 형태로 행사되기도 했지만, 때로는 문화적 차원에서의 은밀한 형태로 진행되기도 했다. 필자가 주목한 것은 후자였다. 과연 미국과 일본의 문학 담론에서 한국은 어떠한 모습으로 등장하고 있는가? 초보적인 의문은 구체적인 자료를 접하면서 일종의 의무감으로 바뀌었다.

한국을 대상으로 했거나 한국인이 등장하는 미국과 일본 작가들의 작품은 생각 외로 많았다. 그러나 텍스트의 많은 부분에서 한국에 대한 심각한 왜곡이 발견되었다. 대표적인 친한 문인으로 알려진 펄벅 Pearls buck 소설에서 재현되고 있는 한국은 가난과 먼지와 불행으로 점철된 곳으로 형상화되어, 자칫하면 서구 우월과 동양 열등이라는 오리엔탈리즘을 강화시켜 식민지적 시선을 정당화시킬 위험성을 내포하고 있었다. 게다가 이들 미국 작가들의 작품에 등장하는 한국인은 '악한 한국인'과 '선한 한국인'이라는 스테레오타입화되어 백인 미국인에 의해 교정되거나 척결되어야 할 존재로 그려지거나, 충성스러운 하인이나 유순한 농장 노동자, 백인 남성을 위해 성적으로 봉사하는 인물로 형상화되어 있었다.

일본 문학 역시 한국에 대한 부정적 이미지와 왜곡이 만연했는데, 노벨상 작가인 오에 겐자부로(大江健三郎)를 비롯해 가지야마 도시유끼(梶山季之) 등은 한국인(재일한국인 포함)을 '불결', '교활', '방약무인', '악당', '폭도', '겉과 속이 다른 인물' 등으로 형상화 하는 것은 물론이고 심지어는 일제 강점의 역사를 부정하거나 합리화하기까지 했다.

필자는 이들 작품들을 접하면서 한국 전쟁 후 미국과 일본 문학에 나타난 한국의 표상체계와, 한국문학에 나타난 이들 국가의 표상체계에 대한 대비 연구를 해야겠다고 결심했다. 함께 공부하던 후배들은 필자의 이런 고민에 흔쾌히 공동연구자로 참여할 뜻을 밝혀 공동연구의 기본적인 틀이 마련되었다. 그러나 국문학 전공자로서의 한계 때문에 어려움에 봉착할 수밖에 없었다. 경희대학교의 권택영 교수님과 중앙대학교의 이재성 교수가 참여함으로써 이런 어려움은 일단락되었다. 영문학과 일본문학을 전공한 두 분 교수님에게 감사의 말을 전한다.

한 국가에 대한 이미지는 문화적 편견과 결부되어 있다고는 해도 거기에는 타자를 그런 식으로 구성해야만 하는 주체의 심리적 현실성이 녹아 있다. 따라서 이 책에서 제시하고 있는 이미지 분석은 한·미·일 삼자(三者)의 시선에 포착된 정체성의 균열 지점과 접합 지점을 살피는 것이 될 것이다.

필자는 본 연구서에서 민족, 국가, 인종, 문화 등의 차이에 따른 정체성 특징의 다양성을 규명하고 이것을 통해 미국과 일본이 우리에게 어떠한 모습의 '심상지리(心象地理, imaginative geography)'로 자리 잡게 되었는지를 규명하고자 노력했다.

본 저서는 크게 3부로 구성했다.

제1부는 미국소설에 나타난 한국과 미국의 이미지 분석에 중점을 두었다. 권택영의 「미국소설 속의 한국 : 〈조선 삽화〉와 ≪딕테≫에 나타난 반복 이미지」에서는 차학경의 ≪딕테≫에 드러난 한국의 상흔을 잭 런던의 〈조선 삽화〉에서 찾고 〈조선 삽화〉가 빌려온 자료들을 허버트의 책에서 찾는 흥미로운 글이다. 저자는 ≪딕테≫와 〈조선 삽화〉에 나타나는 한국의 이미지가 나쁜 반복에 의해 형성되고 있음을 밝히고 있다. 즉 이들 작품들에는 조선 시대의 파벌 짓기, 남북의 대립, 그 이후 반복되는 순교의 피, 그리고 오늘 날의 당쟁은 타자에 대한 공존의식이 결여된 것에서 공통된다. 잭 런던의 작품에 나타난 분열의 이미지는 70년이 지난 후 차학경의 작품에서 다시 반복되고 오늘날에도 대립과 갈등이 지속되고 있다. 잭 런던과 차학경의 소설은 한 세기에 걸친 한국 이미지를 반복하면서 모든 대립구조들이 '백

년 동안의 나쁜 반복'에서 벗어날 길을 진지하게 모색해야만 한다는 것을 우리에게 심각하게 제시하고 있다.

「1세대 한국계 미국소설에 나타난 한국과 미국의 이미지」에서 최강민은 1세대 한국작가들은 동양에서 벗어나고 싶었으나 피부색이나 문화면에서 여전히 동양을 벗어나지 못하고 있음을 보여준다. 그는 1세대 한국작가들이 영어식 글쓰기를 통해 서구와의 동일시에 성공했으나 주류인 백인의 세계에 편입할 수 없는 경계선의 세대라고 주장한다. 1세대 미국작가들은 한국적 소재를 채택해 한국의 문화를 미국에 알리는 문화 전도사의 역할을 수행한다. 강용흘은 동양 조선의 모습을 서구에 알리는 선구자적 역할을 담당했고, 김용익은 특수성과 보편성을 함께 아우르면서 근대적 문명에 훼손되지 않은 낭만적인 한국의 모습을 형상화했다. 이에 비해 김은국은 서구적 보편성의 추구를 통해 서구와의 동일시를 추구했다. 하지만 이들이 전달한 동양의 풍경은 정도의 차이는 있지만 서구의 오리엔탈리즘에 의해 재가공된 것이기도 했다. 1세대 한국계 미국작가들은 '서구=문명=남성=어른', '동양=야만=여성=소년'이라는 기존의 오리엔탈리즘을 재확인하거나 오히려 강화시켰던 것이다. 서양은 말하는 권력을 소유한 지배층의 주체였고, 동양은 말하는 언어를 소유하지 못한 침묵하는 피지배층의 타자였던 것이다.

「계몽과 부정성 : ≪마오 2≫와 ≪네이티브 스피커≫에 나타난 한국 이미지」에서 권택영은 포스트모더니즘의 후반부 현상, 즉 다문화주의라는 계몽과 소비사회라는 획일성을 재현하는 작품 속에서 한국의 이미지가 어떻게 형상화되는지 살피고 있다. 그는 미디어와 소비사회의 부정적 징후를 가장 잘 드러내는 작가이자 '전미(全美) 도서상'에서 보듯 현재 가장 주목받고 있는 작가 돈 들릴로(Don DeLillo,

1936-)와 ≪네이티브 스피커≫(Native Speaker, 1995)의 작가로 잘 알려진 이창래(Chang Rae Lee, 1965-)의 작품을 통해 이들 문학에 나타난 한국의 이미지를 밝히고 있다.

미국문학에 나타난 한국의 이미지를 계몽과 부정성이란 개념을 통해 분석한 이 논문에서 저자는 한국 이미지가 대상이냐 주체냐에 따라 부정과 긍정을 드러낼 뿐만 아니라, '계몽'과 '부정성'에 따라 다르게 선택되고 다르게 쓰인다고 주장한다. 계몽일 경우에 드러나는 한국 이미지는 대체로 전통적이거나 보편성을 띤 반면, 부정성일 때는 특수한 측면의 현대 이미지가 선택된다면서 한국문화의 현주소를 외국작품을 통해 검토하는 일은 미국이 한국을 보는 시각뿐 아니라 한국인이 반성의 거울을 찾는 일로서도 의미가 있다고 주장한다.

제1부가 미국문학에 나타난 한국의 이미지 분석에 치중했다면 2부는 일본문학에 나타난 한국의 이미지 분석을 시도했다.

이재성의 「해방 후 일본문학 속에 나타난 한국·조선상」은 해방 후의 일본문학 작품 속에 나타난 한일간의 역사 취급 양태에 초점을 맞추고 있다. 필자는 마쓰모토 세이초, 아오야기 미도리, 이자와 모토히코, 시바 료타로 등의 작품을 통해 자기중심적 사관에 입각한 역사 인식의 문제점을 분석하면서 그 극복지점으로 복안적 시선을 강조한다.

강진구의 「전후 일본문학 속에 나타난 한국의 표상체계 연구Ⅰ」은 휴머니즘적 입장에서 일제 강점을 고발한 작가로 평가받는 하야시 세이고(林靑梧)의 장편소설 ≪飢餓革命≫을 중심으로 전후 일본문학 담론에 포착된 한국의 표상체계를 밝히고 있다. 필자는 전후 일본인들은 한국에 대해 '불결', '교활', '증오', '방약무인(傍若無人)', '악당(惡黨)', '추악(醜惡)' 등으로 이미지화하여 전후 책임이라는 문제로부터 자유로워지고자 했는데, 하야시 세이고(林靑梧) 역시 이러한 조류에서 자유스러울 수 없었다고 주장한다. 그는 ≪기아혁명≫에는 전후 일본에서 형성된 한국에 대한 부정적인 표상체계에 귀환자(歸還者)란 그 자신의 체험이 결합되어 보다 중층적인 형태로 한국을 표상하고 있다고 지적한다. 다시 말해 일본의 식민지 지배에 대한 비판이 '총체로서의 일본인'에 의한 것이 아닌 특정 세력의 문제로 한정하여 결국 책임 문제를 희석시키는 역할을 하고 있다는 것이다.

「전후 일본문학에 나타난 한국의 표상체계 연구 Ⅱ」에서 강진구는 〈이조잔영〉과 〈족보〉의 작가로 비교적 우리에게 잘 알려져 있는 가지야마 도시유키(梶山季之) 문학에 나타난 한국의 이미지를 고찰하고 있다. 서울 출생으로 조선 문화에 대해 우호적이었던 가지야마의 작품을 분석하고 있는 이 글에서 필자는 가지야마의 작품이 조선을 원시적·야만적 공간으로 이미지화 하였고, 보호자 일본인(남성)과 피보호자 조선인(여성)의 구도를 설정, 일본의 식민 지배를 합리화하고 있을 뿐만 아니라, 재일조선인 또한 부정적으로 표상화하고 있음을 밝히고 있다. 타자에 대한 인간적 애정과는 별개로 자기반성 없는 타자의 묘사가 어떻게 자기 합리화로 귀결될 수밖에 없는가를 잘 보여주는 논문이다.

김민아의 「시바 료타로(司馬遼太郞)의 한국, 한국인상 고찰」은 시바 료타로(司馬遼太郞)의 한국 기행문인 『韓のくに紀行』에 나타난 한국과 한국인상을 고찰하고 있다. 이 글에서 저자는 뛰어난 역사소설 작가로서 많은 일본인들의 존경과 칭송을 받으며 일본인들의 정신세계에 크나큰 영향을 끼친 시바 료타로마저 완곡한 어조로 한국을 비판하고 있다고 주장한다. 시바 료타로는 일본인과 차별화되는 한국인의 민족성에 대해 유교적 중국체제에서 비롯된 것이라 단언하고, 여

전히 중국의 영향권 하에 있으면서도 전혀 수치심을 느끼지 못하고 있는 민족이라 논하고 있다. 그러면서도 불과 30여 년간의 일제 식민지 통치에 대해서는 서슬 퍼렇게 날을 세우는 한국인들을 비판하며, 30여 년간의 일제 통치는 실제 한민족에게 별다른 영향을 끼쳤다고 볼 수 없다는 논리를 내세우고 있음을 밝힌다. 또한 저자는 한국 기행문인 『한나라 기행』은 지극히 일본인적인 시각에서 성립된 것으로써, '조선의 원형'을 알고자 하기보다는 일본인이 생각하고 있는 조선의 원형에 끼워 맞춘 한국상을 정립시켰다고 주장한다.

1, 2부와 달리 제3부에서는 우리 문학속의 주체 구성 방식과 한국 문학 속에 나타난 외국인의 이미지를 분석했다.

박명진은 「해방기 희곡에 나타난 민족과 인종의 표상 이미지」에서 해방 직후 한국에서 진행된 식민 잔재 청산과 나라 만들기 과정에서 식민지 체제 하의 조선민족의 고난이 곧바로 프롤레타리아 국가 건설의 당위성으로 치환되기도 하고, 어떤 경우에는 일본 제국주의에 의해 훼손당한 민족의 순결성과 정통성을 조선인 매음부를 통해 보상받으려 한다고 비판한다. 또한 일본인 여성과 조선인 남성의 순수한 사랑과 이해를 바탕으로 식민지 체제에 대한 기억을 지워버리고자 하는데, 이 경우 민족이나 인종, 또는 국가와 국민, 나아가 여성성에 대해 구체적이고 실천적인 역사성을 개입시키고자 하는 예는 보기 힘들다고 주장한다.

「동서양을 넘나드는 경계인의 시선」에서 최강민은 펄벅의 소설에 나타난 한국의 이미지를 분석하고 있다. 이 글에서 그는 동양(중국문화)과 서구(미국문화)의 경계선에서 양 문화를 조화롭게 연결시키기 위해 평생 동안 많은 노력을 기울여왔던 펄벅이 양쪽의 문화 지역에서 외면 받는 현상에 주목한다. 중국에서 20세기 위대한 작가로 평가받는 루쉰은 펄벅에 대해 중국에 대해 피상적인 지식을 지닌 미국인 여성 선교사로 낮게 평가했다. 미국에서 펄벅은 이국적인 정취를 생산하는 대중적 작가로 평가한다. 이러한 원인에 대해 필자는 경계인은 속성에서 비롯된 것으로 본다. 즉 동양과 서양을 연결시키는 데에 노력한 선구자였다. 선구자라는 펄벅으로서는 완벽보다는 시작의 의미가 강하다는 것이다. 이런 점에서 펄벅의 문학에 보이는 리얼리티와 오리엔탈리즘 타자에 대한 충분한 이해의 미흡은 시대적 한계이기로 봐야 한다고 주장한다. 펄벅은 서구우월의 오리엔탈리즘을 해체하려고 노력했지만 그 자신이 또 다른 의미의 오리엔탈리즘을 생산하기도 했다. 이러한 시행착오에도 불구하고 기본적으로 펄벅이 동양에 대해 진한 애정을 갖고 있다는 사실은 변함이 없다. 특히 말년에 한국에 애정을 갖고 형상화한 것은 비록 서구인에 많은 영향을 끼쳤다고 볼 수 없지만 나름대로 의미를 지닌다. 특히 문화적 다원주의를 제시하며 미국이 우월하고 한국은 열등하다는 오리엔탈리즘을 제한적으로 해체한 것은 무엇보다 큰 성과이다.

「역사드라마의 광학적 무의식, 민족서사와 재현 이미지 연구」에서 박명진은 〈스캔들〉, 〈형사〉, 〈음란서생〉을 중심으로 한국영화가 민족 정체성을 어떤 방식으로 상상하고 재현해 내는가를 분석하였다. 21세기 들어 왕성하게 창작되고 있는, 소위 퓨전 사극으로서의 새로운 장르는 기존의 완고하고 단일한 민족성에 대해 의문을 제기한다. 이를테면, 이들 영화는 '민족'의 절대성, 유일성, 불변성, 균질성, 고유성 등에 대해 포스트모던한 잡음(雜音)을 개입시킨다. 이에 따라 세 편의 영화는 재현의 대상과 재현의 방식 사이의 우연성과 상대성에 강조점을 둔다. 역사에 대해 이 세 편의 영화들이 가지고 있는 시선은 대체로 탈역사적이고 탈현실적인 특징을 띤다. 이러한 시선은 전통적인 역사의식의 배타적인 완고함에 대해 일정한 비판의 기능을 수행한다. 왜냐하면 '역사, 민족, 전통, 정체성, 기억' 등과 같은 가치들은 지극히 선택적이고 자의적인 재현 결과이며 나아가 근대국가 이데올로기의 반영물에 그칠 위험도 있기 때문이다. 그러나 이 일련의 한국영화들이 역사에 대해 갖는 상상력은 현실정치와 물질적 견고성에 대한 비관주의와 무책임을 낳을 수 있다는 한계를 갖는다.

  본 연구서를 출간해야겠다고 마음먹고 논문을 모으는 동안 신문지상에서는 가해자 한국인과 피해자 일본인이란 설정으로 논란이 된 ≪요코 이야기≫가 단연 화제 거리였다. 외국문학에 나타난 한국의 이미지를 연구하는 팀의 연구 책임자로서 세삼 본 연구의 중요성을 확인하는 계기였지만 기분은 착잡하기 그지없었다. 연구 대상이 되었던 작품이었지만, 아쉽게 이번 저서에는 싣지 못했다. 추후 연구를 통해 논의를 확장시킬 계획이다. 처음에 생각했던 만큼 우리의 연구가 충분하게 이루어졌는지 의문이다. 이 책에 실린 글들 속에서 한계점이 발견된다면 그것은 분명히 우리 필자들의 책임이 될 것이다. 그러나 우리들은 2년이라는 한정된 연구 기간 속에서 본 과제를 수행하기 위해 최선을 다했다는 점만은 조심스럽게 말하고 싶다.

  끝으로 본 연구팀을 재정적으로 지원해 준 한국학술진흥재단과 어려운 출판계의 사정에도 선뜻 출판에 응해준 보고사 김흥국 사장님과 편집 관계자 여러분께 감사의 말을 전한다.

2007년 2월
필자들을 대표하여 박명진 씀

| 차 례 |

책을 내면서 / 3

제1부 : 미국소설에 나타난 한국과 미국의 이미지

미국소설 속의 한국 :
「조선 삽화」와 『딕테』에 나타난 반복 이미지
　권택영 ·· 17

1세대 한국계 미국소설에 나타난 한국과 미국의 이미지
　최강민 ·· 42

계몽과 부정성 :
『마오 2』와 『네이티브 스피커』에 나타난 한국 이미지
　권택영 ·· 74

제2부 : 일본문학에 나타난 한국의 이미지

해방 후 일본문학 속에 나타난 한국·조선상
－ 한일 양국의 역사를 다룬 작품을 중심으로
　이재성 ··· 103

전후 일본문학 속에 나타난 한국의 표상체계 연구 I
－ 林靑梧 장편소설 『飢餓革命』을 중심으로
　강진구 ··· 133

전후 일본문학에 나타난 한국의 표상체계 연구 Ⅱ
― 가지야마 도시유키(梶山季之) 문학에 나타난 한국의 이미지
강진구 ··· 167

시바 료타로(司馬遼太郎)의 한국, 한국인상 고찰
―『한나라 기행』(街道をゆく②『韓のくに紀行』)을 중심으로
김민아 ··· 199

제3부 : 내국인 주체와 외국인 타자의 이미지

해방기 희곡에 나타난 민족과 인종의 표상 이미지
박명진 ··· 217

동서양을 넘나드는 경계인의 시선
― 한국을 배경으로 한 펄벅의 소설을 중심으로
최강민 ··· 248

역사드라마의 광학적 무의식, 민족서사와 재현 이미지 연구
―「스캔들」,「형사」,「음란서생」의 경우를 중심으로
박명진 ··· 278

제1부

미국소설에 나타난 한국과 미국의 이미지

미국소설 속의 한국 :
「조선 삽화」와 『딕테』에 나타난 반복 이미지

권 택 영

　미국 작가들이 쓴 작품 속에 나타나는 한국의 이미지는 그리 흔한 현상이 아니다. 특히 주요작품의 경우는 최근의 한국계 미국 작가의 경우를 제외하고 아주 드물다. 문학이 당대의 상황을 재현하는 것이라고 볼 때 그들에게 우리가 어떤 모습으로 비치는가는 한국이 얼마나 역동적으로 미국의 문화와 정치에 영향을 미치는가에 달려있다. 우리에게 미국은 가장 영향력 있는 강대국이지만 미국에게 우리는 세계의 여러 우방국가들 가운데 하나일 뿐이다. 아마도 미군이 한국전쟁에 참전할 기회가 없었다면 우리는 중국과 일본의 영향력 사이에 있는 작은 나라로만 알려졌을 지도 모른다. 이런 맥락에서 미국의 문학 속에 나타난 한국 이미지는 두 나라가 긴밀하게 연결될 경우에 두드러지는데 한국전쟁에 관한 문학은 좋은 예이다. 그러나 정연선의 연구가 보여주듯이 한국전쟁에 관한 미국소설들은 당대의 주류를 이루지 못하고 그나마 대부분이 그들이 느낀 전쟁의 경험에 초점을 맞추고 있을 뿐 한국에 관한 것은 아주 희박하다 [1]. 그런 소설들 속에는 삼팔선을 유지하기 위한 '제한 전쟁'이라는 것에 불만을 느끼는 미군의 감정이 주로 강조되고 한국 그 자체에 관한 분석이나 관련성은 드물다. 이런 현상은 미국의 베트남 전쟁문학이 베트남에 관한 이미지보다 미국군인들이 경험한 전쟁의 의미에 집중되는 것과 크게 다르지 않다.

한국이 미국인의 시선을 가장 많이 모은 것은 오히려 훨씬 그 이전, 조선 말기 열강의 각축장이 되던 시기이다. 물론 문학작품 속에 나타날 리는 없고 한국이 어떤 나라인지 미국에 알리는 선교사의 저술이나 종군기자의 기록 등이 대부분이다. 이런 가운데 『야성의 부름』(*The Call of the Wild*)으로 잘 알려진 미국의 자연주의 작가, 잭 런던(Jack London, 1876-1916)이 그의 작품, 『별과 함께 떠도는 자』(*A Star Rover*, 1915)의 제15장에서 한국을 소재로 다루고 있는 것은 주목할 만하다. 런던은 그보다 이전, 1904년에 러일 전쟁을 취재하기 위해 한국에 3개월간 머물면서 제물포에서 압록강까지 말을 타고 여행한 적이 있었다. 그는 이 경험과 그 시기를 즈음하여 출간된 다른 외국인들의 한국에 관한 저술을 참고하여 이 소설을 썼을 것이다. 이미 김태진이 이 부분에 대해서는 '조선 삽화'를 중심으로 논문을 발표한 적이 있고 러일 전쟁의 취재노트 역시 1982년 프랑스에서 발간되어 1995년

---

[1] 정연선은 『중단된 성전 : 한국전쟁에 대한 미국소설의 연구』라는 글에서 한국전쟁에 관한 소설들을 다룬다. 그는 이 글에서 James Michenor의 *The Bridges at Toko-ri*, William Styron의 *The Long March* 등의 작품들을 분석하면서 "한국전 작가들은 한국이 제한 전쟁의 한 사례를 보여주고 있다는 사실을 잘 알고 있으며 그에 대한 실망을 잘 표현하고 있다"고 말한다. p.190 참조.

한울 출판사에서 『조선사람 엿보기』라는 제목으로 번역되었다.2)

　잭 런던의 작품에 영향을 미쳤을 미국인이 쓴 저술 가운데 가장 성실하게 우호적으로 쓰인 책은 허버트(Homer B. Hulbert)의 『조선의 서거』(The Passing of Korea, 1906)이다. 런던이 얼마만큼 이 책의 영향을 받았는지는 분명치 않으나 이 책은 런던의 소설보다 훨씬 더 정밀하고 친근하게 한국에 대해 서술하고 있다. 일본에게 조선 땅을 러시아와의 전쟁터로 빌려준 피폐한 조선 말기, 일본에게 주권을 상실해 가던 시기에 3개월 동안 조선을 여행한 종군 기자인 런던과, 20년 넘게 한국에 살면서 한국의 문화에 친숙하고 개화를 위해 힘썼으며 일본에게 주권이 넘어간 후 미국에 돌아가 한국의 자주독립을 위해 일생 동안 노력했던 선교사, 허버트(Hulbert)의 글은 형식과 내용에서 비교가 되지 않는다. 그럼에도 불구하고 잭 런던의 종군기와 조선 삽화는 미국사람이 본 한국 이미지로서 중요한 자료이며 극동지역이 서구 열강들의 이익에 민감했던 19세기 말부터 20세기 초에 출간되었다. 허버트의 책과 함께 런던의 글은 그 이후 한국을 모르는 서구인들에 큰 영향 미쳤을 것이다. 서구 산업사회가 자원과 노동력과 시장을 얻기 위해 극동에 눈독을 들이던 조선 말기, 특히 팽창하는 일본의 세력에 두려움과 놀라움을 보이던 시기에 재현된 한국 이미지와 남북이 분단된 오늘 날까지 반복되는 이미지 사이에는 어떤 유사점이 있을까.

　미국문학에서 한국 이미지가 다시 한번 두드러지게 나타나는 시기는 최근 십년동안이다. 물론 그 이전에 리처드 김의 『순교자』를 비롯

---

2) 김태진, 「Jack London 연구 : The Star Rover 중의 조선 삽화를 중심으로」, 『영어영문학』 38:1(1992), pp.151-167 참조. 잭 런던, 『조선사람 엿보기 : 1904년 러일 전쟁 종군기』, 윤미기 옮김, 서울 : 한울 출판사, 1995년.

한 몇몇 주요작가들이 있었지만 한국 이미지가 패러다임으로 주목을 받은 경우는 포스트모더니즘과 탈식민주의의 정치성을 토대로 나타난 다문화주의 계열의 작품들이다. 한국계 미국인들은 자신들의 정체성 추구를 하게 되고 이들의 작품들 속에서 한국의 정서와 문화는 중요한 배경이 된다. 이런 작품들 속에서 한국의 이미지는 다양하지만 어떤 공통점을 드러낸다. 이창래의 경우처럼 적응의 어려움과 문화적 차이를 언어와 유교적 관습에 연결하거나(『네이티브 스피커』) '종군위안부'라는 과거의 상흔에 맞추어 탐색하는 경우도 있고(『제스처 인생』), 노라 옥자 켈러처럼 종군위안부의 문제를 직접 다룬 경우도 있다. 이들은 공통적으로 신비주의적인 불교의 전통과 물질적인 유교 전통에 뿌리내린 가족관계와, 일본의 제국주의를 비판하는 탈식민주의적 경향을 띤다. 그러나 이들보다 조금 먼저 난해한 실험으로 선구적인 역할을 했지만 대중과 비평에서 소외되었던 중요한 작품이 있다. 차학경(Theresa Hak Kyung Cha)의 『딕테』(*Dictee*)이다.

차학경은 1982년 자신의 첫 작품인 『딕테』를 발표한 직후 의문의 죽음을 당하면서 제대로 평가받을 기회를 놓친다. 그 이후 그 작품은 난해한 실험으로 포스트모던 앤솔로지에 일부가 실리지만 곧 절판되었다. 그녀가 다시 부활한 것은 1994년 '제3의 여성출판사'(Third Women Press)에서 작품이 재출간되고 네 명의 여성학자들이 그것을 집중적으로 분석하면서(*Writing self, Writing Nation*) 비롯되었다. 이들은 주로 이 작품을 탈식민주의와 페미니즘의 입장으로 읽어내면서 숨겨진 한국계 미국인의 정체성을 탐색했다. 차학경이 재현한 한국 이미지는 이창래와 노라옥자 켈러의 경우보다 훨씬 더 암시적이고 처절하고 복합적이다. 그녀의 작품은 한국 역사의 비극적인 상흔을 이야기하고 그것이 어떻게 되풀이되는 가를 드러낸다. 그러나 그것이 난해한 실험 속에 묻혀있어 독자에게 쉽사리 전달되지 않는다. 무엇이 반복되는 트라우마일까. 본 연구는 이런 질문에서 시작한다.

미국 소설에서 반복되는 한국 이미지를 살펴보기 위해서 우선 『딕테』를 분석한다. 그리고 거의 70년 전으로 거슬러 올라가 잭 런던의 「조선 삽화」에 나타난 한국 이미지를 알아본다. 그리고 그보다 약 10년 전에 출간된 허버트의 저서, 『한국의 서거』를 탐색하여 상흔을 찾아본다.3) 상흔은 반복된다. 그것은 시간을 거슬러 올라가 과거의 기억을 더듬어 유추해내는 원초적 상처다. 그러므로 본 연구는 미국인의 저술에 나타난 한국 이미지들을 참조하면서 두 작가의 문학에 나타난 한국 이미지를 시간을 거슬러 올라가면서 밝히는 작업이 될 것이다.

1. 『딕테』 속의 한국 이미지

차학경의 작품은 다음과 같은 한국어로 시작한다. "어머니 보고 싶어 배가 고파요 고향에 가고 싶다." 검은 바탕에 흰 글씨로 인쇄된 이 글은 일제 강점기에 탄광 노동자로 끌려간 한국인이 탄광 벽에 어머니와 고향을 그리워하면서 남긴 글이라고 알려져 있다. 한국계 미국인으로 고국을 그리워하는 저자 자신의 마음을 표현하는 글귀이다. 일본에 나라를 빼앗긴 이름 모를 한국인의 마음과 미국에 의해 지워진 자신의 정체성을 돌아보는 차학경의 마음은 세월이 흘렀지만 여

---

3) 'The Passing of Korea'는 우리말로 '한국의 서거' 혹은 '한국의 흡수 통합'이다. Passing 이라는 단어 속에는 한 나라가 자신의 정체성을 잃고 다른 나라에 종속된다는 의미가 들어있다. 그러므로 재생을 암시하는 단어이다. 여기에서는 일시적인 죽음이라는 의미로 번역해 보았다.

전히 반복되는 한국인의 상흔이다. 일본의 언어, 미국의 언어, 프랑스 언어 등, 제국의 언어를 받아쓰는 한국인은 그것을 원래 글자대로 받아쓰지 않고 들리는 소리로 받아쓴다. 마침표를 찍는 대신에 "마침표"라고 쓰는 것이다. 이것이 딕테가 지닌 정치성이다. 다시 말하면 프랑스어를 받아쓰면서 제국은 은연중에 파리가 세계의 수도임을 심으려하지만 쓰는 자는 자기 입장으로 받아쓰기에 잉여, 혹은 결핍이 생겨나고 이것이 제국의 명령을 전복하는 정치성이 된다.

『딕테』는 프랑스 어를 받아쓰는 차학경 자신의 이야기다. 한국어를 말하는 그녀가 프랑스어를 어떻게 다르게 받아쓰는지 보여주는 문장은 작품의 주제요 형식이다. 주체는 제국의 문화에 저항하는 타자를 지닌다. 타자는 의식에 저항하는 무의식이다. 예를 들어 제국은 식민지인의 야만성을 교화하여 자신들과 같은 문명인을 만든다는 명분으로 식민주의를 실천했다. 그러나 호미 바바(Homi Bhabha)가 『문화의 위치』(*The Location of Culture*, 1994)에서 밝혔듯이 식민지인은 자신의 억압된 무의식으로 제국의 문화를 읽는다. 무의식은 이기적인 속성을 지니기에 식민지인은 자신들에 유리하게 제국의 문화를 수용한다. 그러므로 제국의 정책은 빗나가고 식민주의는 실패한다. 인도인으로 바바는 영국의 실패를 정신분석의 맥락에서 해석했고 이 책은 문화적 혼혈성 등 탈식민주의 이론으로 널리 알려진다. 차학경의 『딕테』 역시 이와 같은 정치성을 지닌다. 그러나 그녀의 책은 바바의 것보다 십년이나 앞서 출간되었다. 차학경은 이미 프랑스에서 영화를 공부하며 후기 구조주의 사상에 친숙했고 그것을 자신의 입장에 적용했던 것이다.

소설도 시도 산문도 아닌 탈장르의 파편화된 서술이며, 역사적 사실을 다양한 문학적 장르 속에 담은 『딕테』는 사실과 허구가 섞인 꼴라주 형식을 취한다. 그리고 그리스 여신들의 이야기형식을 가지고 서술자 자신의 이야기를 담기에 페미니즘 작품이고 서구의 이야기 틀 속에 한국의 역사를 담기에 탈식민주의 정치성을 지닌다. 『딕테』는 형식과 내용이 일치되어 제국의 문화를 파편화하는 독특한 탈장르 문학이며 포스트모던 실험기법이 언어의 유희처럼 보이지만 그 속에는 잉여를 통한 정치성을 품고 있다는 한 예가 된다. 잉여는 주체도 타자도 아닌 제 삼의 어떤 것이다. 차학경 역시 한국계 미국인으로 미국인도 아니고 한국인도 아닌 제삼의 정체성이다. 그녀는 제국의 문화 속으로 흡수될 수 없는 잉여이면서 동시에 한국 문화와 일치될 수 없는 결핍이다. 잉여, 혹은 결핍이 제국주의를 전복한다는 논리는 주체와 타자의 관계를 논의하는 최근 이론들에서 공통된다. 인간에게 의식을 간섭하는 무의식이 있는 한 존재는 결핍이다. 리사 로우(Lisa Lowe)를 비롯한 여성비평가들은 대부분 이런 관점에서 『딕테』를 원본을 의심하고 정체성이 호명에 의해 이루어지며 자의적인 것이라고 분석한다. 틈새의 미학으로 지배와 피지배의 이분법을 무너트린다는 것이다.[4]

그리스 신화에서 기억의 여신인 므네모시네는 제우스신과 결합하여 아홉 여신을 낳는다. 열이 못되는 아홉은 결핍의 숫자이다. 이들은 (인)문학의 여신들로 각기 자신의 장르로 기억하는데 그것을 받아쓰는 차학경은 자기 식으로 받아쓴다. 역사의 여신, 클리오는 한국에 관

---

4) 일레인 킴, 강현의, 리사 로우, 셸리 선 웅은 1994년 『딕테』를 후기 구조주의, 페미니즘, 그리고 탈식민주의 관점에서 분석한 비평서, *Writing Self, Writing Nation : A Cllection of Essays on* Dictee *by Theresa Hax Kyung Cha*(Berkely : Third Woman Press)를 출간한다. 이 책에 관한 간략한 요약은 필자의 글 「그리스 여신들의 아홉 마당 굿 : 차학경의 『딕테』」, 『국제한인 문학연구』 2(2005) pp.5-25 참조.

한 두개의 중요한 역사적 기록을 기억한다. 망각 속에 묻혀버릴 수 없는 두 가지 사건은 제국과 한국이 연결된 것으로 하나는 일본의 주권 침략과 그것에 맞서 항거한 순교자 유관순에 대한 기억이고 다른 하나는 일본이 한국의 주권을 침략할 때 당시 하와이에 거주하던 한국인들이 미국의 루즈벨트 대통령에게 보낸 친서이다. 친서의 내용은 일본이 러일 전쟁 당시 한국의 땅을 빌려주면 러시아로부터 주권을 지켜주고 안전을 보장하겠다는 약속을 해놓고 그것을 배반하고 한국을 보호국으로 하려하니 미국이 도와달라는 것이다. 독립운동가 윤병구와 이승만이 서명한 이 탄원은 나중에 허버트의 책에서 보게 되지만 전달되지 못한다. 고종황제의 친서를 전달하기 위해 루즈벨트 대통령에게 갔던 허버트는 일본이 먼저 미국과 접촉하는 바람에 실패하는데 후에 밝혀진 바로는 일본과 미국이 태프트-캐츄라(Taft-Katsura Memorandum, 1905) 조약에 의해 동양의 식민지를 나누어 갖기로 합의했던 것이다. 근대는 열강이 팽창하는 자본시장의 자원과 노동력 확보를 위해 식민지를 나누어 갖던 시대였다.

   서사시의 여신, 칼리오페는 일제 강점기, 만주 용정 땅에서 조국을 그리워하던 차학경의 어머니를 기억한다. 허형순은 용정에서 초등학교 학생들을 가르치며 조국을 그리워했다. 그녀는 조국의 언어를 두고 일본어로 가르쳐야했다. 식민지 시절의 어머니와 현재 차학경이 처한 상황은 어딘지 비슷하다. 그녀 역시 미국에서 조국의 말을 하지 못하고 프랑스어나 영어를 사용해야 했다. 그리고 어머니가 긴 세월 해방의 날을 기다렸듯이 차학경도 18년 동안 조국을 그리워했다. 어머니는 해방의 기쁨으로 조국에 돌아가고 딸은 18년 만에 그리워하던 한국을 다시 방문한다. 그런데 이들은 해방된 조국, 다시 찾은 조국에서 무엇을 보았고 무엇을 느끼는가. 천문학의 여신 우라니아는 동양의 천문학에 바탕을 둔 인체의 우주성을 나타내는 경혈도를 그린다.(p.63) 몸 안에 피가 제대로 돌지 못하면 온갖 병이 생기듯이 언어가 억압되면 갈라지고 제대로 나오지 않는다. 갈라진 언어, 부서진 언어는 중국의 상인들이 흥정하면서 사용한 영어인 피전어(pidgeon language)이다. 차학경은 열등하게 여겨진 이 혼혈적 언어를 여신들이 말하게 한다. 식민지인이 제국의 언어를 받아쓸 때 그대로 쓰지 않고 다르게 반복하듯 모국어를 두고 제국의 언어를 사용하면 깨진 언어가 나올 수밖에 없다. 이창래가 한국계 미국작가로 언어의 문제를 다루듯이 차학경도 제국의 언어와 모국어가 부딪치면서 깨져 나오는 혼혈적(hybrid) 언어를 기법으로 사용하고 있다. 이 작품이 읽기 어려운 것은 부서진 언어를 형식으로 삼고 있기 때문이다. 이런 맥락에서 『딕테』는 글쓰기 자체가 이미 주제인 '증상으로서의 글쓰기'이다. 파편화된 서술은 제대로 된 언어가 아닌 말의 닮은 꼴(semblance of speech)이요 낯익은 제국의 언어에 저항하는 증상(symptom)이다. 라캉은 증상이란 불안을 대치한 것으로 원본이 아닌 닮은꼴이라고 말한다.

　멜포미네 여신은 해방이후 나라가 두개로 분단되는 비극(p.78)을 기억한다. 외국에 거주하는 한국인들은 조국을 그리워하는 만큼 분단의 아픔을 뼈아프게 느끼면서 살아간다. 왜 한국만 둘로 나뉘어 서로 원수처럼 대치하는가. 분단의 아픔은 한국인에게 주권을 상실하던 치욕만큼이나 뼈아픈 상처다. 분단된 한반도의 지도와 함께 여신은 1979년 4월 19일을 맞아 과거에 있었던 또 다른 형태의 분열인 4.19 의거를 떠올린다. 1960년 차학경의 오빠는 어머니의 만류에도 불구하고 데모에 참가하여 경찰이 쏜 총에 맞아 죽는다. 그리고 가족은 2년 후 한국을 떠나 하와이로 이민 길에 오른다. 지금 18년이 지나 서술자는 다시 한국을 방문하고 상황은 조금도 달라지지 않은 것을 깨닫는다. 여전히 한 민족이 둘로 나뉘어 총 뿌리를 맞대고 있었다. 1980년 광주항쟁이다.

> 나라와 나라 사이의 분쟁으로 충분하지 않은가. 한 때 하나였던 나라가 두 동강이 된 것으로 충분하지 않은가. 그렇게 빨리 인간의 목숨들을 단축해버린 것으로 충분하지 않은가. 멜포메네의 비극으로 충분하지 않은가. 나라와 나라사이의 분쟁은 나라들과 나라들 그리고 그들끼리의 분쟁으로 확산된다…..
> 언제나 속임수들이다. 여기에 악마들은 없다. 신들도 없다. 속임수의 미로뿐. 견디어야할 시간이란 것도 없다. 자기를 삼키기. 자신을 먹어버리기. 언제나 멸망하기. 자신의 짝을 먹어치우는 곤충
> (필자의 줄임, pp.87-88)

분단으로 부족해서 그 안에서 둘로 갈라져 대치하는 조국은 그 옛날 아들을 잃은 어머니의 환멸을 자아냈다. 그리고 지금 그녀의 딸은 똑같은 환멸을 느끼고 있었다. 광주항쟁 이전에 4.19의거가 있었고 그 이전에 한국전쟁이 있었고 그 이전에 남북 분단이 있었고 그 이전에 일본의 식민지가 되었다. 비극의 시작은 어디였을까. 가장 근원적 상흔은 무엇인가. 그리고 반복되는 분열을 치유하는 길은 무엇인가.

작품은 이제 비극을 치유하는 반전의 장르를 맞이한다. 에라토(Erato)의 연애시다. 그녀는 독특한 형식으로 연애시를 쓰는데 이형식이 바로 치유의 길이다. 마주보면서 기억하는 두 면을 서로 붙이면 하나의 온전한 글이 되는데 이것은 두 연인이 하나가 되는 길이다. 정반이 마주보면서 하나로 합쳐진다는 것은 음양의 조화를 의미한다. 남과 여, 남과 북, 음과 양 등, 마주 보는 두 면이 개체를 인정하

면서 하나라는 것은 주체와 타자가 뗄 수 없이 연결된 보완의 관계라는 것이다.5) 다시 말하면 파편적인 두개의 서술 형식이 서로 부딪치는 것이 아니라 마주 붙어 하나의 면을 이룬다는 것은 둘이면서 하나라는 뫼비우스의 띠와 같은 자연의 섭리, 우주의 섭리이다. 동양의 사상에서 우주는 서로 상반되는 두 개의 축이 하나로 연결되어 순환을 이룬다. 낮은 밤과 반대이지만 하루의 양면이다. 남과 북은 서로 대치되지만 하나의 조국이다. 우주만물은 음과 양의 조화로 이루어지고 이 조화에 의해 만물이 탄생하고 죽는 순환을 반복한다. 그러므로 에라토의 서술은 이상적인 사랑의 시로 만물이 주체와 타자로 형성된다는 것을 암시한다. 양의 타자는 음이고 낮의 타자는 밤이고 삶의 타자는 죽음이고 남성의 타자는 여성이다. 그리고 이 둘은 서로 뗄 수 없이 하나이다.

각 장마다 과거의 기억을 불러일으키려는 사진이나 그림들이 글과 함께 구성되어 꼴라주 형식을 이루는 『딕테』는 6장에서 서정시를 다룬다. 엘리테르 여신이 제시하는 사진은 어떤 대상을 응시하는 수많은 얼굴들의 사진이다. 이 사진은 1919년 기미년 3월 1일 광화문 비각에 몰려 시위하는 행렬을 바라보는 얼굴들이다. 그들이 바라본 은폐되고 억압된 광경은 무엇인가. 아홉 밤과 아홉 낮을 참고 기다려 뮤즈를 낳은 기억의 여신 므네모시네의 딸들은 각기 자신들의 형식에 맞는 이야기를 하는데 한결같이 억압된 기억을 더듬어 과거와 현

---

5) 프로이트는 신경증의 치유에서 기억에 의해 상흔을 찾아내는데 이때 조금씩 다르게 반복되는 어떤 이미지들 속에서 반복의 핵심이 무엇인가 밝히려했다. 반복은 무의식이라는 타자 때문에 일어난다. 라캉은 주체와 타자의 관계를 초기에는 상징계 속의 잉여인 상상계로 표현했고 후기에는 잉여를 제삼의 고리, 실재계로 표현한다. 반복을 일으키는 동인인 실재계는 정반의 대립을 하나로 묶어주는 세 번째 고리다.(세미나 11권, pp.211-212 : 세미나 20권, pp.123-124)

재를 연결한다. 과거는 언제나 현재를 위해 서술된다. 그들이 응시하는 광경은 기미년의 행진일 뿐 아니라 그 이후 4.19일 수도 있고 그 이후 광주항쟁일 수도 있다. 이들은 모두 같은 민족끼리 적이 되었던 불행한 사건들이다. 주권을 빼앗은 일본에 저항한 사건과 그 이후 독재정치에 저항한 사건들은 비교가 되지 않을지라도 죽음의 순교라는 것에서 닮았다.

분단의 비극은 화합을 기원하는 탈리아 여신의 희극을 맞이한다. 기억은 죽음을 딛고 존재한다. 글쓰기도 마찬가지다. 과거를 재생산하는 차학경의 파편적 꼴라주 형식은 독자에 의해 계속 다르게 읽힐 것이다. 이장은 『딕테』가 기억과 글쓰기에 관한 텍스트이고 그것은 모두 다르게 반복하는 '좋은 반복'에 의해 이루어진다고 암시한다. 주권상실, 남북분단, 그 이후 정치적 저항이 계속되지만 언제나 순교자들이 있었고 역사는 지속된다. 잊혀진 것 위에 다시 잊혀지면서 부활되는 기억이란 태극의 원리이다.(p.151) 만물의 생성원리와 정치적 상생원리, 그리고 기억의 방식은 잉여에 의한 다르게 반복하기이고 끝이 좋게 끝나는 희극이다. 희극은 완벽함을 추구하지 않는다. 모자람이나 결핍, 혹은 잉여가 우리를 웃게 하고 화합을 이끌어낸다. 화합을 위해서 제8장은 합창과 무용의 여신 텔프시 코레에 받쳐진다. 작은 저항이 재생산을 낳고 만물을 변화 지속시킨다는 태극기의 원리 속에서 붉은 피가 떠오른다. 기억의 저편에서 나타난 것은 진홍빛 피다.(p.160) 유관순, 잔 다크, 성 테레사, 안중근, 그리고 차학경의 오빠가 흘린 순교의 선홍색 피가 기억을 뚫고 나타난다. 합창과 무용은 조국의 과거와 현재가 흘린 피를 성스럽게 승화하는 예식이다.

『딕테』는 아홉 여신들의 문학이다. 그러므로 9장은 마지막 장이고 아홉은 결핍 혹은 잉여를 나타내는 숫자이다. 이제 치유의 여신인 폴

림니아가 성시(sacred poetry)를 노래하여 너무 많은 피를 흘린 조국을 치유하려한다. 병든 어머니를 위해 약을 지으러 먼 곳을 방황한 어린 딸은 돌아오는 길에 우물에서 여신을 만나고 그녀가 떠준 물을 받아 마신다. 그리고 여신이 보자기에 싸서 건네는 약봉지는 모두 아홉 첩이다. 마지막 한 첩은 여신이 간직하는 데 이것이 여신의 은총이다. 한 첩이 모자라기에 결핍이요, 또 다른 의미의 딕테다. 여신이 간직한 마지막 한 첩의 약은 원의 구심점이 되어 같은 원들이 계속 이어지면서 움직임이 일어난다. 변화를 일으키는 동인이 바로 이 구심점이며 죽음과 탄생을 연결 짓는 생명의 원천이다. 에라토 여신의 연애시처럼 주체가 타자를 수용하지 않으면 서로 적이 되고 적을 이겨내기 위해 외세를 끌어들이게 된다. 이것이 주권을 약화시키면서 나라의 분열을 초래한다. 잭 런던의 소설에 나타난 한국 이미지는 무엇인가.

2. 좋은 반복, 나쁜 반복 : 잭 런던의 「조선 삽화」[6)]

지금까지 차학경의 『딕테』가 보여주는 좋은 반복과 나쁜 반복을 살펴보았다. 좋은 반복은 에라토 여신이 노래하듯이, 성시의 여신이

---

6) 19세기 말에 태어나 20세기 초에 많은 작품을 발표했던 잭 런던(Jack London 1876-1916)은 미국 문학사에서 자연주의 작가로 분류된다. 그는 다윈의 적자생존, 니체의 초인 사상, 프로이트의 무의식, 마르크스의 유물론적 사회의식 등 당대에 태동한 급진사상들을 실제 삶 속에서 강렬하게 체험하고 거침없이 재현했다. 잭 런던은 1903년, 27살에 『야성의 부름』(*The Call of the Wild*)이라는 한권의 소설로 세계적인 명성을 얻는다. 그 이후 40세의 짧은 생애에 8권의 소설을 포함하여 40권에 이르는 단편집, 수필, 특파원 기사 등 정력과 상상력에서 뛰어난 작가였다. 1913년에 발표한 *The Star rover*의 제15장은 조선에 관한 에피소드인데 김태진은 이를 「조선삽화」라 이름 붙였고 필자도 이를 따른다.

마지막 한 첩의 약을 보관하듯이, 아홉 여신이 노래하듯이, 영원한 죽음에 저항하고 조금씩 다르게 반복하는 생성의 원리다. 나쁜 반복은 타자를 수용하지 못하는 독선이다. 타자 없이는 주체도 없다는 음양의 원리를 모르는 파벌의 논리이다.

「조선 삽화」에 숨겨진 한국 이미지는 어떤 반복인가. 잭 런던은 미국문학사에서 전환기의 근대사상을 열정적으로 표현한 작가이다. 비록 자신은 다른 사상가들의 영향을 부정했으나 그의 억압된 '붉은 분노'(Red Wrath)는 니체의 초인사상이나 프로이트의 무의식과 다르지 않다.(London, *No Mentor* xvii-xviii) 그의 작품 속에서 개인의 초인 정신은 사랑과 증오의 리비도로서 인간을 움직이는 힘이다. 떠돌이 점성가의 아들이었다는 런던의 전기가 암시하듯이 그는 일생동안 잠시도 한 곳에 머물지 않고 육지와 바다를 끊임없이 방랑했다. 러일 전쟁(1904년) 당시에는 한국에 종군 기자로 와서 제물포에서 평양까지 말을 타고 3개월간 취재했으며 1915년에는 『별과 함께 떠도는 자』를 발간하여 자신의 떠돌이 의식을 형상화한다. 그의 가장 뛰어난 소설, 『야성의 부름』(*The Call of the Wild*, 1903) 역시 인간의 세계와 야성의 세계를 오가는 개의 방랑기이다.

미국 켈리포니아의 감옥제도와 가혹한 체벌을 고발하면서 자신의 초인사상과 프로이트적 기억의 방식에 초점을 맞춘 『별과 함께 떠도는 자』는 서술자의 의식에 떠오른 과거의 기억들을 모은 삽화집이다. 이 책의 제15장은 임진왜란 직후의 16-17세기 조선에서 벌어지는 이야기다. 우리가 알고 있는 여러 낯익은 이름들이 튀어나오는데 이들은 실제 인물이 아닌 허구 속의 인물들로 런던이 방문한 한국의 경험과 그 이전에 나온 『하멜 표류기』, 허버트의 저술 등을 참고한 듯 보인다. 죄수가 숨을 쉬지 못할 정도로 몸에 꽉 조이는 재킷을 입는 고문을 당하는데 이 고통을 참고 버티면서 기억에 떠오른 것들을 재킷을 벗은 후, 다른 죄수에게 이야기해주는 형식으로 짜여진 이 소설은 완전한 허구도 아니고 완전한 역사적 사실도 아닌 기억의 방식을 형상화한 작품이다.

영국인 아담 스트랭은 거칠 것 없이 살고 싶은 강건한 육체를 지닌 낙천적 자유인이다. 그는 적도부근의 섬에서 노동을 즐기는 뱃사람이었는데 어느 날 비단과 향료를 얻으러 다니는 네델란드 상선, 스파르워호를 타고 일본 해협을 거쳐 중국을 향하다가 작은 섬에 표류한다. 그들이 표류한 섬에는 흰옷을 입은 사람들이 가난하고 비참하게 살고 있었다. 그들은 머리에 상투를 틀고 쌀을 먹고 살았다. 수수도 먹고 각종 야채를 아주 맵게 담가먹었다. 요하네스 마르텐스 선장과 헨드릭 하멜과 열 두 명의 뱃사람들은 하얀 막걸리와 소주를 마시고 취하여 노래를 부르다가 소문을 듣고 섬에 올라온 내지의 관리에 의해 체포된다. 관옹진은 비단옷을 입었고 사람들은 그에게 굽실거렸다. 일행은 감옥에 갇혀 백인종을 처음 보는 마을 구경꾼들에게 둘러싸여 야유당하고 관가의 매질을 당하다가 김이 도착하면서 대우가 달라진다. 김은 이들을 경성의 대궐로 데리고 가서 연회장에 안내한다.

아담의 눈에 비친 신기한 음식은 쌀밥, 개고기, 김치, 막걸리 등이고 조선인의 신장과 체구는 일본인보다 건장 했다.[7] 조선인들은 구경하기 좋아하고 즐겁게 놀기를 좋아하는 민족으로 권주가를 즐기고 다른 나라와는 전혀 거래를 하지 않았다. 일반 백성들은 가난하고 초

---

7) 이야기의 뼈대는 17세기에 쓰인 하멜의 표류기이다. 허버트의 책에 따르면 네델란드 상선, 스파르워호에 탔던 64명의 선원은 조선에 표류하여 14년간 궁궐을 거쳐 거지생활을 하며 떠돌다가 간신히 탈출하여 표류기를 쓴 것으로 되어있다. *The Passing of Korea*, p.106.

라하게 살았으며 그에 비해 궁궐은 거대하고 화려하다. 관리계급은 권력과 재물을 누렸고 관리의 횡포와 착취가 심했다. 관웅진의 포악함과 백성들의 아부는 한국민족이 정기를 잃고 무기력해지는 시작이 아니었는지 추측케 한다. 지배계급의 파벌과 부패가 무력하고 이기적인 비민주적 백성들을 낳았다는 가설이다. 이런 추측은 이때부터 약 200년이 지난 조선 말기, 러일 전쟁을 취재한 런던의 기록을 보면 가능해진다.[8]

  한국인은 섬세한 용모를 가지고 있다. 그러나 중요한 것이 빠져있는데 그것은 힘이다. 더 씩씩한 인종과 비교해보면 한국인은 매가리가 없고 여성스럽다. 예전에는 용맹을 떨쳤지만 수세기에 걸친 집권층의 부패로 인하여 점차적으로 용맹성을 잃어버리게 된 것이다. 정말로 한국인은 지구상의 그 어떤 민족 중에서도 의지와 진취성이 절대적으로 부족한 가장 비능률적인 민족이다.... 한국인은 무척이나 겁이 많다. 행동에 대한 두려움이 게으른 취미를 낳았다고 볼 수 있다.... 속도를 내야 된다는 필요성으로 인해 한국어에는 적어도 스무 개의 단어가 만들어졌는데 그것들 중 몇 개를 인용한다면 '바삐', '얼른' '속히' '얼핏' '급히' '빨리' '잠간' 등이다.

(필자의 줄임, pp.40-42)

한국인이 활기를 상실하고 일본의 속국이 되던 시기에 취재된 이 기록은 우리를 상당히 우울하게 만든다. 왜 그토록 긴 역사를 가진

---

[8] 잭 런던은 러일 전쟁을 취재하면서 자신이 본 당시의 조선인과 조선에 대한 느낌을 기고했는데 이글들을 1982년 프랑스의 Union Generale d'Editions 사에서 *La Coree en Feu* 라는 제목으로 출판했다. 본 글에서는 국내의 한울 출판사가 1995년, 윤미기 번역으로 출판한 『조선사람 엿보기』로부터 인용한다.

나라가 일본의 속국이 되었는지 안타까움으로 서술된 허버트의 저술에서도 이와 흡사한 부분들이 많아 우리를 되돌아보게 만든다. 다시 런던의 소설로 돌아가서 아담의 기억 속으로 들어가 보자.

아담은 권력이 궁궐에 집중되고 이것이 궁궐 안의 권력다툼과 음모를 낳는 것을 본다. 화려한 궁궐의 연회장에서 힘을 과시한 아담은 이용익 장사로 불리며 술 시합에서 그가 전생이 한국인이었음을 증명한다. 황제의 남동생 대원은 술꾼 가운데 술꾼 이었다. 아담은 대원 대감과 술내기를 하고 "오직 한국인만이 그렇게 술에 강한 끄덕없는 머리를 가졌다"는 말을 듣는다. 그때나 지금이나 이 부분은 비슷하다. 아담은 왕의 신임을 얻고 잘생긴 용모로 엄공주의 흠모를 받는다. 그리고 엄공주와의 사랑은 오히려 궁궐 음모에 휘말리는 계기가 된다. 음모는 승려 연산에 의해서 계획된다. 연산은 자신과 라이벌인 정몽주가 권력을 잡지 못하도록 하기위해 왕가의 친척인 엄공주와 그의 결혼을 방해해 왔다. 그런데 마침 엄공주가 흠모하는 대상이 나타났으니 아담을 자기편으로 끌어들이고 엄공주와 결혼시켜 정몽주를 권력에서 탈락시키려 계획한다. 그러나 정몽주 역시 바보가 아니어서 연산을 혼란시키고 권력을 쥐려고 기회를 노리고 있었다. 이런 복잡한 내막을 모르는 아담은 연산의 지휘아래 엄공주와 결혼하여 정몽주가 누리던 지방 권력자들을 내몰고 그 자리를 차지하게 된다. 그는 자신도 모르게 "대궐을 미로로 만들 정도로 파벌 속에 또 파벌이 있는" 궁궐 음모에 말려든 것이다.

만일 런던이 조선인의 음모와 파벌만 다루었다면 이 작품은 소설이 아니라 표류기 같은 것이 되었을 것이다. 그러나 그는 궁궐음모와 또 다른 음모를 다루어서 소설의 플롯을 갖춘다. 아담이 궁궐 안의 음모에 말려들고 있는 사이, 밖에서는 하멜과 마르텐스의 또 다른 음모가 진행되고 있었다. 그들이 노린 것은 권력이 아니라 재물이었다. 경주에 묻힌 신라 왕족의 무덤에서 금은보화를 도굴하여 도망치려는 계획이다. 두뇌보다 육체가 강했고 구속 받지 않고 자유롭게 살고자 했던 낙천가 아담은 두개의 음모에 말려드는데 우리는 그 음모가 한국과 서양의 차이가 아니었나 생각해보게 된다. 조선의 궁궐에서는 권력만 있으면 재물이 따라오기에 권력에 탐닉하고 서양 뱃사람들은 재물을 훔치러왔으니 불의는 동서 어디에나 존재한다. 지배층이 음모와 파벌에 휩쓸리는 동안 백성들은 무기력해지고 외국인들은 그런 내분을 틈타 재물을 훔치려했다. 이런 점은 허버트의 책으로부터도 해석해 낼 수 있는데 조선 말기에 개화파와 수구파의 싸움이 중국과 일본의 외세를 끌어들이는 사이 국력이 약화되고, 금을 비롯한 한국의 자원에 눈독을 들인 열강들은 호기를 누렸다는 가설이다 그리고 이런 분석은 현재에도 반복되지 않는지 주의 깊게 살펴볼 필요가 있다.

  작가는 이런 정치적 음모가 사랑과 증오라는 리비도의 양면성에 의해 지속된다고 암시한다. 아담의 눈에 비친 엄공주는 가장 이상적인 여성이다. 그녀는 아담이 권력이나 재물에 연연하지 않고 오직 힘 센 자신의 근육과 강한 의지에 의해 사는 사내임을 알아보는 지혜가 있었고, 변치 않는 정절이 있었으며, 불의에 굴하지 않는 용기가 있었다. 그녀는 동서를 막론하고 이상적인 여성의 전형이라 할 수 있는 아름답고 강하고 지혜롭고 긍지를 가졌다. 아담이 음모에 휩쓸려 추락한 후, 잔인한 정몽주의 복수를 감내하면서 긴 방랑의 삶을 살 수 있던 힘은 그녀와의 사랑이었다. 연산과 아담이 권력을 누리는 사이, 정몽주는 지방의 선비들을 모으고 김이 지휘하던 대궐수비대까지 매수하여 깊숙이 개입한다. 그리고 평화를 알리는 단 한 개의 봉화불을 전국에 올리게 하여 비밀리에 혁명을 꾀한다. 때마침 발각된 하멜의 무덤 도굴과 도주의 실패는 지방 선비들의 조상숭배사상에 불을 당겨 혁명은 순식간에 성공한다. 왕을 포위하고 꼭두각시로 만든 후, 피비린내 나는 잔인한 복수와 숙청이 시작된다.

작가는 정몽주의 복수를 자세히 아주 길게 서술하고 있다. 그는 아시아인의 복수가 얼마나 잔인한지 강조하는데 그런 가운데에서도 연산이 사약을 받는 장면을 통해 아시아인의 멋진 죽음을 소개한다. 감옥의 간수와 장기를 두던 연산은 사약이 전달되자 두던 장기를 끝마치고 유유히 약사발을 들이마셨다는 일화다.9) 아담과 엄공주가 40년간 추방생활을 하면서 조선의 각지를 떠도는 모습을 런던은 공들여서 묘사하는데 이 부분은 자신의 방랑벽과 조랑말을 타고 제물포에서 평양까지 3개월간 조선국토를 횡단한 취재의 기억을 되살린 부분인 것 같다. 둘은 조선의 방방곡곡을 떠돌며 밑바닥 거지 생활을 하는 데 개를 죽이는 백정 노릇, 광부, 밧줄 꼬는 노동 등 비참한 방랑의 삶을 겪는다.

나는 평안(도)에서 염색공을 도와주는 일을 했고 강원도의 광산에서는 금 캐는 일을 도왔고 칙산에서는 밧줄을 꼬고 삼 줄 비트는 일을 했다. 파독에서는 짚으로 모자를 엮었다. 황해도에서는 풀을 모으고 마산포에서는 머슴의 노임보다 더 싼 값에 모내기에 몸을 팔아 물이 가득 찬 논에서 허리를 반 쯤 완전히 구부리고 일을 했다. 그러나 어느 경우에도 정몽주의 긴 팔이 뻗치지 않는 곳이 없었고 그럴 때 마다 벌을 받고 거지의 길로 추방되었다.

---

9) 연산의 사약 장면은 허버트의 책 p.61에서 얻어진 자료가 아닌가 생각한다. 그외 대원, 연산, 정몽주, 이용익, 엄공주, 이순신 등 「조선 삽화」에 등장하는 많은 이름들은 우리에게 친숙하다. 그러나 런던은 이들의 이름만 빌려왔을 뿐 역사적 사실과 다르게 재창조한다.

엄공주와 나는 거친 산속에서 두 계절을 산삼을 찾아서 헤매던 중 뿌리 하나를 발견했다. 그 뿌리는 귀하고 효능이 좋다고 한의사들이 추천하여 한 개만 팔아도 우리 부부가 일 년은 아무 걱정 없이 지낼 수 있을 터였다. 그런데 파는 과정에서 붙잡혀서 산삼을 몰수당하고 다른 때보다 더 오래 매 맞고 칼을 썼다.
행상인들이 거대한 조합을 만들어 방방곡곡에 흩어져있었는데 그들은 내가 어디로 가고 어디에서 오고 무엇을 하는지 자세한 소문을 수집하여 경성에 사는 정몽주에게 보고했다.(pp.159-160)

정몽주의 복수는 인간이 할 수 있는 최대의 복수였다. 아담의 일행 가운데 살아남은 자들은 함께 떠돌며 한 사람씩 죽어 가는데 그들의 유일한 소망은 일본으로 탈출하는 것이었다. 그러나 전국에 흩어진 보부상들이 언제나 둘을 감시하기에 탈출도 불가능했다. 늙고 지친 그의 정신을 언제나 일깨우는 사람은 엄공주였다. 거지의 삶을 지탱해가던 어느 날 드디어 늙은 아담에게 복수의 기회가 온다. 엄공주의 지혜로 기회를 포착한 아담은 솟구치는 '붉은 분노'로 정몽주의 목을 물어뜯고 복수는 완성된다.
런던은 재미있는 이야기꾼이다. 비록 그의 삽화에 나오는 많은 인물들이 조선에 관한 기록들에서 얻고 자신의 체류경험에서 얻어왔다 해도 그의 서술은 긴박하고 잘 짜인 문학작품이다. 한국의 풍습과 특색을 배합하는 과정에서 취재노트에서 보이던 백인우월주의나 서방에게 일본과 중국의 힘을 경고하는 보고서의 측면은 거의 없다. 약간의 과장된 표현과 시대착오적 인물이나 사건의 배열이 드러나지만 일관된 주제와 플롯에 의해 한편의 허구가 엮어진다. 그러므로 여기에서 역사적 사실의 진위를 가리는 것은 별 의미가 없다. 그보다는 오늘날까지도 계속되는 한국의 이미지가 담겨있는지 살펴보는 것이 더 의미 있는 작업이 될 것이다.

  궁궐의 삶과 일반 백성의 삶은 너무나 차이가 있어 어떤 이유에서든지 조선은 서구로부터 기술은 배울지언정 지배 권력의 구조는 바꾸지 않으려했다는 것을 추론할 수 있다. 서구의 열강들이 봉건제도를 거쳐 프랑스 혁명과 미국의 독립 혁명 등을 겪으며 민주화를 지향하고 일본까지도 서구의 모델을 빌려오려고 했음에 비해 조선은 이것을 봉쇄하려 했던 의도를 엿볼 수 있다. 19세기 후반부터 조선은 천주교와 기독교 등 서구의 종교를 박해하고 무역을 하지 않으려했다. 이것은 동양과 다른 서구의 믿음체계 때문이기도 했겠지만 그보다 민주화를 시도하던 서구의 영향을 두려워하여 이를 봉쇄하려했던 것이 아닌가 생각된다. 기술은 받아들여도 개인의 자율성을 실험할 기회를 전혀 갖지 못하게 통제하려했다는 의혹이다. 이런 봉쇄가 백성들이 교육을 통해 자아성찰을 할 수 있는 기회까지도 막아버려서 활력을 잃고 흩어져서 이기적이고 임기응변의 겁쟁이가 되었을 지도 모른다. 애국심이나 단결심은 개인의 자아보존의식과 권위가 보장되고 정의가 실천되는 곳에서 자연스럽게 우러나는 것이기 때문이다. 런던의 취재노트에는 잘 훈련된 용감한 일본군인과 비교하여 비겁하고 비능률적인 한국인을 대조하는 서술이 많다.(p.28, p.29, p.177) 그 원인은 런던이나 허버트나 공통적으로 관리의 부패와 착취(p.55, p.131), 정의감 부재, 해외에서 무슨 일들이 일어나는지 모르게 봉쇄한 쇄국정치, 그리고 나당 연합군으로 삼국을 통일한 이래 중국문화의 지나친 숭배 등으로 압축된다.

  조선 삽화에서 우리가 추론할 수 있는 가장 두드러진 사실은 내적 분열이다. 권력을 둘러싸고 벌어지는 궁궐음모는 17세기부터 시작되고 그 이후 당파싸움을 불러오고 국력을 약화시킨다. 1905년에 발간된 허버트의 저서 『한국의 서거』에서도 이런 분열이 대략 17세기부터 시작된 것으로 기술되어 있다.10) 허버트에 따르면 한국인은 일본인처럼 무사 계급도 아니고 중국인처럼 장사군도 아니고 그 중간으로 앵글로 색슨족과 가장 닮았다. 그 이유는 일본은 불교의 이상주의를 신봉하기에 기지가 빠르고 명랑하고 애국심이 강하다. 그들은 단결하여 순식간에 일을 해치우지만 미래 어떤 재난이 닥칠 때 대비할 전망이 없다. 중국인은 유교의 물질주의를 신봉하여 속을 잘 드러내지 않고 실리적이며 신중하고 가장 뛰어난 상인이다. 한국인은 이 중간이어서 물질주의와 이상주의가 적절히 조화되어 앵글로 색슨족과 가장 비슷하다.(pp.4-5, pp.30-31) 이어서 허버트는 한국인을 극동에서 가장 우수하고 즐거운 민족으로 서양이 믿지 않을 정도로 긴 역사를 가졌다고 소개한다.

허버트는 이런 좋은 성향을 가진 민족이 주권을 상실하는 이유를 다음과 같이 언급했다. 신라 통일 이후 중국의 기존 제도와 문물을 지나치게 받아들여 고유성과 활기를 상실하고 중국문화를 모방하는

---

10) 허버트는 1880년대 미국이 한국에 교육기관(Academy for Excellence)을 세우려는 목적으로 파견된 신학대학생이었다. 그는 28세(1891)가 되던 해에 감리교 선교단의 목사로 조선에 다시 온 후 한일 합방이 될 때까지 조선에 관한 저널인 *The Korea Review*를 편집하고 조선에 관한 글들을 기고했다. 1907년 일본에 의해 추방될 때까지 그는 고종황제의 칙서를 가지고 루스벨트 대통령 면담을 시도하고, 헤이그 평화 회담에 밀사로 파견되고 미국에 귀국 후 일본의 약속위반을 미국인들에게 알리려는 많은 노력을 시도한다. 『한국의 서거』는 20년 이상 한국에 머물면서 "한국인보다 더 한국을 사랑한 미국인"으로 한국의 언어, 풍습, 역사, 전통, 민족기질, 그리고 일본에 주권을 빼앗길 때까지의 불운의 역사를 여러 사진과 함께 담고 있다. 한국을 사랑하면서 동시에 서거한 한국을 미국에 알리려는 그의 노력이 엿보이는 이 책은 한국인의 장점과 단점이 함께 들어 있어 우리가 외국인의 눈에 어떻게 비치는지를 참고하는 좋은 자료가 된다.

데서 애국심이나 활기를 상실한다.(p.33) 그 후 고려시대에는 봉건귀족이 없어 계몽주의의 필수단계를 거치지 못하고 조선으로 넘어온다. 조선은 15세기에 황금기를 맞지만 곧 이어 16, 17세기부터 당파 싸움과 일본의 침략을 받는다. 이미 서구 문물을 받아드린 일본은 소총과 같은 무기를 가진 반면에 한국은 그렇지 못했다. 중국과 일본 사이에 위치한 한국은 두 나라에 의존한 파벌 싸움으로 내부 분열을 부추기게 된다.(p.99) 개혁과 정의의 실현이 약하고 해외에서 무슨 일이 일어나는지 몰랐던 것도 손꼽는다. 조선의 정부에는 외무부와 재판이 공정하게 이루어질 법무부와 변호사가 없었다고 한다. 이것은 엄격한 법의 적용이나 재판 대신에 관리의 착취와 백성의 아부가 겹쳐 도덕적 해이를 부추겼을 것이다. 허버트의 책에는 우리가 알고 있는 것과 다른 부분도 있고 우리가 알지 못하는 부분도 있다. 그러나 외국인이 본 한국의 특성과 문제점들 속에는 현재까지도 반복되는 점들이 많아 스스로를 비추어보게 된다.

3. 맺음말

『딕테』에 드러난 한국의 상흔을 런던의 「조선 삽화」에서 찾고 「조선 삽화」가 빌려온 자료들을 허버트의 책에서 찾아본 이글은 이제 결론에 이른다. 차학경은 받아쓰기의 잉여를 글쓰기의 전략으로 삼아 제국과 가부장제에 저항했다. 그러는 가운데 그녀는 한국의 역사를 할머니와 어머니의 세대로 거슬러 올라가면서 일본의 만행을 고발하고 분단의 비극이 4. 19와 광주항쟁의 형태로 반복되고 있음을 암시했다. 같은 민족끼리 총부리를 대는 분열의 극치는 역사를 더듬어 그 이전 런던의 「조선 삽화」에서 파벌로 나타난다. 관리의 부패, 연산과 정몽주의 궁궐 암투, 백성들의 소외감, 애국심의 결여 등 런던은 조선의 방문 경험과 한국에 관한 여러 자료들을 섞어 역사와 허구의 경계를 넘나든다. 그는 하멜 표류기를 비롯하여 허버트의 책에 기술된 인물들을 다르게 재창조하지만 단순히 허구로만 치워버릴 수 없는 한국적 징후를 진단하고 있다. 그것을 한마디로 요약하면 파벌과 복수의 악순환이라고 부를 수 있다.

차학경의 작품에서도 이런 분열의 양상은 되풀이되지만 런던의 경우와 달리 분열을 치유하는 방식으로 에라토의 사랑의 시와 태극의 원리를 제시한다. 에라토는 정반의 대립관계가 하나로 합쳐지는 모습을 시의 형식으로 보여준다. 음양의 조화에서 가장 중요한 것은 타자인 음이 주체인 양보다 못한 것이 아니라 오히려 주인이라는 것이다. 음이 양을 낳고 밤이 낮을 낳고 죽음이 탄생의 씨앗이다. 그런데 상징 질서 속에 사는 우리는 흔히 양의 측면을 중시하고 음을 경시하거나 음을 간과하는 경향이 있다. 양을 낳는 것이 음인 것을 모르면 서로 상반되는 남과 북은 끝없이 대치하여 파국을 치닫게 된다. 주체와 타자의 관계란 서로 없으면 존립이 불가능하다는 공존의 섭리다. 양은 음에서 태어나지만 음은 양이 없으면 정지한다. 운동이 없이 정지한다는 것은 죽음이다. 이것은 올바른 타자의식이다. 그리고 이것은 음양이 하나의 끈으로 묶여 죽음과 탄생을 되풀이하는 태극의 원리로 좋은 반복이다.

『딕테』와 「조선 삽화」에서 되풀이되는 상흔은 분열이었다. 조선시대의 파벌 짓기, 남북의 대립, 그 이후 반복되는 순교의 피, 그리고 오늘 날의 당쟁은 타자에 대한 공존의식이 결여된 것에서 공통된다. 이것이 나쁜 반복이다. 런던의 작품에 나타난 분열의 이미지는 70년

이 지난 후 차학경의 작품에서 다시 반복되고 오늘 날에도 대립과 갈등이 지속되고 있다. 런던과 차학경의 소설은 한 세기에 걸친 한국 이미지를 반복하면서 모든 대립구조들이 '백년동안의 나쁜 반복'에서 벗어날 길을 진지하게 모색해야만 한다는 것을 우리에게 심각하게 제시하고 있다.

1세대 한국계 미국소설에 나타난 한국과 미국의 이미지

최 강 민

1. 한국계 미국문학의 형성

　근대는 한민족에게 매혹적인 동경보다 불안과 공포로 먼저 다가왔다. 흥선대원군의 쇄국정책은 서구적 근대에 대한 한민족의 부정적 반응의 상징이다. 그러나 아시아는 서구 제국 열강의 세력 각축장으로 변모되었기에 자기방어적 쇄국정책만으로 더 이상 유지될 수 없었다. 적자생존이라는 냉혹한 법칙의 작동 속에 한민족은 생존을 위해 근대의 도정에 들어설 수밖에 없었던 것이다. 그것은 선진 서구에 대한 모방이자 일찍이 서구를 모방했던 일본에 대한 후발적 모방이기도 했다. 조선은 1882년 '조미수호통상조약'을 미국과 체결함으로써 서구에 대한 모방을 시작하는 계기를 마련한다. 조선은 기존의 종주국이었던 청나라의 권유 속에 일본을 견제할 세력으로서 미국을 끌어들였던 것이다.

그렇다면 미국에게 한국은 어떠한 의미였을까. 미국은 조선과 수교하였지만 조선에 대한 관심은 미약했다. 동양에서 미국의 주요 관심사는 중국과 일본이었다. 미국이 동양으로 진출했던 것은 상품판매 시장과 원료공급처를 확보하기 위한 경제적 관점에서였다. 이제 막 근대로 들어서려고 준비하고 있던 한국은 매력적인 시장도 아니었고 중요 원자재를 공급받을 수 있는 지역도 아니었다. 고종은 미국에 이권사업을 몰아줌으로써 미국의 관심을 조선으로 집중시키려고 했으나, 미국은 러일전쟁에서 일본이 승리하자 비밀리에 가스라태프트 밀약(1905)을 통해 조선에 대한 일본의 종주권을 인정했다. 미국은 일본에서 필리핀의 소유권을 인정받는 대신 조선에 대한 일본의 소유권을 인정하는 실리를 취했던 것이다.

조선은 미국과 수교하면서 미국의 선교사들이 대거 들어와 근대문명을 선보인다. 이것을 통해 조선인들은 서구에 대한 대표적 표상으로 미국을 인식한다. 태평양 너머에 있었던 미국은 조선인에게 일종의 근대화를 이룩한 부강한 아름다운 국가였던 것이다. 아메리카의 번역어가 '美國'이 되었던 것도 바로 이러한 이유에서이다. 조선인들에게 미국은 근대화의 꿈을 실현시킬 수 있는 일종의 유토피아였던 셈이다. 조선인이 지리상으로 멀리 떨어진 신흥 강대국인 미국에 당시 갈 수 있었던 통로는 유학 아니면 이민이었다. 20세기초 저임금의 노동력을 필요로 한 미국은 대량의 이민을 촉발시켰다. 19세기 후반 캘리포니아의 금광에 필요한 노동력으로 중국인이 미국으로 건너간 이후 노동력 부족을 메우기 위한 노동 이민이 20세기초까지 대규모로 이루어진다. 조선인들은 궁핍과 일제의 핍박에서 벗어날 목적으로 1903년부터 하와이의 사탕수수 농장으로 대거 노동 이민을 떠난다. 노동자를 이어 미국행을 많이 선택한 것은 서구문물을 배우려는 젊은 유학생들이다. 노동자들이 격심한 노동으로 인해 문학적 소양을 훈련할 기회를 갖기 어려웠던데 비해, 미국 유학생들은 상대적으로 미국문화를 체험하면서 그것을 글로 표현할 기회를 가질 수 있었다. 한국계(또는 아시아계) 미국문학은 이러한 지식인 유학생에 의해 그 터전을 마련하게 된다. 1세대 한국계 미국문학은 한국에서 태어나 청장년기에 미국으로 이민을 가거나 유학을 간 부모 세대이다. 같은 1세대라도 언제 미국에 이주했느냐에 따라 다양한 연령대를 보인다. 한국계 1세대 문학은 1930년대의 유일한과 강용흘, 그리고 시간이 좀 흘러 5, 60년대의 김용익, 김은국, 박인덕이 1세대 문학을 형성한다. 1세대 문학의 특징은 작가의 체험이 든 자전적 소설이거나, 이민을 와 새로운 땅인 미국사회에 적응하여 정착하는 과정을 집중적으로 형상화한다.

　1세대 한국계 미국작가들은 태어나면서부터 영어를 모국어로 배운 세대가 아니다. 그들은 미국의 유학생활을 통해 후천적으로 영어를 어렵게 습득하고 그것을 활용한 영어 글쓰기로 미국 문단에 자신의 존재를 알렸다. 미국 유학의 초기 세대인 1세대 작가들은 인종차별주의, 문화적 차이, 경제적 빈곤, 일제 강점이나 전쟁같은 모국의 열악한 상태 등 각종 불리한 처지에서 어렵게 공부를 했다. 이런 상황에서 영어로 말하는 것만이 아니라 글을 써 출판한다는 것은 자신들이 미국에서 소외된 타자가 아니라 주체임을 증명하는 상징으로 해석되었다. "영어구사는 미국내 소수민족 주체들에게 자신이 미국인이라는 환상에 사로잡히게 하는 기제로 작용"[1]했던 것이다. 이처럼 영어

---

[1] 임선애, 「한국 이야기하기와 미국 찾아가기」, 〈한국사상과 문화〉 제30집, 수덕문

글쓰기는 단순하게 영어로 글을 썼다는 것만을 의미하는 것이 아니다. 영어 글쓰기는 영어로 사고하고 행동하는 서구인의 문화습관을 미국 유학생이 내면화하여 완성했다는 것을 의미한다. 또한 이소연도 밝혔듯이 "영어로 작품을 쓰면서 한국의 역사적 사건이나 한국적 정서를 소재나 주제로 다룬다는 것은 작품 자체의 성과 외에도 미국 사회에 한국을 알린다는 데에 큰 의의가 있다."[2) 이런 점에서 한국계 미국작가들의 작품들은 한국문화를 미국에 알리는 문화적 전도사의 역할을 싫든 좋든 담당했던 것이다.

1세대에 비해 다음 세대인 1.5세대, 2세대, 3세대는 영어에 좀더 친근한 세대이다. 1.5세대는 한국에서 태어나 유소년기에 미국으로 건너가 성장기의 대부분을 미국에서 보낸 세대이고, 2세대는 1세대의 부모 아래서 미국에서 태어나 미국에서 성장한 세대이다. 3세대는 1세대가 조부모인 세대이다. 한국계 미국문학은 1세대의 터전 속에서 1.5세대, 2세대, 3세대에 의해 1990년대에 들어 창작의 르네상스 시기를 맞이한다. 영문학자 유선모는 세대별 한국계 미국문학의 특징에 대해 다음과 같이 언급하고 있다.

> 이들 전체적인 흐름은 "한국인의 정체성 추구"이지만 이들의 주제면에서 살펴보면 이민 제1세대 작가들은 "자신의 이야기"이며, 제1.5세대 작가들은 "부모의 이야기", 제2세대 작가들은 대체적으로 미국 이민 사회를 배경으로 한 "이민의 이야기"이고, 제3세대 작가들은 다시 "조부모의 이야기"로 회귀하고 있는 것이 그 공통적인 특징으로 나

화사, 2005, p.97.
2) 이소연, 「재미 한인문학 개관 2」, 『한민족 문화권의 문학』, 국학자료원, 2003, p.59.

타나고 있는 것이다.3)

　이 글에서는 1세대 한국계 작가인 강용흘, 김용익, 김은국의 작품을 통해 미국문학에 나타난 한국과 미국의 이미지를 비교하고자 한다. 1세대 작가들은 식민지 조선 내지 한국과 미국의 경계선에 놓여 있는 선구자적 존재들이다. 한국계 미국문학을 하는 작가들은 대부분이 이러한 경계선을 인식한다. 개척자들이었던 한국계 미국문학의 1세대들은 문화적 차이에 의한 경계선을 더욱 예민하게 인식할 수밖에 없었던 것이다. 한국계 미국작가들은 양문화를 공유하고 있다는 점에서 그들의 소설에는 동양문화와 서구문화가 자연스럽게 투영되어 나온다. 이때 서구적인 것은 동양적인 것을, 동양적인 것은 서구적인 것을 비추는 거울 역할을 했다. 필자는 1세대 한국계 미국문학 작품에 투영된 양국의 이미지를 비교 분석함으로써 문화갈등, 옥시덴탈리즘과 오리엔탈리즘, 인종 등의 첨예한 문제를 살펴보고자 한다. 이것은 궁극적으로 한쪽을 배제하고 억압하는 역사와 문화에 대한 반성이자 새로운 패러다임의 창출을 기대하는 욕망의 발현이다.

2. 강용흘의 소설 : 서구를 동경한 동양선비

　한국계 미국문학에서 최초의 선구자는 류일한의 『When I Was a Boy in Korea』(1928)이다. 그러나 그의 작품은 습작품에 가까워 본격적인 문학으로 보기 어렵다는 점에서 한국계 미국문학의 본격적 선구자는 작가 강용흘(Yonghill Kang, 1898-1972)이다. 강용흘은 함경북

---

3) 유선모, 『미국 소수민족 문학의 이해』, 신아사, 2001, p.260.

도 홍원 출생으로 12세 때 일본 동경으로 유학했고, 1921년에 단돈 4달러만을 갖고 미국유학 길에 오른다. 보스턴 대학에서 의학을 공부하다가 적성이 맞지 않아, 전공을 바꿔 하버드대학에서 영미문학을 전공한다. 이어 강용흘은 '대영백과사전'의 편집위원으로 근무하면서 창작에 전념했다. 모국어인 영어를 구사하는 사람도 작가로 성공하는 것은 결코 쉬운 일이 아니다. 따라서 강용흘이 당시 미국에서 작가로 성공하겠다는 것은 헛된 망상에 가까웠다. 하지만 강용흘은 꾸준한 영어 공부와 백인 아내의 도움 등으로 영어 글쓰기를 계속한다.

강용흘은 1931년에 한일합방과 3·1운동을 배경으로 한 자전적 소설 『초당』(The Grass Roof)을 발표해 많은 주목을 받고, 구겐하임상 등을 수상하며 작가적 명성을 획득한다. 『초당』은 구한말 조선의 몰락, 그리고 일제 식민 지배를 배경으로 하여 서구의 선진문명을 배우려는 소년 한청파의 모험을 그린 입지전적(立志傳的) 소설이다. 조선의 박사가 되겠다는 꿈을 지닌 주인공 한청파는 일제의 강점 속에 그 길이 막혀버리자 서구 학문을 배워 박사가 되겠다는 꿈을 갖는다. 한청파는 서구의 선진 학문을 배우기 위해 무작정 서울에 상경해 일제 관립학교에 다녔고, 일본 동경으로 밀항해 유학하기도 한다. 한청파는 4년간 일본에서 열심히 공부했으나 서구의 학문을 제대로 습득하지 못했다면서 어렵게 미국 유학길에 오르게 된다. '고향인 함경도 송전치 → 서울 → 일본 도쿄 → 미국'으로 이어지는 주인공 한청파의 공간 이동은 야만의 단계에서 점점 문명화된 지역으로 이동하는 서열 상승의 과정이다. 여기에서 조선은 근대화를 성취하지 못한 야만의 국가로, 일본은 서구문명을 모방한 아서구(亞西歐)로, 미국은 선진 서구문명으로 형상화된다. 이러한 서열체계 속에서 주인공은 개인적인 노력을 통해 하위 단계에서 상위 단계로 이동하는 데에 성공한다.

강용흘은 『초당』을 쓸 무렵 인종차별의 벽을 뚫고 백인 미국여성과 결혼했고, 대학에서 학위도 얻었다. 1929년 번역한 『동양시집』으로 뉴욕대학에서 강의도 했다. 이것은 동양 남성이 서구에 와 성공한 대표적인 사례라 할 수 있다.

『초당』에서 그려지는 동양 조선의 풍경은 분명 서구의 일방적 시각은 아니다. 작가가 형성화하는 조선은 강용흘 자신이 체험한 과거이지만 동시에 현재의 입장에서 기억의 왜곡과 변형이 들어가 있다. 미국에서 성공한 작가 자신의 입장을 합리화하고, 미국에 유학을 갈 수밖에 없게 만든 요인에 대한 나열이 교묘하게 내재해 있는 것이다. 『초당』을 읽어보면 작가 강용흘이 지닌 자신에 대한 자부심과 엘리트 의식을 곳곳에서 발견할 수 있다. 작중 주인공 한청파가 미국으로 유학가고자 했던 것은 식민지 조선을 계몽시키겠다는 계몽적 열정 외에도 엘리트주의, 배움에 대한 욕망, 서구에 대한 호기심, 국권 찬탈로 인한 출세 기회의 봉쇄 등이 복합적으로 작용한 결과이다. 이 중에서 한청파의 엘리트주의는 일제의 수탈에 의해 고통받고 있는 조선 민중과 소통할 수 있는 통로를 가로막는 걸림돌로 작용한다. 한청파는 비록 3·1운동 때 시위를 해 고문과 옥고를 경험하지만 그것의 실패는 식민지 조선에 대한 염증과 절망을 한청파에게 안겨주면서 탈출하듯이 미국 유학을 떠난 것이다. 한청파는 미국으로 가는 배 속에서 서양 옷을 입은 아름다운 여인의 환상과 조우한다. 이것에서 보듯 미국은 한청파에게 일제의 만행에서 벗어날 수 있는 도피처이자 최첨단의 문명을 소유한 유토피아인 것이다. 한청파는 미국으로 가는 배의 갑판에서 '미국=휴식=희망=꿈=기쁨'이라는 인식을 드러내며 자신이 꿈꿨던 세계로 향하는 환희의 감정을 표현하고 있다.

오, 미국의 기백이여, 나 역시 너에 대해서는 놀라움을 느낀다.
이제 나의 간절한 희망은 아무런 말없이 나 홀로 있는 것이다. 갑판 구석에서 나는 누구와도 사귀길 원치 않으며 손을 쭉 뻗어 찝찔한 공기를 마시고 어둠과 탁 트인 공간을 움켜쥔다. 허다한 변화를 겪어온 지난 10년간의 활약 끝에 나는 이제 휴식을 갈망하며, 무한한 가능성과 희망과 기쁨의 물결에 이렇게 흔들린다. ……이것은 나 자신의 행동을 통해 현실화되는 위대한 꿈의 기쁨이다.4)

『초당』이 발표되었을 때 미국인의 반응은 뜨거웠다. 그렇다면 『초당』이 작품 자체의 우수성 때문에 그러한 결과가 발생했던 것일까? 물론 그것도 있었겠지만 성장하는 미국의 국력 속에 세계에 대한 관심이 증가하던 시점에서 자전소설인 『초당』은 동양에 대한 서구인의 호기심을 효과적으로 충족시켜준다. 자전소설의 형식은 상상력보다 작가의 자전적 체험이 보다 많이 드러난다는 점에서 사실적인 정보 전달에 더 유리하다. 작중인물 한청파는 동양 자신이 야만이라는 자각 속에 선진 문명을 자랑하는 서구, 그 중에서도 특히 미국을 목표로 온갖 고생을 하면서 자발적으로 찾아온 이방인이다. 이 소설에서 미국은 서양이 이제껏 알아낸 모든 것을 가지고 있는 최첨단 문명을 자랑하는 곳으로 형상화된다. 한청파는 미국이라는 일종의 황금광을 찾아 동양을 떠나 미국에 도착한 이색적 존재이다. 한청파의 이러한 모습은 아메리칸 드림과 강대국 미국의 위상에 대한 자부심을 미국인에게 심어주었던 것이다. 임선애는 이 부분에 대해 다음과 같은 따가운 비판을 가한다. 『초당』은 작가가 원했든 그렇지 안했든 간에 문명화의 사명 속에 동양을 복속시키는 제국주의적 욕망을 합리화시켜

---

4) 강용흘, 『초당』, 장문평 역, 범우사, 1993, p.375.

주고 있다는 것이다.

　　미국이 그에게 미국시민으로서의 자격은 주지 않았지만 〈초당〉을 극찬했던 이유는 무엇이었을까. 당시의 미국은 야만의 동양인이 온갖 고난을 헤치고 미국을 예찬하며 찾아오는 모습에서 동양의 문명화는 백인의 의무라는 백인우월주의에 젖어있던 서구인들의 욕망을 합리화시킬 수 있는 단서를 찾았을 것이다. 즉 서구의 제국주의적 침략에 저항하는 동양인과는 달리 자발적으로 미국을 열망하는 강용흘에게 미국은 찬사를 보내지 않을 수 없었을 것이다. 따라서 〈초당〉은 강용흘의 욕망과 미국의 욕망이 미묘하게 교차·상승하면서 당대 서구세계에서 베스트셀러가 될 수 있었다.5)

　강용흘은 『초당』의 후속편으로 한청파가 미국에 도착해서 정착하는 과정을 그린 장편 『동양 선비 서양에 가시다』(*East Goes West*, 1937)를 발표한다. 이 소설은 동양인이 서구의 문화를 습득하고 내면화하면서 동화되어 가는 과정을 그린 소설이다. 『초당』에서 시적인 산문체로 동양의 문화와 한국의 고유 풍습 등을 언급했는데, 『동양 선비 서양에 가시다』에 주로 나오는 것은 셰익스피어와 미켈란젤로 등 서구의 정전에 대한 숭배와 내면화이다. 동양에서 미국으로 건너와 한청파가 처음 잡은 일자리는 호텔의 하우스보이였다. 조선에서 명문가의 후손이었던 한청파는 미국에 와 졸지에 최하층으로 격하된다. 이것은 조선이 지닌 모든 것들이 서구사회에서 쓸모가 없다는 것을 상징한다. 서구에서 생존하려면 동양 문명의 폐기와 서구 문명의 적극적 수용이라는 것을 이 사건은 보여준다. 고학생이었던 한청파는

---

5) 임선애, 앞의 글, p.107.

오, 미국의 기백이여, 나 역시 너에 대해서는 놀라움을 느낀다.
이제 나의 간절한 희망은 아무런 말없이 나 홀로 있는 것이다. 갑판 구석에서 나는 누구와도 사귀길 원치 않으며 손을 쭉 뻗어 찝찔한 공기를 마시고 어둠과 탁 트인 공간을 움켜쥔다. 허다한 변화를 겪어온 지난 10년간의 활약 끝에 나는 이제 휴식을 갈망하며, 무한한 가능성과 희망과 기쁨의 물결에 이렇게 흔들린다. ……이것은 나 자신의 행동을 통해 현실화되는 위대한 꿈의 기쁨이다.[4]

『초당』이 발표되었을 때 미국인의 반응은 뜨거웠다. 그렇다면 『초당』이 작품 자체의 우수성 때문에 그러한 결과가 발생했던 것일까? 물론 그것도 있었겠지만 성장하는 미국의 국력 속에 세계에 대한 관심이 증가하던 시점에서 자전소설인 『초당』은 동양에 대한 서구인의 호기심을 효과적으로 충족시켜준다. 자전소설의 형식은 상상력보다 작가의 자전적 체험이 보다 많이 드러난다는 점에서 사실적인 정보 전달에 더 유리하다. 작중인물 한청파는 동양 자신이 야만이라는 자각 속에 선진 문명을 자랑하는 서구, 그 중에서도 특히 미국을 목표로 온갖 고생을 하면서 자발적으로 찾아온 이방인이다. 이 소설에서 미국은 서양이 이제껏 알아낸 모든 것을 가지고 있는 최첨단 문명을 자랑하는 곳으로 형상화된다. 한청파는 미국이라는 일종의 황금광을 찾아 동양을 떠나 미국에 도착한 이색적 존재이다. 한청파의 이러한 모습은 아메리칸 드림과 강대국 미국의 위상에 대한 자부심을 미국인에게 심어주었던 것이다. 임선애는 이 부분에 대해 다음과 같은 따가운 비판을 가한다. 『초당』은 작가가 원했든 그렇지 안했든 간에 문명화의 사명 속에 동양을 복속시키는 제국주의적 욕망을 합리화시켜

---

[4] 강용흘, 『초당』, 장문평 역, 범우사, 1993, p.375.

주고 있다는 것이다.

　　미국이 그에게 미국시민으로서의 자격은 주지 않았지만 〈초당〉을 극찬했던 이유는 무엇이었을까. 당시의 미국은 야만의 동양인이 온갖 고난을 헤치고 미국을 예찬하며 찾아오는 모습에서 동양의 문명화는 백인의 의무라는 백인우월주의에 젖어있던 서구인들의 욕망을 합리화 시킬 수 있는 단서를 찾았을 것이다. 즉 서구의 제국주의적 침략에 저항하는 동양인과는 달리 자발적으로 미국을 열망하는 강용흘에게 미국은 찬사를 보내지 않을 수 없었을 것이다. 따라서 〈초당〉은 강용흘의 욕망과 미국의 욕망이 미묘하게 교차·상승하면서 당대 서구세계에서 베스트셀러가 될 수 있었다.[5]

　　강용흘은 『초당』의 후속편으로 한청파가 미국에 도착해서 정착하는 과정을 그린 장편 『동양 선비 서양에 가시다』(*East Goes West*, 1937)를 발표한다. 이 소설은 동양인이 서구의 문화를 습득하고 내면화하면서 동화되어 가는 과정을 그린 소설이다. 『초당』에서 시적인 산문체로 동양의 문화와 한국의 고유 풍습 등을 언급했는데, 『동양 선비 서양에 가시다』에 주로 나오는 것은 셰익스피어와 미켈란젤로 등 서구의 정전에 대한 숭배와 내면화이다. 동양에서 미국으로 건너와 한청파가 처음 잡은 일자리는 호텔의 하우스보이였다. 조선에서 명문가의 후손이었던 한청파는 미국에 와 졸지에 최하층으로 격하된다. 이것은 조선이 지닌 모든 것들이 서구사회에서 쓸모가 없다는 것을 상징한다. 서구에서 생존하려면 동양 문명의 폐기와 서구 문명의 적극적 수용이라는 것을 이 사건은 보여준다. 고학생이었던 한청파는

---

5) 임선애, 앞의 글, p.107.

학업을 마치고 커비 상원 의원과 우연히 만나 친분을 쌓고, 뉴욕에서 평론지에 동양소식을 정기적으로 기고하게 되었고, 브리태니커 백과 사전의 편집직원으로 채용되었다. 이러한 일련의 과정은 타자였던 한청파가 미국사회에서 받아들여지는 과정을 보여준다. 커비 상원의원은 한청파에게 한국인을 부정하고 아메리카인이라고 살라고 충고한다. 커비 상원의원은 한청파가 온 마음으로 아메리카를 믿으면 그에 따른 보답을 미국사회는 해줄 것이라고 말한다. 커비 상원의원이 보기에 한청파는 미국의 개척정신과 아메리칸드림이 아직도 유효함을 증명하는 좋은 사례였던 것이다.

『동양선비 서양에 가시다』에서는 동양적인 것보다 서양적인 것이 압도적으로 많이 나온다. 이 작품에서 강용흘은 자신이 프랑스의 파리도, 영국의 런던도 아닌 미국의 뉴욕을 늘 꿈꾸어왔다고 고백함으로써 미국의 독자를 흡족하게 한다. 식민지 조선인으로서 미국에 온 한청파가 보여주는 미국에서의 행보는 서구 일상 자체에 매몰되어 민족적 정체성의 상실과 서구문명의 내면화 과정이었다. 작가 강용흘이 이 소설에서 그나마 문제의식을 갖고 쓴 것은 인종차별 문제이다. 이것은 작가 자신이 동양 남성으로서 몸소 겪어야 했던 절실한 체험 때문이다. 하지만 강용흘은 인종차별 문제를 심도 있게 파헤치지 못한 채 피상성에 머무른다. 예를 들어 강용흘은 미국에서 피지배 계층인 흑인인 요리사이자 법학과 학생인 왓스타프의 목소리를 통해 인종차별주의의 문제를 제기한다. 왓스타프는 술에 취할 때만 억눌려 있는 흑인의 비판적 목소리를 백인을 향해 퍼붓는다. 하지만 술을 먹지 않았을 때 왓스타프는 여전히 순종적이고 충실한 요리사로 남는다. 이것은 미국사회에서 인종차별의 문제가 무의식에 감춰져 있음을 의미한다. 작가 강용흘은 왓스타프의 행동을 통해 미국사회가 지닌 인종차별 문제의 심각성을 드러내지 못한 채 한 개인의 우발적 사건으로 처리한다. 그 결과 강용흘은 인종차별 문제에 대한 전망이나 심도 있는 비판을 하지 못한 채 흐지부지하게 끝을 맺는다. 아니 어떤 점에서 강용흘은 황인종인 동양인과 백인종인 미국인이 사랑하는 연인의 사례를 언급하여 미국사회의 넉넉한 포용성을 드러낸다. 작가 자신도 인종차별의 벽을 뚫고 백인 여성과 결혼하기도 했다. 이것은 미국사회에서 인종차별의 문제가 그렇게 심각한 수준이 아님을 독자에게 홍보하는 효과를 낳는다. 파티장에서 인도 청년 세자르가 영국의 제국주의를 비판했을 때 한청파가 나서서 일제치하에 있는 한민족의 형편보다 인도는 행복한 것이라고 변호한다. 이것들에서 보듯 한청파는 서구제국주의를 비판하기보다 미국문명 내지 서구문명의 우월성을 옹호하는 입장을 취한다. 학업이 끝났지만 서구문명에 길들여진 한청파가 조선으로 돌아가지 않았던 것도 미국적 가치관의 수용과 숭배에서 비롯된 것이다. 한청파는 자신을 망명객으로 비유하지만 그것은 미국 사회에 동화되어 민족적 정체성을 상실한 존재의 자기합리화일뿐이다.[6)]

 작가 강용흘은 소설의 결론에서 꿈의 형식을 빌어 검둥이들의 반란에 의해 생명이 위급할 때 불을 들고 온 백인 사나이에 의해 한청파가 구함을 받는 것으로 형상화한다. 불은 문명을 상징하기에 백인 사나이는 자연스럽게 서구문명이자 위대한 미국을 상징한다. 이 장면에서 한청파는 백인과의 동일시를 통해 조선의 삶과 결별하고 서

---

6) 이 부분에 대해 이동하와 정효구는 『재미한인문학연구』(월인, 2003, p.400)에서 "『동양선비 서양에 가시다』에 나오는 한국인들이 예외없이 한민족의 일원으로서의 자기인식을 결여하고 있다는 것은 결국 이 작품을 쓴 강용흘 자신이 그러한 자기인식을 결여하고 있었다는 판단을 불가피하게 한다"고 말한다.

구에 정착했음을 보여준다. 강용흘은 흑인을 반란의 모습으로 상징화함으로써 백인우월주의를 암묵적으로 승인한다. 그런데 동양인은 흑인과 다른 취급을 미국에서 받았을까. 미국의 백인들은 흑인과 황인종인 동양인을 똑같이 유색인으로 취급하며 배제했다. 미국에서 흑인들은 백인 다음으로 많은 인종이었기에 상대적으로 우대를 받았다면 1930년대에 동양인들은 흑인보다 못한 취급을 받았다. "2차 세계대전 전까지만 해도 미국사회에서 아시아인은 절대 미국 사회에 동화될 수 없는 이방인, 미국에 충성하지 않거나 믿을 수 없는 외국인, 인종적으로 열등한 사람 취급을 받았다.[7] 이런 점에서 강용흘이 흑인을 반란군으로, 백인을 구원자로 상징화한 것은 미국의 기만적 지배담론에 포획된 동양인의 모습일 뿐이다. 강용흘은 『초당』과 『동양선비 서양에 가다』에서 미국에 동양 한국의 문화를 알려주는 역할을 했다. 그렇지만 강용흘의 작품은 미국인의 이국주의적 호기심을 만족시키고, 서구 우월 대 동양 열등이라는 오리엔탈리즘을 재생산하는 한계를 노출한다.

3. 한민족 고유의 문화 알리기 : 김용익의 소설

소설가 김용익(Yong Ik Kim, 1920-1995)은 경남 충무시에서 출생하여, 1948년 도미하여 플로리다 남부대학교, 켄터키대학교, 아이오와 대학교에서 수학했다. 김용익은 미국으로 건너오면서부터 영어로 소설을 쓰겠다며 꾸준히 노력하다가 1956년에 단편「꽃신」(The Wedding shoes)이 출판된다.「꽃신」은 세계 각국에 열아홉번 소개되는 등 김용

---

[7] 장태한, 『아시안 아메리칸』, 책세상, 2004, p.38.

익에게 문학적 명성을 안겨준다. 김용익이 주로 다루는 세계는 다른 아시아계 미국작가처럼 낯선 미국에 정착하면서 겪는 다양한 고난사가 아니다. 그의 소설이 주로 그리는 것은 한국의 과거를 배경으로 한정한의 세계이다. 서종택은 "김용익 소설의 본질은 향수와 페이소스의 세계에 기초해 있다"[8]고 평하기도 한다. 이러한 평가에서 알 수 있듯이 김용익 소설 세계는 구체적 현실보다 유년의 정서와 고향의 아름다움이다. 또 그의 소설은 다른 한국계 미국작가들이 장편에 주력했던 것에 비해 단편에 주력한다. 작가 김용익은 소설을 시처럼 창작했기에 장편보다 단편이 체질에 맞았던 것이다.

　김용익은 미국서 영어로 소설을 쓰겠다며 매일 3시간씩 영어로 소설을 창작하지만 그의 원고들은 번번이 출판사에서 반려된다. 영어로 소설을 써 인정 받는다는 것은 강용흘과 마찬가지로 김용익에게 자신이 타자가 아니라 주체로서 초강대국 미국에 의해 받아들여졌음을 의미한다. 광복 이후 미국에 유학을 온 아시아의 변방 국가인 한국의 청년 김용익은 자신의 글쓰기를 통해 세계에 한국을 알리려는 문화전도사로서의 역할도 인식하고 있었던 것으로 보인다. 그의 소설이 시종일관 한국적 전통을 배경으로 한 소설을 창작한 것도 이와 무관하지 않다. 다른 한국계 미국작가들이 자신의 작품을 한국에 번역시킬 경우 일부 참여하거나 전적으로 번역자에게 맡기는 경우가 태반이다. 그런데 김용익의 경우 자신의 영문 소설을 직접 한국어로 쓰는 이중적 언어 글쓰기를 선보인다. 이러한 이중적 언어글쓰기는 그의 글쓰기가 민족적 정체성의 자각 위에 이루어지고 있음을 보여

---

8) 서종택, 「향수와 페이소스의 세계」, 『재외한인작가연구』, 고려대학교 한국학연구소, 2001, p.150.

준다. 그렇지만 김용익은 자신의 작품에서 표나게 민족적 정체성을 드러내지는 않는다. 그는 한국의 고유한 문화 풍속을 통해 이것을 우회적으로 표현할 뿐이다. 김용익은 한국의 고유 문화라는 특수성에 서구인이라도 누구나 공감할 수 있는 보편적 소재인 (첫)사랑, 가난, 인종차별 등을 접목시켜 형상화한다.

김용익의 대표작인 「꽃신」은 백정 출신 소년의 이루어지지 못한 첫사랑을 애상적으로 그린 작품이다. 소년 상도는 꽃신 가게의 소녀에 대한 사랑을 키우면서 성장하여 청혼을 한다. 당연히 허락될 줄 알았던 청혼은 결혼식 때 쓰는 꽃신을 만드는 꽃신가게 주인에 의해 거부된다. 꽃신가게 주인이 청혼을 거절한 것은 조선 사회에서 가장 하층인 백정 집안과 꽃신을 만드는 일종의 예술가 집안이 서로 격이 엄청다르다는 이유에서이다. 신분 차이가 남녀의 애틋한 이별을 낳았던 것이다. 백정은 고려시대에 북방민족의 귀화인으로서 소, 돼지, 개 등을 도살하는 직업을 가진 사람들이다. 백정은 조선시대에 천인 계급 중에서도 가장 천한 존재로 취급되어 기본적 인권을 전혀 보장 받지 못했다. 양반들만이 아니라 일반 농민들도 백정을 천시하는 것이 일상화되었던 것이다. 백정은 조선 말기 갑오개혁 이후 제도상의 평등권을 획득했고, 1923년에 형평사를 조직하고 평등을 주장하는 형평 운동을 했다. 이들의 신분상의 평등은 한국전쟁 이후 기존 가치관과의 해체와 자본주의의 속성 강화 속에 비로소 이루어진다. 「꽃신」에서 꽃신 장수와 백정의 신분 차이는 다음 지문에서도 극명하게 드러나 있다.

싸움 소리가 들려온다. 미닫이는 바람이 불어 그런 것처럼 확 열리며 노기 띤 목소리가 튀어나왔다.

"내 딸을 백정네 집 자식에겐 안 주어!"
나는 그 다음 말을 들을 때까지 내 귀를 의심했다.
"백정 녀석에 빚진 게 있다구 내 딸을 홀애비가 부엌뚜기 해먹듯 쉽사리 할려구 했지. 백정 녀석이 중매쟁이 있다는 걸 알리 있나. 내 딸은 일곱 마을에서 가장 훌륭한 꽃신장이 딸이야."9)

그런데 꽃신 제작은 세태의 변화 속에 사양산업으로 추락하고, 정육점은 더욱 더 번창하게 되면서 이들의 신분적 위치는 뒤바뀐다. 상도는 꽃신 가게 주인의 부인을 통해 꽃신가게 주인이 수용소에서 죽었고, 자신이 사랑한 여자도 폭격에 의해 죽었다는 사실을 알게 된다. 상도의 사랑은 영원히 성취될 수 없는 비극적 운명이 된 것이다. 이 소설에서 신분의 차이로 인한 사랑의 파탄은 미국의 인종차별을 상기시키면서 보편적 호소력으로 서구 독자에게 다가설 수 있게 하는 요인으로 작용한다. 「꽃신」에서 청춘남녀는 부모세대의 반대와 그것의 수용 속에 비극을 맞게 되는데 이러한 것도 서구적 기준에 비추어보면 낯선 동양의 풍경이다. 게다가 꽃신이 풍기는 이국적 아름다움은 서구인들의 호기심을 자극시켰다고 볼 수 있다. 이러한 것들이 종합되어 「꽃신」은 서구 독자들에게 좋은 평가를 받을 수 있었던 것이다. 사랑과 관련한 이야기는 「종자돈」(*The Seed Money*, 1958)에서도 나온다. 이 소설은 늙은 암소를 소유한 가난한 집이 황소의 씨를 받아 송아지를 낳아 생활 형편이 펴지고 싶은 가난한 사람의 욕망이 배경을 이루고 있다. 그러나 이것보다 전면화된 것은 가난한 집 바우와 황소를 소유한 집의 딸인 송화가 멸막 안에서 젖은 옷을 말리며 체험했던 가슴 떨리는 첫사랑의 체험이다. 이처럼 김용익의 소설은

---

9) 김용익, 『꽃신』, 돋을새김, 2005, p.20.

청소년층이 관심을 가지고 있는 우정과 사랑, 그리고 결혼을 주요 소재로 삼는다.

김용익의 중편 『푸른 씨앗』(Blue in the Seed, 1964)도 한국보다 서구의 독자를 의식해 만든 작품으로 사시로 놀림 받았던 작가 자신의 체험이 녹아 들어 있다. 이 소설은 혼혈인인 천복이 자신의 혼혈적 처지에 대한 부정적 태도를 긍정적 태도로 바뀌는 과정을 동화적 감성으로 보여준다. 제주에서 살던 파란 눈의 혼혈아 천복이는 섬사람들이 새눈깔이라고 놀리자 파란 눈의 어머니와 함께 육지로 이사한다. 새로 이사 간 마을에서도 천복이는 새눈깔이라고 놀림을 받는다. 천복이는 친구들이 운동화를 사라고 모아준 돈으로 장에서 색안경을 사 자신의 약점을 감추려고 한다. 그러나 아이들은 운동화를 사라고 준 돈으로 색안경을 샀다고 분개하며 천복이를 새눈깔이라고 더욱 놀린다. 격분한 천복이는 아이들과 싸우다가 소를 잃어버리고, 소를 찾는 과정에서 스님을 만나 마음의 눈을 떠야 한다는 조언을 받기도 한다. 천복이는 겨우 어렵게 자신의 황소를 찾지만 다른 사람이 자신의 소라고 우기며 소싸움을 벌인다. 천복은 그 소가 자신의 소라고 아무리 강변해도 다른 사람들은 믿지 않는다. 이때 천복이와 싸운 반 아이들과 소에 징을 새롭게 박아준 아저씨가 나서 천복이네 소라고 주장한다. 소 징쟁이가 천복이의 편을 들 수 있었던 것은 천복이가 다른 사람과 달리 파란 눈의 소유자였기에 특별하게 기억할 수 있었던 것이다. 이 순간 재수없는 파란 눈은 재수가 있는 눈으로 탈바꿈 된다. 천복은 혼혈이 마냥 부정적인 것이 아니라 상황에 따라 오히려 긍정적인 것일 수 있다는 사실을 깨닫는다. 박진임은 이 부분을 차이의 정치학으로 설명하고 있다.

(필자 주 : 『푸른 씨앗』에서) 천복이 체현하는 차이의 정치학은 작금의 미국 문화의 핵심 주제에 닿아 있다. 더구나 한국 사회에서는 극소수에 달하는 혼종적 존재를 주인공으로 삼아 소외와 그 극복의 문제를 다룬 점은 그의 텍스트가 한국 문화의 핵심을 건드리기 보다는 미국 문화에 호소력이 더 큰 주제를 다루고 있다는 것을 말한다. 차이의 문제는 다분히 인류 보편의 주제라 할지라도 피부색으로 대표되는 인종의 문제는 미국적 특수성에 더 친밀하다고 볼 수 있기 때문이다. 그런 의미에서 김용익은 한국의 토착적인 풍습의 색채로 미국 문화의 핵심 주제를 그려내었다고 볼 수 있다.10)

그러나 『푸른 씨앗』은 혼혈인의 문제를 다루면서도 또 다른 면에서 혼혈의 문제를 은폐한다. 천복이처럼 외모의 현격한 차이로 인한 혼혈인의 문제는 광복 이후 미군이 진주하면서 본격적인 문제가 발생한다. 외세와 약소국의 냉혹한 현실, 미군과 양공주의 문제 등 혼혈인의 존재는 다양한 문제를 함유하고 있다. 하지만 『푸른 씨앗』에서 등장하는 혼혈인은 한국전쟁이나 주한미군과의 관계가 없다. 먼 과거에 혼혈이 발생하였고 현재까지도 그 영향이 남아 천복이는 눈만 파란색이고 그 이외 것은 한민족과 똑같은 존재이다. 따라서 천복을 통해 드러내는 혼혈인의 문제는 일정 부분 한계를 가진다. 김용익의 소설이 성인문학이 아니라 청소년 대상의 문학일 수밖에 없었던 것도 당대현실을 구체적으로 그리지 않는 경향과 관련이 깊다. 또 김용익이 청소년을 주요 독자층으로 겨냥했던 것은 아마도 영어식 글쓰기의 한계에서 비롯한다. 태어나면서부터 영어를 자유롭게 구사할

---

10) 박진임, 「김용익의 「푸른 씨앗」에 나타난 주체 형성과 차이의 문제」, 〈미국학논집〉, 2005/겨울, 한국아메리카학회, p.306.

수 없던 1세대 한국계 미국작가는 상대적으로 많은 어휘가 필요하지 않는 청소년 문학으로 언어의 한계를 메우고자 했던 것이다.

김용익의 소설은 동양 한국의 이국적 풍경을 섬세한 감성으로 그려낸다. 그의 소설에 미국이나 서구의 풍경이 거의 등장하지 않기에 미국을 바라보는 김용익의 시선을 직접적으로 포착할 수 없다. 김용익이 주로 활약하던 5, 60년대에 미국에 전해지는 한국의 모습은 한국전쟁으로 인한 폐허와 궁핍이다. 살인과 파괴, 공산주의와 자본주의의 대결로 인식되는 한국은 민족과 이념이라는 이데올로기의 비극과 전후 궁핍의 극한을 보여주는 비극의 땅인 것이다. 한국은 서구의 기준으로 보면 위생이나 문화 등 상당 부분이 미개한 지역의 모습으로 등장한다. 이러한 상황에서 김용익이 보여주는 소설세계는 비록 갈등이 존재하지만 서정적 아름다움이 존재하는 낭만적 풍경을 연출한다. 「꽃신」에서 백정인 상도의 애절한 사랑, 「푸른 씨앗」에서 소싸움, 「종자돈」에서 비를 피해 멸막에서 옷을 벗고 말리는 풍경 등은 서구독자에게 흥미 있는 이야깃거리이다. 김용익이 소설에서 주로 보여주고 있는 한국의 풍경은 문명과 동떨어진 서정적 세계이다. 치열한 역사의 현실과 고통받는 민중들의 모습은 김용익의 소설에서 찾기 힘들다. 김용익의 소설은 동양의 낭만성을 복원시켜 일종의 신비로운 정한의 세계를 연출한다. 그것은 서구 문명 대 동양 자연(야만)이라는 오리엔탈리즘을 재확인시켜준다. 소설의 주인공들이 주로 유소년인 것도 동양을 미숙함으로 서양을 성숙함으로 무의식 차원에서 오인하게 만들 위험성이 있다.

4. 서구적 보편성의 세계 추구 : 김은국의 소설

　소설가 김은국(Richard E. Kim)은 1932년 함경도 함흥에서 출생하여, 서울대 재학 중 한국전쟁이 일어나자 학업을 중단하고 통역장교로 군에 입대하였다. 아서 트르더 장군의 도움으로 1954년 2월 부산에서 22세 때 미국으로 건너가 미들버리 대학과 하버드 대학교 등을 졸업했다. 한국계 미국작가인 김은국은 실존주의에 영향 받은 장편 『순교자』(The Martyred, 1964)를 발표해 미국에 센세이셔널한 반응을 일으키며 문학적 명성을 획득한다. 김은국은 충격적이었던 동족상잔의 한국전쟁과 떨어져 미국에서 생활하면서 객관적 시선으로 한국의 현실을 볼 수 있는 미학적 거리를 확보한다. 김은국은 미국 유학 체험 속에 한국적 특수성보다 서구적 보편성을 추구하게 되었던 것이다. 대학에서 철학을 전공한 그의 경력은 작품에서 본원적인 인간의 문제를 한계상황과 연결시켜 작품화하는 데에서 탁월한 능력을 발휘하게 한다. 송창섭은 "김은국의 서양 중심적 세계관은 그가 『순교자』에서 한국전쟁의 특수한 정치 이념적 상황을 다루면서도 이를 특이하게 서양 기독교의 정신적 차원에서 접근한 의도와 무관하지 않다"[11]라고 언급하고 있다. 이런 논리의 연장선에서 김은국은 「현대문학의 국제성과 향토성」[12]에서 향토성을 고정되어서 폐쇄된 피상적 문학으로, 국제성을 개방적인 심층적 문학으로 이어진다며 서구적 보편성을 추구한 자신의 문학에 정당성을 부여한다. 이것은 자신의 소설을 옹호하기 위한 발언이라고 볼 수 있지만 향토성과 국제성을

---

11) 송창섭, 「이상한 형태의 진리-김은국의 『순교자』」, 〈한국학연구〉, 고려대학교 한국학연구소, 1998, pp.87-88.
12) 김은국, 「현대문학의 국제성과 향토성」, 『잃어버린 시간을 찾아서』, 서문당, 1985, pp.36-38.

지나치게 상호 대립적인 개념으로 설정해 양자가 지닌 상호보완성을 외면하는 한계점을 노출하고 있다.

『순교자』는 한국을 배경으로 하고 있지만 한국적 특수성은 심각하게 드러나지 않는다. 굳이 한국이 아니더라도 상관없는 신과 인간의 구원 문제를 다루고 있기 때문이다. 한국전쟁 중 북한에서 14명의 목사들이 공산주의자들에 의해 체포되어 12명이 처형되고 2명은 살아남는다. 왜 2명만 살아남았을까라는 의문은 바로 이 소설의 서사를 추동하는 힘이다. 진실을 밝히고자 하는 합리적 근대성을 상징하는 이 대위, 죽은 12명의 목사들을 순교자로 만들어 정치적 선전에 활용하려는 애국주의자 장 대령, 거짓으로라도 신앙의 환상을 유지시켜 고통 받는 사람들을 구원하려는 신 목사가 이 소설의 핵심 인물로 상호 갈등과 긴장감을 유발하여 서사를 추동시킨다.

추리소설의 기법을 차용한 서사의 진행 속에 순교한 12명의 목사들 대부분이 공산주의자들의 위협에 굴복해 서로를 배반하고 목숨을 구걸하며 죽었다는 진실이 드러난다. 절대적 신의 존재를 한번도 의심치 않았던 광신자 박 목사는 이러한 현실을 목도하면서 정의를 수호하는 신의 부재를 말하면서 절대적 고독 속에 순교한다. 12명 목사의 죽음을 목격한 신 목사도 박 목사처럼 신을 통한 인간의 구원을 믿지 않게 된다. 그러나 신 목사 자신은 신에 대한 믿음을 잃어버렸지만 신도들에게 신은 여전히 있다는 것을 끊임없이 주지시킨다. 인간은 절망적인 곳에서 살 수 있어도 영원한 희망이 부재한 곳에서는 살 수 없기 때문이다. 박 목사는 정의를 외치다가 신의 부재를 말했지만, 신 목사는 신의 부재 속에서도 배고픈 영혼을 끌어안는 희생적 사랑을 보여준다. 신 목사는 구원으로서의 신을 부정했지만 또 다른 면에서 기독교적인 구원을 실천하고 있는 셈이다. 신 목사의 행동은 예수의 행동을 또 다르게 모방하여 나온 것이다.

『순교자』에서 이 대위는 정치범 수백 명을 동굴 속에 밀어넣고 기관총 사격을 가한 다음 다이너마이트를 터뜨려 동굴 입구를 막은 참사 현장에서 구사일생으로 살아남은 사람을 한명 구조한다. 이때 국내외 사진기자들과 방송 아나운서들은 이것을 특종으로 생각하며 사진을 연신 찍거나 촬영한다. 사진 기자들은 사경을 헤매다가 간신이 구출된 사람들의 고통에 대해 신경 쓰지 않고 취재용 사진 촬영에만 매달렸던 것이다. 이것에 대해 이 대위는 분노한다. 이 대위는 무엇보다 중요한 것이 인간 생명의 존엄성이라고 생각하고 있기 때문이다.

> 그때 나는 사진기자들이 날카로운 금속성을 내며 카메라를 눌러 대고 있는 걸 보았다. 그 순간 어떤 이상하고도 강렬한 부끄러움에 휩싸였다. 나는 카메라 뒤의 무관심하고 차가운 눈초리들로부터 한 인간이 지닌 고통의 말없는 위엄을 내 온몸으로 지켜 주기라도 할 듯이, 남자의 몸위로 상체를 구부리고 연옥과도 같은 그의 납빛 눈 속을 들여다 보고 있었다.13)

『순교자』를 처음 읽은 것은 한국의 독자들이 아니라 미국 독자들이다. 따라서 이 장면에서 등장하는 사진기자는 한국전쟁 중에 일어난 한 비극적 사건을 엿보는 서구 독자들이기도 하다. 작가 김은국은 서구 독자들에게 비극적 사건을 단순한 호기심의 차원에서 접근하지 말고 인간의 고통을 함께 나누는 자세가 필요하다는 것을 우회적으로 말하고 있는 것이다. 이 소설은 한국전쟁이라는 구체적 역사에서 출발하고 있지만 서사의 전개 속에 특수성은 보편성과 추상적 문제

---

13) 김은국, 『순교자』, 을유문화사, 1990, p.36.

로 수렴된다. 작가 김은국은 『순교자』에서 공산주의자의 위협 속에 무력화된 기독교 신앙을 문제 삼음으로써 과연 진정한 구원은 존재하는 것인가 묻고 있는 것이다. 김은국이 제시한 메시지는 신의 부재 시대에도 절망에 가득한 인간들을 위해 거짓 환상으로서의 신앙과 희생적 사랑의 필요성이다.

김은국은 『순교자』 이후에 5·16군사쿠데타를 배경으로 한 『심판자』(The Innocent, 1968)와 일제식민지 시대를 배경으로 한 『잃어버린 이름』(The Lose Namesk, 1970)을 발표했다. 이 중에서 『잃어버린 이름』은 주요 독자층이 누군인지 다소 불명확하고, 장르에 있어서도 소설인지 아닌지에 대한 논란도 있었다. 한국적 특수성보다 서구적 보편성을 추구한 작가 김은국은 『잃어버린 이름』(Lost Names, 1970)에서 민족적 정체성을 부각시킨다. 이 작품은 일제에 강점이 된 1932년부터 1945년 광복이 되던 때까지 한 소년의 눈을 통해 일제강점기의 암울한 풍경을 형상화하고 있다. 소설의 제목인 '잃어버린 이름'은 이 작품에서 다양한 상징적 의미를 갖고 있다. 먼저 이 작품에서 잃어버린 이름은 창씨개명을 통해 자신의 본래 이름을 잃어버린 것을 의미한다. 이름은 한 존재의 정체성의 출발이라고 할 수 있다. 이러한 이름을 일제의 강제에 의해 잃어버리고 일본식 이름으로 표기하는 것은 기존의 정체성에 대한 부정이자 새로운 정체성의 강제적 요구이다. 창씨개명은 일본제국의 신민으로 거듭나기를 요구하는 제국주의적 욕망이 실현되는 장이자 일본에 의해 나라를 잃어버린 식민지 조선의 운명을 다시 한번 각인하고 절망하는 계기였던 셈이다. 따라서 잃어버린 이름은 개인적 이름의 상실이자 동시에 민족독립국가의 상실을 의미한다. '잃어버린 이름=잃어버린 조국'인 것이다.

청소년용 동화인 『잃어버린 이름』은 『순교자』에 비해 미학적 완성도가 많이 떨어진다. 미학적 완성도를 누구보다 중요시했던 작가 김은국의 문학관은 이 작품에서 제대로 드러나 있지 못한다. 한국적 특수성을 드러낸 것은 좋았으나 우리가 이미 들어서 알고 있는 듯한 내용을 반복하고 있어 미학적 새로움이 결여되어 있다. 창작 초기에 서구적 보편성을 추구했던 김은국은 왜 후반에 들어서 민족적 정체성에 초점을 맞추는 행보를 보였을까. 그리고 성인을 대상으로 한 소설을 썼던 작가가 왜 갑자기 동화라는 영역으로 이동했을까. 이것은 김은국이 영어를 태어나면서부터 익혀 자유자재로 소화할 수 있는 세대가 아니라는 것과 관련이 깊다. 김은국은 특수한 한국전쟁을 보편적인 문제로 이야기하여 문학적 명성을 획득했지만 이러한 이야기를 계속 반복할 수는 없다. 새로운 소재와 주제의 발견은 새로운 언어의 발견으로 이어지는데 1세대인 김은국은 이 부분에서 취약할 수밖에 없었던 것이다. 김은국은 보편성을 추구하며 세계인을 지향했지만 그의 작품세계는 자신의 한국적 체험과 분리되었을 때 존립하기 힘들었다. 그래서 작가는 한국적 정체성을 강조하는 방향으로 선회하여 일본제국주의의 탄압과 만행을 그리는 동화를 쓰게 되었던 것이다.

『잃어버린 이름』에서 주인공 소년이 잃어버린 이름을 찾도록 해준 것은 연합국, 특히 미국의 힘이 절대적이었다. 따라서 이 소설을 읽는 서구의 청소년 독자들은 일제의 만행에 분노하면서도 이러한 만행을 종식시키고 불쌍한 한민족을 해방시킨 미국의 위대함을 발견하게 된다. 김은국이 소설에서 형상화한 한국은 일제 식민지시대, 한국전쟁, 5·16군사쿠테타 등 한국의 현대사를 대표하는 사건을 배경으로 한다. 이러한 소재 선택에 대해 김욱동은 "구체적인 역사적 사실에서 작품의 소재와 인물 그리고 배경을 취해 오되 그가 다루는 문제는 어디까지나 보편적인 삶의 문제이다"[14])라고 지적한다. 김은국의 소설에서 그려지는 한국은 보편적 범주로 다뤄지고 있지만 각각에 그려지고 있는 한국의 이미지들을 모아보면 수난, 고통, 절망, 어둠, 죽음 등 부정적 이미지가 압도적으로 많다. 김은국의 소설은 미국의 독자들에게 고통스러운 현대사를 살았던 한민족의 역사를 자연스럽게 인지하도록 만든다. 문제는 부정적 이미지가 많다 보니 미국 독자들이 한국에 대한 왜곡된 인식과 느낌을 강화할 가능성이 크다는 사실이다. 『잃어버린 이름』에서 일제의 탄압과 만행에 저항하는 한민족의 대응 방식은 구체적이지 못한 채 추상적일뿐더러 미약하다. 따라서 해방은 자력으로 이루어진 것이 아니라 도둑처럼 남이 주어진 것이라는 소년의 고백을 전면화시켜 버린다. 스스로 독립을 쟁취하지 못한 민족의 열등성이 은연중에 미국 독자에게 전달될 수밖에 없는 것이다.

5. 텍스트에 드러난 한국과 미국의 이미지

한국계 미국문학은 아시아계 미국문학의 한 분과이다. 1930년대 강용흘 등 한국계 미국작가는 아시아계 미국문학의 존재를 초기에 부각시키는 데에 많은 공헌을 했다. 1세대 한국계 미국작가들의 활약 속에 그 이후 세대들은 소수인종을 우대하는 다원성의 문화와 함께 90년대 들어 폭발적인 성장세를 보인다. 1세대 한국계 미국작가들은 초기이다 보니 창작에 있어 많은 어려움을 겪을 수밖에 없었다. 언어 소통의 불편함, 동서양 문화의 차이, 피부색 등은 1세대 작가들이 타

---

14) 김욱동, 「김은국의『심판자』: 혁명에서 형이상학으로」, 〈세계문학연구〉 17호, 세계문학비교학회, p.6.

자로서 자신을 깨닫는 계기였다. 이민 1세대가 겪었던 문제는 2세대에 들어와서 언어와 문화적 차이를 극복하면서 미국사회에 일정 정도 동화될 수 있었다. 하지만 피부색으로 인한 차이 등은 한민족이 미국사회에 완전하게 동화되기 힘들도록 한다. 아메리칸 드림으로 통용되는 미국은 능력을 우대하고 있지만 그곳에서도 엄연히 인종, 계급, 부에 따른 차별과 배제가 작동하고 있다. 한국인들은 인종적으로 차별을 받으면서 1세대가 가졌던 미국사회에 대한 동화에 대한 환상이 깨지게 된다. 그 결과 2, 3세대에 들어와서 오히려 한민족의 정체성을 찾자는 운동이 강하게 일어나게 된다.

  1세대 한국계 미국작가들은 한국의 고유문화나 이민 와 정착하면서 겪은 문화적 어려움과 정착의 힘든 과정을 작품 속에서 그려왔다. 이들이 겨냥한 독자들은 한국의 독자가 아니라 미국 독자층이었다. 미국 독자들은 이국주의적 호기심 속에 한국계 미국작가들이 쓴 텍스트를 읽었다. 여기에서 주의할 점은 한국계 미국작가들의 작품이 출판되기 이전에 출판사에 의해 일차적 검열을 거쳤다는 것이다. 이것은 한국계 미국작가들의 작품이 미국의 독자가 원하는 작품들로 구성되었다는 것을 의미한다. 1세대 한국계 미국작가들이 활약하던 1930년대와 1950, 60년대는 미국이 초강대국으로 자리매김하던 시기였다. 팽창하는 미국의 국력 속에 미국인들은 자신의 나라 이외인 동양에도 관심을 갖게 된다. 독자들은 동양에 대한 지적 호기심을 충족시키고 싶었기 때문에 상상력이 가미된 소설보다 작가의 자전적 체험이 깃든 논픽션을 선호했다. 1세대 한국계 미국작가들의 작품이 리얼리티가 있는 자전적 소설이 많은 것도 이러한 이유 때문이다. 미국 독자들은 한국계 미국작가들의 텍스트를 통해 다른 문화를 엿보기도 했지만 동시에 자국 문화의 우월성을 확인하면서 기존의 오리엔탈리즘을 강화시킨다. 1세대 한국계 미국작가들의 작품은 한국 문화를 소개하는데 어느 정도 성공했을지 모르지만 기존의 오리엔탈리즘을 해체하여 재구성하지는 못했던 것이다.

서구의 오리엔탈리즘에서 서구는 남성으로, 동양은 여성으로 비유된다. 전통적으로 남성의 이미지는 적극성, 이성, 질서, 강인함으로 표현되었다. 이에 비해 여성의 이미지는 소극성, 감성(욕망), 무질서, 약함으로 표현되었다. 강용흘의 『초당』을 보면 10대 소년인 한청파는 서구 학문을 배우겠다는 열정으로 온갖 고난을 헤쳐나가는 적극적인 모험형의 인물이다. 자신만만함과 뛰어난 능력의 소유자인 한청파의 모습은 전통적인 동양인상과 배치되는 인물이다. 이러한 적극적인 한청파는 『동양선비 서양에 가시다』에서 『초당』에서 보여주었던 것과 같은 남성적 기개를 찾기 힘들다. 한청파는 낯선 미국의 일상 속에서 서구의 문명에 무지한 왜소한 존재로 축소된다. 한청파가 미국에서 얻은 첫 직장은 미국 가정집의 하우스보이였다. 동료인 박은 영어를 잘 못해도 한국 신부처럼 수줍게 있으면 된다고 한청파에게 말한다. 여기에서 동양의 전형적 이미지가 침묵하는 여성의 이미지임을 떠올리게 된다. 여성화된 동양을 훈육하는 역할은 당연히 남성화된 서구가 맡게 된다. 고용주인 미국인 여성은 여성임에도 남성화된 이미지로 나타나 권력을 휘두르는 지배자로 군림한다. 미국인 여성은 한청파를 훈육시켜 주인에게 충실한 시종으로서의 역할을 부여하려고 한다. 조선에서 자신만만했던 한청파는 서구 지배자의 앞에서 자신의 위세를 자랑하지 못하고 한없이 위축되어 침묵하는 타자로 전락하고 있는 것이다.

"내게 모든 것을 맡겨. 자네는 뒤에 있기만 해. 그저 한국 신부처럼 수줍어해."

나는 수줍어하고자 애썼다. 그러나 부인은 나를 그대로 두지 않았다. 우리가 교외의 푸른 잔디 속을 달려서 반 시골거리를 가자 그니는 말머리를 모두 내게로 돌렸다.

"당신이 하우스보이오. 알았지요? 뭐? 경험이 없다고? 당신을 훈련시키는데 그리 오랜 시간이 걸리지 않기를 바라요…… 그리고 계속……."

내 역할은 박의 경우보다도 더 중요해 보였다.

"그리고 당신은 '예, 부인' 하고 대답해야 해요."15)

서구 우월과 동양 열등이라는 서열체계를 내면화한 상황에서 동양 남성이 미국의 백인여성과 결혼하는 것은 일종의 금기였다. 열등한 황인종이 감히 뛰어난 문화를 소유한 백인 여성과 결혼하려는 마음을 가지는 것만도 불손한 행위로 간주된다. 서구 우월 대 동양 열등이라는 서열체계는 고용주인 라이블리와 피고용자인 한청파의 관계로 그대로 전이된다. 미국인 라이블리는 한청파에게 점잖은 사람은 동양인과 결혼하지 않는다는 것과 인종을 뛰어넘는 결혼은 주님도 원하지 않는다는 것을 통해 백인우월주의를 드러낸다. 이러한 발언에 대해 한청파는 말문이 막혀 아무 말도 대꾸하지 못한다. 이때 미국인 백인 남성 라이블리는 말하는 주체이고, 한청파는 자신의 말할 권리를 상실한 채 침묵할 수밖에 없는 타자이다. "서양에서의 침묵은 표현할 수 없는 무능력을 의미하는 반면, 동양은 침묵을 표현만큼, 때로는 표현보다도 중시하는 문화적 전통을 지니고 있다."16) 따라서

---

15) 강용흘, 『동양선비 서양에 가시다』, 앞의 책, pp.73-74.

강용흘의 『동양 선비 서양에 가시다』에서 한청파의 침묵은 라이블리의 논리적 타당성과 그것에 대한 수용으로 해석된다. 강용흘이 동양 남성 한청파와 백인 여성인 트립이 연인관계로 발전하는 모습을 명백하게 보여주지 않은 것도 미국의 인종차별주의를 의식한 결과이다.

강용흘의 『초당』에서 보듯 한청파의 적극적이고 활기에 찬 모습은 동양에 있었던 소년 시절로 국한된다. 미국으로 유학온 성인인 한청파는 서구문명에 무지한 후진국의 지식인일 뿐이다. 한청파가 조선에서 체득한 지식은 미국에서 별 쓸모가 없는 것들로 취급된다. 이런 상황에서 서구는 가르치는 어른으로, 동양은 가르침을 받는 어린이라는 상하서열의 질서가 형성된다. 1세대 한국계 미국작가의 소설에서 어린이가 주인공이거나 동화 형식의 소설이 등장하는 것도 이것과 관련이 깊다. 대표적으로 김용익의 많은 소설들은 성인보다 어린이가 주인공이다. 성인이 등장해도 「꽃신」에서 보듯 상도는 기존의 전통질서와 맞서 싸우지 못하고 운명에 순응하는 수동적 인물로 등장한다. 김은국의 『잃어버린 이름』에서도 어른인 부모세대들은 일제에 제대로 항거하지 못한 채 대체적으로 체제에 순응하는 모습을 보인다. 이에 비해 주인공 소년은 일본제국주의의 만행에 대해 분노하고 새로운 활로를 찾으려는 모색을 보여준다. 결국 어린이로 상징화되는 동양의 모습은 서구 독자들에게 동양이 아직 문명화에 도달하지 못한 야만적 후진국임을 암시한다. 이것은 한국계 미국인들이 고향에서 가졌던 가부장적 권위를 포기하고 미국사회의 권위에 무조건 순종해야 한다는 것을 의미한다. 권혁경과 임진희는 이 부분에 대해

---

16) 권혁경 임진희, 「아시아계 미국문학 연구 : 변방적 자아상의 표현」, 〈현대영미소설〉, 제5권 2호, 한국현대영미소설학회, 1998, p.263.

다음과 같은 언급을 한다.

> 아시아계 미국인의 자아상은 서구로의 이식과정에서 크게 손상된다. 특히 동양 남성들은 사회에 자아정체성을 의존하고 있기 때문에, 그러한 사회적 위치가 근본적인 전환을 가지는 서구세계로의 이식과정에서 가부장적 권위는 손상된다. 따라서 이들에게는 소년 혹은 무성적 이미지가 지배적이다.[17]

김용익의 소설에 등장하는 인물은 현실과 불화하지만 맞서 싸우기보다 운명에 순응하는 인물이 많다. 김용익의 작중인물은 전형적인 동양의 모습인 것이다. 김용익의 소설은 바다, 숲 등 자연적인 배경 속에 전개되고, 문명의 이기는 거의 등장하지 않는다. 근대문명에 의해 훼손되지 않은 땅에서 살아가는 순진무구한 사람들이 김용익의 작중인물인 것이다. 서구는 자신을 문명으로, 동양을 전근대적 세계인 낭만적 자연으로 부각시켰다. 이러한 오리엔탈리즘의 시각은 동양을 낭만적 휴식과 신비로움의 이미지로 만들면서 미국인들의 문명적 우월감을 확인시켜준다. 김용익의 소설은 전후의 황폐함과 궁핍상을 그리는 대신 낭만적, 목가적 동양의 풍경을 그려낸다. 이러한 작업은 동양을 신비의 이미지로 만들어 기존의 오리엔탈리즘을 재생산한다.

같은 1세대 한국계 미국작가라도 일제강점기 시대에 활동한 작가와 한국전쟁 이후의 작가들이 생각하는 조국이나 한민족의 의미는 달랐다. 다시 말해 해방 이전의 1세대 미국작가들은 일제의 강점에 의해 민족적 정체성을 강박적으로 느껴야 했지만, 한국전쟁 이후의 1

---

17) 권혁경 임진희, 앞의 글, pp.252-253.

세대 미국작가들은 적어도 일제의 강압과 관련한 민족 정체성의 필요성은 상대적으로 약했다. 분단 모순이 초래한 민족 내부의 갈등과 분열도 한국계 미국작가들이 대부분 한국 전쟁 이후 한국에서 살지 않았기에 절실한 문제로 다가오지 못했다. 미소의 냉전체제에서 살아가는 1세대 미국작가들은 냉전이데올로기와 한국전쟁의 직간접적 체험 속에 반공주의적 태도와 자유주의를 지향한다. 김은국은 『순교자』에서 종교의 자유를 파괴한 공산주의자의 폭력적 만행을, 공산주의자들이 집권한 북한에 대한 부정적 이미지를 미국 독자에게 전달한다. 민족 정체성을 부각시킨 『잃어버린 이름』에서 김은국은 일제의 만행을 고발하고 있지만 동시에 일제에 침략 당한 한민족의 무능함을 전달하기도 한다.

6. 편협한 옥시덴탈리즘과 오리엔탈리즘을 넘어

아시아의 변방인 동양 한국에서 미국으로 건너간 1세대 한국계 미국작가들은 초강대국인 미국에 대한 매혹과 후진국인 한국에 대한 열등감을 갖고 있었다. 그들은 미국에서 영어글쓰기를 통해 서구와의 동일시를 추구했고, 문학적 명성을 얻음으로써 후진적 동양에서 벗어나 선진 서구의 세계로 이동하고자 했다. 1세대들은 태어나면서부터 영어를 구사한 세대가 아니라 후천적인 노력에 의해 획득한 존재이다. 따라서 이들이 표현할 수 있는 것은 한정되어 있었고, 미국 독자들의 이국주의를 충족시켜 주기 위해 자전적 소설에 주력했다.

1세대 한국작가들은 동양에서 벗어나고 싶었으나 피부색이나 문화면에서 여전히 동양을 벗어나지 못했고, 영어식 글쓰기를 통해 서구와의 동일시에 성공했으나 주류인 백인의 세계에 편입할 수 없는 경계선의 세대였다. 이러한 경계선의 위치는 동서양 문화를 아우르는 작품 세계를 펼칠 수 있는 환경을 제공했다. 1세대 미국작가들은 한국적 소재를 채택해 한국의 문화를 미국에 알리는 문화 전도사의 역할을 수행한다. 강용흘은 동양 조선의 모습을 서구에 알리는 선구자적 역할을 담당했고, 김용익은 특수성과 보편성을 함께 아우르면서 근대적 문명에 훼손되지 않은 낭만적인 한국의 모습을 형상화했다. 이에 비해 김은국은 서구적 보편성의 추구를 통해 서구와의 동일시를 추구했다. 하지만 이들이 전달한 동양 한국의 풍경은 정도의 차이는 있지만 서구의 오리엔탈리즘에 의해 재가공된 것이기도 했다. 1세대 한국계 미국작가들은 '서구=문명=남성=어른=이성이고, 동양=야만=여성=소년=비합리성(신비)'이라는 기존의 오리엔탈리즘을 재확인하거나 오히려 강화시켰던 것이다. 서양은 말하는 권력을 소유한 지배층의 주체였고, 동양은 말하는 언어를 소유하지 못한 침묵하는 피지배층의 타자였던 것이다.

한국계 미국작가들은 기본적으로 동서양의 경계선에 위치한다. 이들은 양문화를 공유하고 있다는 점에서 동서양이 각기 지닌 편견과 고정관념을 극복해 새로운 문학을 전개할 수 있다. 하지만 1세대 한국계 미국문학은 한국의 고유문화를 서구에 알리는 것에 치우쳤을 뿐 편협한 오리엔탈리즘을 해체하여 재구성하지 못했다. 이것은 서구인 미국에 대한 문화적 열등감과 서구에 대한 매혹이라는 옥시덴탈리즘의 결과이기도 하다. 이런 한계에도 불구하고 동양 한국의 존재를 서구에 알렸다는 점에서 한국계 미국작가인 1세대의 의미는 결코 작지 않다. 1세대 한국계 미국작가들의 터전 위에서 그 이후의 세대들이 문화적 다양성을 주장하면서 다수인종인 백인과 공존하는 소수인종의 문학을 생성할 수 있었기 때문이다. 이제 한국계 미국작가들은 편협한 옥시덴탈리즘과 오리엔탈리즘을 넘어 동서문화가 공존할 수 있는 텍스트를 생산해야 한다. 경계선에 위치한 한국계 미국작가들은 이러한 작업을 수행하기에 적합한 위치에 있다. 특히 1세대 이후인 1.5세대, 2세대, 3세대 미국작가들에게 이것은 더욱 긴요한 과제인 것이다.

계몽과 부정성 : 『마오 2』와 『네이티브 스피커』에 나타난 한국 이미지

권 택 영

미국의 후기 산업사회란 포스트모더니즘의 자본주의적 측면을 가리키는 용어이다. 프레드릭 제임슨이 분류한 것에 따르면 대략 1960년대 이후의 산업사회에 해당된다. 그런데 이시기는 기존의 문제점을 극복하기 위한 강한 정치적 저항운동의 시대였다. 60년대의 흑인 민권운동, 여성운동, 히피운동, 학생운동, 반전운동, 그리고 환경운동에 이르기까지 근대에 억압되어온 음성이 복원되던 시대로 문화와 예술에서는 반사실주의의 실험들이 나타난다. 초기의 격렬한 실험운동이 80년대부터는 탈(후기)식민주의와 문화이론으로 이어지고 이어서 90년대에는 다문화주의(multiculturalism) 문학이 등장한다. 이렇듯 포스트모더니즘은 점차 정치적 저항의 근거가 되는 이론과 작품들을 창조하면서 지난 반세기 동안 한 시대의 패러다임을 형성했다. 그런데 이런 긍정적이고 정치적인 실험운동의 이면에는 어둠이 도사리고 있었다. 아도르노(Theodore Adorno)가 '계몽의 변증법'에서 증명하듯이 이성의 기획은 언제나 그것이 포함한 필연적인 부정성(negativity)에 의해 전복의 기미를 드러낸다. 포스트모더니즘의 부정성은 80년대 후반에 제임슨(Frederic Jameson)의 소비사회 비판에서 비롯된다. 보드리야르(Jean Baudrillard)의 미디어 비판 역시 80년대 중반에 등장한다. 초기의 저항과 실험성이 탈식민주의와 다문화주의로 이어지던 계몽의 시기에 다른 한쪽에서는 그런 기획을 부정하는 또 다른 플롯이 진행되고 있었던 것이다. 제임슨과 보드리야르가 제시한 소비사회와 미디어 비판은 아도르노의 계몽의 변증법을 증명하듯이 다양성을 전복하는 제국주의적 총체성에 대한 비난이었다.

　90년대는 이렇게 겉보기에 두 가지 상반된 갈래의 문학이 존재하던 시대였다. 한편에서는 다양성을 강조하는 다문화주의 작가들이 있었고 다른 한편으로는 소비사회와 미디어 문화의 획일성을 비판하는 작가가 있었다. 물론 이런 포스트모던 작품들이 획일주의를 비판하는 것에서는 일치하지만 하나는 미디어 상품사회의 부정적 징후이고 다른 하나는 다문화주의라는 다원화이다. 이런 두 개의 징후를 재현한 작품들 속에서 한국 이미지는 어떻게 구현되는지, 그리고 주제와 어떻게 연결되는지 찾아본다. 미디어와 소비사회의 부정적 징후를 가장 잘 드러내는 작가는 돈 들릴로(Don DeLillo, 1936-)이고, 다문화주의 작품으로 한국 이미지를 반영한 작가로는 이창래(Chang Rae Lee, 1965-)를 꼽을 수 있다. 특히 그의 첫 작품, 『네이티브 스피커』(Native Speaker, 1995)는 미국 문화 속에서 한국문화가 어떤 형태로 존재하는지 밀도 있게 드러낸다. 1985년 『백색 소음』(White Noise)으로 '전미 도서상'(National Book Award)을 수상한 돈 들릴로는 현재 가장 주목받는 미국작가이다. 1997년, 『지하세계』(Underworld)로 11권의 소설을 발표한 그는 1992년에 『마오 2』(*Mao II*)로 '펜 포크너상'(PWN/Faulkner Award)을 수상했다. 그리고 이 작품은 한국에 관한 이미지로 시작된다.

본 논문은 포스트모더니즘의 후반부 현상, 즉 다문화주의라는 계몽과 소비사회라는 획일성을 재현하는 두 작품에서 한국의 이미지가 어떻게 형상화되는지 살펴보려는 글이다. 그들의 작품 속에 한국은 어떤 모습으로 재현되는가. 그 이미지는 작품의 주제와 어떻게 연결되는가. 그 이미지는 사이드가 말한 오리엔탈리즘인가. 아니면 호미 바바(Homi K. Bhabha)가 말한 문화적 혼혈성(hybridity)인가. 이런 추적을 통하여 미국인이 보는 한국의 이미지를 우리는 어떻게 받아들여야하는지 생각해보는 것이 본 글의 목적이다.

1. 『마오 2』와 통일교의 합동결혼식

포스트모더니즘의 후기 징후인 소비사회와 미디어 문화를 비판해온 돈 들릴로는 『백색 소음』에서 현대 기술문명과 미디어 상품사회가 인간의 죽음충동에 어떤 방식으로 작용하는지 비판적인 안목으로 탐색했다. 소설과 인물의 플롯이 자본주의의 플롯처럼 똑같이 죽음을 지향하는 상품사회에서 인간은 어떻게 살아야하는가. 들릴로는 텔레비전을 비롯한 영상 미디어 문화가 미국의 가정에 뿌리내리기 시작한 시기를 케네디 대통령의 TV 선거유세로 보았다. 소설 『리브라』(*Libra*)는 케네디 대통령의 암살범인 오스왈드의 죽음충동을 미디어문화의 영향력과 연결시킨 작품이다. 『마오 2』는 열 번째 작품으로 영상 미디어 문화가 자극하는 죽음충동과, 상품사회에서 작가가 살아남는 방식을 테러리스트와 연결시킨 소설이다.

『마오 2』는 군중(crowd)의 모습을 담은 몇 장의 사진을 싣고 있는데 이들이 모두 공통점을 지닌다. 책의 속표지는 모택동을 위해 천안문 앞의 광장에 가득 모인 군중의 사진이고, 첫 장은 양키 스타디움에서 1976년에 거행된 문선명의 통일교 결혼식 장면이다. 제1부 사진은 영국의 세필드 경기장에 들어가려는 군중들이 가시 철망에 몸이 찢기고 한데 엉클어진 모습이다. 제2부는 이란의 군주인 호메이니의 대형 초상화와 장례식에 모인 군중들의 사진으로 시작한다. 그리고 마지막 장면은 베이루트의 벙커 속에서 승리를 의미하는 v자를 손가락으로 표지하는 두 소년들의 얼굴이 담긴 사진이다. 작가는 일련의 군중 이미지로 글을 이어간다.

우선 통일교의 합동결혼식 장면으로 시작하는 첫 장을 살펴본다. 13,000명의 결혼식이 미국인들이 즐기는 야구시합장, "양키 스타디움"에서 거행된다. 그래서 제1부의 제목은 「양키 스타디움에서」 "At Yankee Stadium"이다. 그 장면이 너무 충격적이어서 그 이후 미국에서는 "Moonies"라는 단어가 유행하고 부모들은 자녀들에게 통일교를 조심하라고 경고하게 되었다. 사랑과 결혼은 가장 내밀한 개인의 선택이요, 가족은 사회의 기본단위라고 생각하기에 그들의 민주주의 이념에서 6천 500쌍의 합동결혼식은 쉽게 이해되지 않았다. 더구나 신랑을 문 목사가 정해주고 집단생활을 하면서 서로 공유할 수 있다는 것도 기독교 윤리로 이해되지 않았고, 세계 각지에 떠돌며 물건을 팔고 집단에서 탈출하면 벌을 가하는 삶의 방식도 개인의 자유를 중시하는 미국인들에게 쉽게 수용되지 않았다(통일교는 우리에게도 충격적이었고 자녀가 통일교도가 되기를 바라는 부모는 많지 않을 것이다). 다시 말하면 합동결혼식은 미국인들에게 기존의 질서를 위협하는 빗나간 종교 이데올로기로 보였다.

　단합과 스포츠의 정의를 배우는 야구 경기장에서 문 목사가 주도한 통일교도들의 결혼식 장면은 아이러니하다.1) 그것은 개인주의를 상징하는 야구장에서 군집(crowd), 혹은 집단이념이 태어난다는 것을 상징한다. 이제 텍스트 속으로 좀더 들어가 보자. 경기장에는 카렌의 부모가 딸의 결혼식을 지켜본다. 아버지, 롯즈(Rodge)는 젊은이들이 한 덩어리로 군집된 모습에 불안을 느낀다.("they are one body now, an undifferentiated mass, and this makes him uneasy")2) 딸은 불과 이틀 전에 만난 한국남자와 결혼식을 올리고 있다. 신랑은 모두 똑같이 푸른 복장을 하고 문 목사는 신처럼 높은 제단 위에서 한국어로 의식을 주도한다. 왜 세계 50개국의 나라에서 모인 젊은이들이 자아의 언어를 잃고 하나가 되어 동질감을 느끼는가. 그들의 행복한 표정을 보면서 아버지는 문 목사가 그들이 바라는 무엇인가를 제공하기 때문이라고 느낀다. 세계 젊은이들의 어깨에서 무거운 자유의지와 독립적 사유를 풀어주고 지금까지 절대가치라고 믿어온 "자유"와 "독립"보다 그들을 더 행복하게 만드는 그 무엇인가가 있다. 그 행복의 실체를 파고드는 것이 이소설의 주제이다.

　13,000명이 단 한 사람의 말을 신으로 믿고 기계처럼 순종하는 일이 벌어지고 있다. 단상위에서 아이들을 대하듯 연설하는 문 목사를 작가는 이렇게 묘사한다.

---

1) 문선명 목사는 1976년 6월 1일 미국의 양키 스타디움에서 이렇게 기조연설을 한다. "미국은 그 육체가 썩어 병들어가고 있으며 자신은 바로 그 병을 고치는 의사의 역할을 하기 위해 여기에 왔다." Mark Osteen, 669.
2) Don DeLillo, *Mao II*(New York : Penguin Books, 1991), p.3. 지금부터 이 책에서의 인용은 본문 안에 쪽수로만 표기함.

피부가 구리 빛으로 그을린 그는 평범해 보이는 외모에 메시아적 비밀을 숨기고 있다. 공산주의자들이 그를 노동 수용소에 보냈을 때 그곳 사람들은 그가 오기 전에 그의 꿈을 꾸었기에 그가 누구인지 곧 알아보았다. 그는 음식의 반을 내주었지만 조금도 약해지지 않았다. 그는 광산에서 하루에 17시간씩 노동했으나 늘 기도할 시간을 찾았고 몸은 청결하고 옷은 단정했다. 그 축복받은 커플들은 그의 앞에서 너무 작게 느꼈기에 아이 음식을 먹고 아기 이름을 사용했다. 미군 레이션 깡통으로 만들어진 오두막에서 살았던 사람인 그가 지금 미국의 조명 아래 인류 역사의 종말로 그들을 인도하기위해 여기에 왔다.(p.6)

롯즈가 문 목사를 두렵게 느끼는 이유는 젊은이들이 원하는 도피처를 문 목사가 제공하기 때문이다. 젊은이들이 원하는 것은 미국 민주주의의 기본인 개인의식을 마비시키는 동질화이다. 그들은 하루에 아주 조금 자고 물건을 팔며, 동침조차 문 목사의 지지에 따라 수행한다. 부부의 동침 시기는 40일이 지나야 이루어지는데 그 시기는 더 미루어지기도 한다. 다시 말하면 그들은 믿음에 의해 하나가 되어 기꺼이 떠돌며, 바닥에서 자고, 밤새 버스를 타고 달리며, 자금을 모으고 주인에게 봉사한다(pp.9-10). 이런 변모를 가능하게 하는 어떤 힘에 롯즈의 마음은 불안하다. 그러면 딸, 카렌은 그 힘을 어떻게 생각하는가.

그녀는 주인님에 관한 꿈 외에 다른 꿈은 꾸지 않는다. 그들은 그분을 환상 속에서 본다. 그분의 삼차원적 육체는 수마일 멀리 있어도 언제나 그들과 함께 방 안에 있다. 그들은 그분에 관해 이야기하고 흐느낀다. 눈물은 볼을 타고 흘러내려 마루 위에 고이고, 아래층의 천정으로 새어나간다. 그분은 그들의 뼈와 살을 구성하는 일부이다. 그분은 빡빡한 일상의 시간과 공간에서 그들을 높이 끌어올려, 평범한 일과 노동과 기도와 순종에 바치는 삶을 보여준다.(p.9)

롯즈에게 한국어인 "빨리 빨리"와 문 목사의 "만세"라는 외침소리는 인류의 종말을 재촉하는 듯 들린다. 그는 반드시 통일교에 관한 모든 정보를 알아내겠다고 결심한다.

통일교의 합동결혼식이 한국을 대표하는 이미지는 결코 될 수 없다. 한국 내에서도 그 종교는 비판을 받았기 때문이다. 그러나 이 작품의 시작에서 한국 이미지는 소설 전체를 지배하는 압도적 은유이고 주제를 합성하는 필연적인 구조이다. 작가가 인물의 시각을 통해 드러내는 합동결혼식의 속성은 무엇인가. 집단(crowd)은 젊은이들이 자유의지를 내놓는 대가로 순진하고 복종하는 편안한 어린 아이를 선물한다. 자유경쟁사회에 지친 개인은 자신의 불안감을 집단의 익명성 속에 묻어버리고 복잡한 세상으로부터 단순한 동일시의 공간으로 도피한다. 그것은 이성의 고달픔에서 몸의 안락으로 퇴행하려는 심리를 반영한다. 프로이트는 "그룹심리와 자아분석"에서 이런 심리를 동물의 떼에 비유했다.3) 군중은 동물의 떼처럼 지도자를 중심으로 하나가 된다. 개인은 자신의 판단력을 강력한 카리스마를 지닌 대장에게 양도하고 그 대신에 단원 모두가 능력의 차이 없이 똑같이 대우받을 것을 보장받는다. 이것은 인간의 가장 근원적 리비도인 부러움과 질투(envy)를 잠재우는 방식이다. 집단은 익명성 때문에 혼자서는 하지 못하는 무의식의 소망을 집단의 이름으로 행한다. 독재자를 중심으로 뭉쳐서 타자를 박해하는 모든 파시즘의 근원이 군중 혹은

---

3) Freud, "*Group Psychology and the Analysis of the Ego*," Standard Edition, Vol.18, pp.65-144.

집단심리에서 나온다. 군중은 개별성이 마비되고 대신 몸의 소망인 죽음충동에 의지하며 그것은 사도-마조히즘적 쾌락이기에 쉽게 파괴적 공격성으로 치닫는다. 프로이트는 이 글에서 폐쇄적인 집단과 구별하여 바람직한 그룹에 대해 언급하지만 그가 분석한 집단심리는 그 후 동질성으로 한 덩어리가 되는 유아기로의 퇴행, 혹은 파시즘을 이해하는 열쇠가 된다.

군중심리란 이성이 마비된 파시즘, 혹은 편집증적 파라노이아이다. 상호간의 의사소통이 없는 최면의 집단은 빗나간 종교집단에서 흔히 나타나지만 들릴로는 프로이트가 밝히듯이 인간이 얼마나 쉽게 에로스의 이면인 타나토스에 끌릴 수 있는지 보여준다. 경쟁이 가중되는 소비사회의 일상 속에는 집단으로 도피하여 개인의 의식을 마비시키려는 퇴행심리가 도사리게 된다. "빨리 빨리", "만세" 등 들릴로는 이 소설에서 한국의 문화를 파시즘적인 것으로 비판하고 있는 듯이 보인다. 그렇다면 이 소설에서 한국 이미지는 사이드가 언급한 지배자의 '오리엔탈리즘'인가. 다시 말하면 미국인이 한국을 재현할 때 순수하게 객관적으로 그리지 않고 자신들의 정치적 욕망에 의해 재현하는가.[4] 그러나 들릴로의 경우, 한국 이미지는 그런 판단을 내

---

4) 사이드(Edward Said)는 포스트모더니즘 이론이 세상의 문제를 소홀히 한다고 생각하여 푸코의 이론을 팔레스타인의 입장에서 재해석한다. 그가 만든 용어 "오리엔탈리즘"은 서구인들이 동양을 자신들의 정치적 목적에서 재현하고 그것을 반복하여 진리처럼 굳힌다는 것을 의미한다. 진리가 그렇게 자의적이고 정치적이라는 그의 증명은 큰 반향을 일으켰으나 한편으로 만일 객관재현이 불가능하다면 동양을 어떻게 재현할 것인가라는 한계를 드러낸다. 이런 반론에 대한 극복으로 그는 1990년 『문화와 제국주의』(Culture and Imperialism(New York : Alfred A. Knopf, 1990)를 발표하여 영국소설이 은연중에 어떻게 당대의 독자에게 제국주의 식민지 통치를 정당하게 부각시키는지 드러낸다. 그런데 그의 사실주의 소설 분석은 정확하지만 모더니즘에 속하는 조셉 콘라드의 『어둠의 한 가운데로』나 E. M. 포스터의 『인도로 가는 길』에 오면 한계를 드러낸다. 미학적 거리 때문이다. 바바(Homi

리기에 적절치 않아 보인다. 통일교의 집단결혼식은 소설을 이끌어 가는 첫 번째 이미지로서, 뒤따르는 일련의 이미지들 속에서 다루어져야 한다. 통일교는 한국의 이미지로 굳어지는 것이 아니라 오히려 다른 것을 말하기 위한 초석으로 제시된다는 것이다. 그렇다면 "그 다른 것"은 무엇인가.

『마오 2』의 주제는 그리 단순하지 않다. 통일교와 한국어, 김조백이라는 한국인 신랑, 몇몇 한국어 등, 카렌의 아버지가 불안 속에서 지켜보는 집단결혼식은 다음과 같은 아내와의 대화 속에서 또 다른 음성을 암시하기에 한국 이미지에 대한 성급한 판단을 유보하게 만든다. 즉 서술 기법에서 합동결혼식의 묘사는 작가의 음성을 대변하는 서술자가 아니라 카렌의 아버지 시점으로 그려진다. 비록 첫 장이 전체 주제와 연결되기에 작가 자신의 시선임에는 틀림없지만 서술기법에서는 카렌의 아버지, 롯즈의 응시이며 그런 응시에 대한 또 다른 암시가 있기 때문에 사이드적 오리엔탈리즘은 유보된다. 롯즈는 아내, 모린(Maureen)에게 통일교 집단에 대한 정보를 반드시 캐낼 것이라고 반복한다. 아내는 "당신이 하는 말은 저 사람들과 비슷하게 들려요."라고 대답한다. 그리고 이어서 "당신은 그걸 즐길 필요 없어요."(You don't have to enjoy it.)라고 말한다. 딸에 대한 책임감으로 반드시 정보를 캐내고 말 것이라는 롯즈의 강한 의도는 그 후 딸을 납치하는 것으로 전개된다. 그러므로 이 대화는 작가가 주제의 발전을 위해 미리 마련해놓은 전조(foreshadow)이다. 소설 구성에서 이런 식으로 미리 암시를 해놓는 부분들은 독자가 성급히 한국 이미지를 오리엔탈리즘이라고 판단하는 것을 유보케 한다. 첫 장에서 암시되는

Bhabha)는 바로 이 두 작품을 사이드와 다르게 읽어서 그 다음 이론을 제시한다.

전조의 두 가지 예를 더 들어보자. 카렌은 한국인 신랑 김(Kim)에게 "이곳이 양키즈가 경기하던 곳이예요."라고 말한다. 야구는 미국인들이 스포츠의 정당한 규칙을 배우고 국민의 단합을 위한 전통적 게임이다. 그런데 바로 그곳에서 집단결혼식이 거행된다는 것은 중요하다. 들릴로는 또 다른 작품, 『지하세계』(Underworld)에서 야구경기장에서 홈런이 날아가는 순간 지구의 다른 곳에서 핵실험이 일어나는 것을 보여준다. 단합을 위한 열광이 동시에 집단히스테리, 혹은 파시즘적 열광으로 대치될 수 있다는 암시다. 비밀스런 음모가 평화로운 일상 속에 있고 이성적 선택이 중시되는 민주주의 안에 몸의 열광이라는 파시즘적 부정성이 내포된다. 다른 하나의 전조는 카렌이 느끼는 카메라의 응시다. 그토록 많은 후레시를 받아본 적이 있는가. 경기장 한가운데서 많은 사람들의 응시를 받으며 그녀는 느낀다.(p.10) 카메라의 응시가 카렌에게 주는 흥분은 집단의 광기와 밀접하게 연결되고 이것이 바로 보드리야르가 비판한 후기 산업사회의 미디어 편집증의 속성이다. 첫 장은 이렇게 끝난다 : "미래는 군중에 속한다."

『마오 2』의 첫 장에 재현된 통일교 집단 결혼식은 소설 구성의 초석이다. 그럼에도 불구하고 그것은 작은 주제를 다르게 반복하여 전체 주제를 만들어가는 특이한 기법과, 서술시점과 서술음성의 분리에 의해 사이드 식 오리엔탈리즘의 범주를 넘어 복합적 양상을 띤다. 들릴로의 한국 이미지가 전체 주제에 어떻게 연결되는지 살펴보기 전에 이창래의 『네이티브 스피커』를 분석해본다. 두 작품에 공통되는 한국 이미지를 간추려보고 그것이 각기 어떤 방식으로 사용되는지 알 때 독자는 좀 더 정확한 판단을 내릴 수 있기 때문이다.

2. 『네이티브 스피커』와 한국 문화

이창래(1965-)는 세살 때 미국으로 부모를 따라 이민하여 예일 대학과 오레곤 주립대학을 졸업하고 현재 프린스턴 대학에서 창작을 가르치고 있다. 그가 1995년에 발표한 『네이티브 스피커』는 한국계 미국작가로서만이 아니라 한 사람의 미국작가로서 다문화적 미국현실을 반영한다. 유년기 집안에서 쓰던 한국어와 가부장제 가족의 삶은 그 이후 피부색과 함께 순수한 원어민이 되지 못한다는 자의식의 근원을 형성한다. 백인과 흑인이 주류인 미국에서 아시아인으로서의 소외감을 그는 "스파이"라는 이미지로 표현한다.[5] 그리고 주인공, 헨리 박의 직업을 스파이로 설정한다. 그러나 이 소설은 정확히 스파이 소설은 아니다. 아내 이름을 릴리아(Lelia)라고 지은 의도를 보자. L자는 한국인이 발음하기 힘든 철자로 원어민이 아니면 어색함이 곧 드러난다. 주인공 헨리 박이 릴리아에게 처음 매료된 것은 그녀의 직업이 발음교정사이고 또박또박 영어를 발음했기 때문이다. 영어에 대한 자의식은 백색 피부와 백색 동일시에 대한 자의식이다. 이 소설

---

5) 이 소설(*Native Speaker* (New York : Riverhead, 1995)에 대한 비평으로 "스파이"를 언급하지 않는 평문은 없을 정도로 이 단어는 중요한 은유이다. 고부응은 정체성의 비어있는 공간을 채워가는 노력으로 이 소설을 읽고(『영어영문학』(2002) : 619-638), 구은숙은 스파이의 속성인 엿보기를 문화와 인간의 양면에서 읽으며 (『현대영미소설』(2000) : 47-63), 왕철은 주인공이 세상을 한 가지로 좁게 보는 것에서 좀더 커다란 서술구조로 확장해가는 소설로 읽는다(『현대영미소설』 제3집 (1996) : 23-39). Jeff Yang은 "Secret Asian Man"(*The Village Voice*, 1995년 3월 7일, p.26)에서 스파이를 이민자의 위치를 드러내는 미학적 장치라고 말하고 Rand R. Cooper는 스파이 소설이 되기에는 플롯이 약하고 문장도 시적이어서 다문화소설이라고 평한다("Excess Identities" *New York Times Book Review*, 1995년 4월 9일, p.24). 이상스럽게 이런 비평들이 흑인과 한인의 갈등을 간과하고 있어 본 논문은 이 부분도 조명 할 것이다. 이로부터 인용은 본문에 쪽수로만 표기함.

에 대한 대부분의 비평이 스파이 소설이라기에는 언어가 아름답고 플롯도 스파이 소설이 아니라고 평하는 이유는 바로 작가가 스파이라는 단어를 상징적으로 사용하고 있을 뿐 의도는 다른 데 있기 때문이다.

 소설은 헨리 박이 아내의 가출과 그녀가 남긴 쪽지의 글귀로부터 시작한다. 이어서 그의 직업이 무엇이고 왜 아내가 가출했고 아들 미트가 어떻게 죽었는지 등이 노출되고 그가 현재 존 광의 일에 관여되어 있음이 암시된다. 회상과 현재사건들이 중첩되는 서술 속에서 시점은 일관성 있게 헨리에게 고정되기에 삼인칭 서술이지만 고백소설 같은 인상을 준다. 그가 필리핀계 의사 루젠과 대화를 하면서 은연중에 자신을 털어놓듯이 헨리는 자신에 관해 독자와 대화하듯이 드러내는데 가장 압도적인 부분이 이민 온 아버지의 삶이 자신에게 미친 영향이다. 한국의 가정에서 자란 그가 미국인 릴리아와 결혼하면서 두 문화의 차이를 느끼는 부분, 그리고 아시아계 미국인으로 백인중심사회에서 흑인과 충돌하며 살아가는 한국 이민자들의 문제들이 노출된다. 그 가운데에서도 언어는 두 문화의 차이를 가장 극명하게 드러낸다. 피부 색깔 뿐 아니라 언어와 관습의 차이가 그를 백인 사회의 스파이로 만든다는 것이다.

 아내가 남긴 쪽지를 중심으로 차근히 풀어나가는 내용을 들으면 독자는 헨리가 진지하고 내성적이고 그리고 믿을 만한 화자라는 것을 알게 된다. 아내의 의심과 달리 헨리는 자신이 공정한 서술자라고 말한다.(p.6) 그러기에 독자는 그의 서술을 마음 편히 따라가는데 그러는 어느 순간 그에게 문제점이 있다는 것을 알게 된다. 그의 직업이 스파이이고 그의 성격이 뭔가 숨기고 사는 듯 은밀한 것은 문화적 차이뿐 아니라 그 자신이 한국적 정체성을 숨기고 백인문화를 기준으로 삼기 때문이라는 것이다. 그는 백인인 데니스가 만든 비밀스런 회사에서 일한다. 그 회사는 국가 기관은 아니지만 CIA가 다루지 못하는 다인종사회의 문제점들을 해결해주는 일종의 해결사 집단이다. 그런데 데니스는 같은 인종을 파견하는 수법으로 다인종사회의 비밀을 캐낸다. 그래서 헨리는 필리핀계 의사의 정보를 캐내는 일과 한국인 존 광의 정보를 캐내는 일을 맡는다. 헨리가 백인여자와 결혼하여 아들이 조금이라도 더 백인처럼 되기를 바랐고, 백인 사회를 기웃거리면서 소외되어 사는 것처럼 그런 일은 '자기 배반'이었다. 그는 한국인의 정체성을 부정하고 조금이라도 더 백인처럼 행세하고, 백인에게 인정받기를 원한다. 스파이라는 직업과 스파이처럼 엿보면서 살아가는 삶은 원어민이 될 수 없는 발음과 아버지로부터 물려받은 한국의 관습을 감추고 싶은 무의식 때문이다. 그러기에 그는 어느 쪽에도 속하지 못하는 이방인이다 이런 면에서 헨리는 파농(Frantz Fanon)이 비판했듯이 황색 피부위에 백색 마스크를 쓰고 있는 것이다.6) 법과 의식의 차원에서는 평등하지만 무의식의 차원에서 백인처럼 되려는 알제리 지방의 흑인들이 결국은 자기 증오에 빠져 사회와 백인을 증오하는 것과 비슷하다. 헨리는 자신의 피부색과 발음을 감추고 원어민이 되기 위해 애쓰기에 스파이처럼 느끼고 스파이가 된다. 서술자는 황색공포와 백색동화를 갈망하는 자신의 무의식을 은연중에 드러내면서 상처받은 자아를 치유하고 복원해간다. 그가 무

---

6) Frantz Fanon은 프랑스의 식민지였던 알제리 지방의 정신과 의사로 많은 흑인들이 백색기준과 흑색의 공포에 시달려 분열증에 이르는 것을 보며 다양한 문화적 정체성을 인정해야한다고 주장했다. 그는 의식의 차원이아니라 무의식에 각인된 문화적 식민주의를 논한다. 이런 의미에서 탈식민주의는 곧 후기식민주의인 것이다. *Black Skin, White Masks* (New York : Grove Press, 1967) 참조.

의식중에 드러내는 소외의 원인은 피부 색깔 뿐 아니라 한국의 관습이다.

그의 아버지는 한국에서 일류대학을 나왔으나 인간관계가 얽힌 사업에서 성공하지 못하고 미국으로 이민 온다. 단돈 200불을 쥐고 온 그는 뉴욕의 가난한 동네에서 과일과 야채 가게를 하면서 돈을 모은다. 그가 돈벌기와 기독교라는 미국적 가치관(p.44)에 의지하여 힘든 삶을 견딘 이유는 한국의 부모들이 그렇듯이 아들만은 궂은 일을 시키지 않고 공공기관에서 일하는 떳떳한 시민을 만들겠다는 신념 때문이다. 헨리가 회상 속에서 드러내는 아버지는 한국의 전형적인 가부장이다. 그가 드러내는 한국 이미지를 요약해보자.

첫째, 아버지가 중심인 헨리의 가정은 공자의 유교적 관습("a Confucian of high order," p.6)에 뿌리내린 가부장제이다. 유교적 관습은 침묵을 미덕으로 삼는다. 아버지는 권위를 위해서 뿐 아니라 때로 침묵을 자신이 유리한 고지를 차지하기 위한 전략으로 사용한다. 사랑보다 의무감과 유대감이 중시되고 개인보다 관계가 중시되기에 가족은 감정을 절제한다.(p.54) 아버지는 어머니가 돌아가실 때에도 눈물을 보이지 않는다. 물론 부모가 서로 사랑한다는 말을 나누는 것도 헨리는 들은 적이 없다. 침묵은 바로 한국의 상징이다. 그래서 헨리의 침묵은 솔직하게 자신의 의사를 표현하는 백인 아내와 충돌을 일으킨다. 릴리아가 집안의 살림을 위해 아버지가 한국에서 데려온 "아주머니"의 이름이 없는 것을 알 때, 헨리가 오랫동안 함께 산 아주머니의 이름을 모르는 것을 듣고 느끼는 릴리아의 충격은 인상적이다. 그녀는 "나는 이것을 믿을 수가 없어요."라고 외친다. 한국에서는 이름이 아니라 관계속의 위치에 의해 불리기 때문이다. 이것은 개인보다 단체와 유대감을 중시하는 관습의 산물이다. 분명하고 정확한 것보다 대략적이고 모호한 것을 선호하는 것도 이런 관습의 탓이다.

　동양적 침묵은 이민 온 한국인들에게 이중적으로 작용한다. 그들은 언어에 능통하지 못해서 침묵하기도 하고 침묵이 미덕이어서 침묵하기도 한다. 그러므로 이민자들이 돈은 벌지만 정치적이고 사회적인 측면에서 소외되는 이유가 된다. 헨리의 아버지가 사회에서 유리되어 오로지 야채장사로 돈을 벌어 부자들이 사는 동네로 이사했을 때 그는 바로 이런 이유에서 고립된다. 그러므로 그의 아들이 백인 여자와 결혼하는 것을 반대할 줄 알았는데 의외로 찬성했던 것이다. 관습은 피부색과 마찬가지로 그들을 "원어민"이 되지 못하게 만든다. 릴리아가 참지 못하는 부분이 개인이 "아주머니"처럼 이름이 아니라 관계 속에서 추상화되는 것과 침묵이었다. 미국의 관습이 개인의 의사와 이름을 중시한다면 한국의 관습은 형식과 사회적 관계를 더 중시하기에 침묵은 동양적 공손함이나 순종을 의미하지만 그녀는 이것을 참지 못한다. 감정을 절제하고 침묵하는 성격 때문에 데니스는 한국식 교육이 스파이가 되기에 아주 적당하다고 말한다.(I'd breed agents by raising white kids in your standard Asian household. Discipline forms. 161) 스파이라는 헨리의 직업은 백인사회의 얼룩이요, 이방인이라는 의미에서 소외의 뜻도 있지만 백인들이 보았을 때는 침묵이라는 한국의 관습에 어울리는 직업이기도 했다.

　침묵과 감정 절제는 가부장제 명령 체계라는 두 번째 한국 이미지와 무관하지 않다. 아버지는 집안에서 절대적 권한을 갖는다. 어머니의 침묵과 감정 절제를 풀어주는 사람은 유일하게 아버지였고 아주머니를 대하는 아버지의 태도 역시 가부장적이다. 예를 들면 아주머니는 하나의 인격이라기보다 아버지가 집안일을 맡긴 부속품 같은 여자로 아버지는 그녀의 옷과 신발을 가끔 골라준다. 미국사회에서는 있을 수 없는 일이다. 노동의 시간에 따라 정확히 임금을 지불하는 노동자도 아니고 그렇다고 아버지의 연인도 아닌 "아주머니"는 이름이 없듯이 인격이 없다. 집안 식구이면서도 집안 식구가 아닌 존재로서 아주머니는 헨리가 미국사회에서 엉거주춤 살아가는 것과 비슷하다. 영어도 운전도 못하는 그녀는 사회적으로 철저히 소외되어 죽은 후에 한국 땅에 묻히기를 소망한다. 그래서 헨리는 그녀가 죽은 것이 아니라 그저 사라진 것처럼 느낀다.(p.71) 아버지의 명령이 지켜지는 한 그런 가족구성이 가능하다. 그녀는 자신의 목숨을 아버지에 의탁하고 아버지는 계산이 아닌 의리로 그녀를 돌보고 그녀 역시 그런 아버지에게 순종한다. 이런 관계는 개인주의 이성이 아닌 유교적 수직체계로 네가 충성을 받치는 한, 내가 너의 모든 것을 돌봐준다는 형식과 관계 속에서 대상을 인정하는 관습이다. 그러므로 "우리 집," "우리나라" 등의 표현을 많이 쓴다.

　세 번째 한국 이미지는 두 번째와 무관하지 않다. 투명하고 이성적인 계산이 아니라 인정과 사적인 약속에 이끌리는 한국의 관습이 낳은 사적인 경제조직으로 〈계〉라는 모임이 있다. 헨리의 아버지가 미국에 정착할 수 있었던 것은 한국인들 끼리 모여 계를 조직해서 자금을 조달했기 때문이었다. 계는 매달 각자가 일정한 금액을 내면 한 사람씩 그 돈을 모아주는 것으로 급한 사람부터 목돈을 만들 수 있는 사적인 조직이다. 이것은 서로를 완전히 신뢰할 때만이 가능한 조직으로 한 두 사람씩 자리를 잡고 부자동네로 이사 가기 시작하면서 깨진다. 계는 이웃들이 신뢰에 바탕을 둔 한국 문화의 상징으로 공적인 조직에 의해 투명하게 관리되는 미국의 저축제도와 아주 다르다. 정에 의해 뭉쳐지는 사회의 산물이기에 그만큼 깨지기도 쉬운 조직이다. 헨리가 시의원이었던 존 광에 관한 정보를 캐내는 임무는 바로 이 부분과 관련된다.

   침묵, 감정 절제, 가부장적 가족중심주의, 냉정한 이성적 판단보다 정에 더 끌리는 사회조직, 개인보다 유대감이 더 우선되는 수직적 사회 등, 대략 이런 것들이 이 소설에 나타난 한국 이미지들이다. 그러면 이제 다시 첫 작품으로 돌아가 보자. 『마오 2』와 『네이티브 스피커』에 재현된 한국 이미지들은 어떤 방식으로 주제와 연결되는가.

3. 한국의 이미지와 두 주제 : 다양성과 획일성

   들릴로는 한국 이미지인 통일교의 합동결혼식 장면으로 시작하는 첫 장의 제목을 "양키스타디움에서"라고 붙였다. 그리고 그와 비슷한 군중의 사진들인, 모택동의 군중, 영국 세필드 경기장 밖의 군중, 호메이니의 장례식 군중 사진들을 배열했다. 그가 "미래는 군중에 속한다"고 표현한 것처럼 그의 주제는 군중과 뗄 수 없이 연결된다. 소설은 은둔한 작가 빌 그레이와 그를 관리하는 젊은 집사, 스코트에게로 옮아간다. 스코트는 책방에서 산더미같이 쌓인 책들을 보며 책도 상품이 되었다고 느낀다. 물건이 넘치는 후기 산업사회에서 책은 더 이상 독자가 자유롭게 선택할 수 있는 것이 아니라 광고와 홍보와 출판 전략에 의해서 팔리는 상품 가운데 하나이다.(p.19) 제발 "나를 사주세요"(He could hear them shrieking Buy me)라고 외치는 수많은 책들 속에서 스코트가 발견한 작가는 빌이다. 빌의 소설에서 자신의 모습을 본 스코트는 그의 소재지를 파악하기 위해 최선을 다한다. 빌은 두 권의 소설을 내고 유명인사가 되어 은둔 상태에 있다. 출판사에 취직하여 빌의 편지를 관리하며 우체국 소인에 의해 소재를 파악한 스코트는 빌의 은신처를 찾고 그의 모든 것을 관리하는 집사가 된다. 빌의 재정관리부터 글쓰기와 원고 등, 모든 것을 관리하는 스코트는 빌이 은둔하면서 작품을 출판하지 않고 추고만을 계속하는 것을 장려한다. 책이 상품이 되는 시대에 작가가 유명해지면 실체가 아닌 이미지로 존재한다. 그러기에 은둔은 명성을 유지시키는 길이었다. 출판을 하거나 자신을 드러내면 그의 수명이 단축되기에 출판사는 그가 은둔할 것을 원한다. 그러나 빌은 추고와 은둔에 지쳐 감옥에 갇히거나 은둔한 작가만을 전문으로 사진 찍는 브리타를 찾는다. 브리타가 찍은 사진 역시 스코트의 관리 아래 적절한 때에 출판하게 된다. 빌은 다시 출판사 편집인 찰리를 만나 베이루트에 억류된 스위스의 젊은 시인에 관해 듣는다. 그리고 테러리스트에 의해 감옥에 억류된 시인을 석방하기 위해 기자회견을 가지라는 편집자에 동의한다. 유명작가가 젊은 시인의 작품을 낭송하여 석방을 권유한다는 기획이다. 빌은 영국으로 가지만 기자회견이 이루어지지 못하고 베이루트로 가는 보트 안에서 죽는다.

한편 빌을 수소문하던 스코트는 그가 잠적하거나 죽은 것이라고 추측한다. 카렌은 숨 막히는 통일교 집단이 자신에게 완벽한 평화를 주지 못한다고 느끼고 바로 그때 아버지는 그녀를 납치하여 8일 동안 밤낮으로 문 목사의 최면으로부터 그녀를 해제시키는 작업을 한다 (deprogramming). 그녀는 문 목사의 집단 못지않은 지독스런 기독교의 세례를 견디지 못해 다시 탈출하여 길을 걷다가 스코트에 의해 발견되어 빌의 은신처에 머문다. 빌의 행방이 묘연한 가운데 스코트와 카렌은 빌의 사후관리를 준비한다. 소설은 작가 대신에 테러리스트를 찾아다니며 사진을 찍는 브리타가 베이루트의 테러리스트인 아부 라시드의 사진을 찍으면서 그와 대화를 나누는 것에서 끝난다.

빌의 죽음은 무엇을 의미하는가. 군중과 브리타의 카메라는 어떻게 연결되는가. 비평가들은 빌이 과연 이미지와 상품 사회에 저항했는지 논의한다. 빌의 저항과 탈출이 성공했는가는 들릴로가 후기 산업사회의 거대담론 속에서 개인이 무엇을 할 수 있는지 암시하기에 논쟁의 핵심이 된다.7) 브리타의 카메라는 영상시대, 이미지시대를 상징한다. 책이 상품이 되는 시대에 작가는 더 이상 개인의 의식에 충격을 주지 못한다. 이제 테러리스트들이 작가 대신 개인의 의식에 충격을 준다. 들릴로에 의하면 이것이 물건이 넘치는 상품시대, 카메라의 응시를 받는 이미지 시대에 일어나고 있는 일이다. 하나의 개별적인 사건이 영상시대에 오면 카메라에 의해 이미지가 된다. 이것이 반복되면 충격이 적어지고 사람들은 점점 더 자극을 원하게 된다. 재난의 보도에 무감각해지면 더 큰 재난을 원하게 되어 작가는 더 이상 의식에 영향을 주지 못한다. 영상 매체의 이미지 시대에 충격은 테러리스트들이 맡게 되었다는 것이다. 케네디 대통령의 암살을 텔레비전의 영향으로 풀이한 들릴로는 영상이 반복되면서 충격이 무디어져서 사람들이 점점 더 공격적이고 파괴적인 것을 원하게 된다고 말한다.8) 이미지의 시대를 잘 표현한 엔디 와홀의 그림은 콜라병이나 모

---

7) 이 소설에 대한 비평들은 대부분 소비사회와 미디어비판과 연결지어 분석하면서 과연 작가 빌이 이미지시대에 저항했는가에 초점을 맞춘다. Douglas Keesey는 미디어문화의 거대한 구조를 빌이 저항하는 것으로 해석하고 John A. McClure는 소비사회의 숨은 음모는 죽음의 쾌락과 뗄 수 없는 파라노이아라고 말한다. Mark Osteen은 영상이미지는 그자체가 이미 군중이기에 빌의 탈출은 제스쳐일 뿐이라고 말한다.(인용문헌 참조)

8) 소비사회와 영상미디어시대에 뉴스는 재난을 보도하고 점점 더 큰 재난을 요구한다는 들릴로의 분석은 그의 소설『백색소음』 White Noise(New York : Viking, 1984)에 잘 그려져 있다. 백색소음이란 TV의 방영이 끝나고 남는 잔여의 소음으로 문명이 낳은 잉여로서 테러, 혹은 혼돈을 상징한다.

택동의 얼굴을 영상으로 반복하여 복제문화를 반영하고 이미지가 다르게 반복된다는 다원화를 의미했다. 그러나 와홀의 미학은 많은 사람들이 추종하면서 상품이 된다. 군중과 이미지와 소비는 경쟁시대의 불안을 잠재우고 개인의 선택을 마비시키면서 마지막 파국을 원하게 만든다. 이미지의 복제는 보드리야르가 비판하듯이 현실과 이미지의 경계를 와해하고 의미를 평준화하여 감각을 무디게 만든다. 의사소통의 희열이란 의미의 소진이다.

  야구경기는 국민의 단합을 위한 경기지만 함성과 열정이 반복되면 군중은 경기의 규칙보다 함성에 더 끌리게 된다. 의식이 마비되고 몸의 쾌락으로 퇴행하는 것이다. 양키 스타디움에서 합동결혼식이 거행된다. 반복되는 함성은 반복되는 영상처럼 사람들을 지치게 만들고 점점 더 큰 자극을 원하게 되어 폭력적 종말로 치닫는다. 이제 작가와 테러리스트는 똑같이 브라타의 카메라에 의지하여 자신의 입장을 알리는 시대가 된다. 브라타의 카메라는 모든 것을 상품화하여 사건의 차이를 지워버린 것이다. 모든 것이 똑같아지는 것이 바로 합동결혼식이 의미하던 군중이다.

  민주주의는 개인의 차이에 의해 유지되는데 소비사회와 미디어문화는 그 차이를 지워버리고 인간을 동질화시킨다. 모든 게 같아지는 아늑한 동질성의 늪에 빠지고 그럴 때마다 더 큰 자극을 원하게 되어 테러만이 문제해결로 등장하게 된다. 그렇다면 들릴로는 문목사의 합동결혼식을 한국의 이미지로 고착시키기 위해서가 아니라, 미국 후기 자본사회, 특히 미디어문화의 제국주의를 비판하기 위해 사용하고 있다는 결론에 이른다. "빨리 빨리," "만세" 등, 한국말과 합동결혼식은 미래가 카메라에 종속되어 폭력적 파국을 부를 것이라는 미디어문화 비판을 위한 일련의 이미지들 가운데 하나이다. 영국의 세필드 경기장, 이란의 호메니 장례식, 그리고 모택동의 군중 등, 일련의 이미지들은 궁극적으로 미국 후기 산업사회의 소비사회와 미디어문화를 경고하기 위한 미학적 장치들이다.

　이창래의 한국 이미지는 이와 조금 다르다. 이 소설의 한국 이미지는 플롯에서 반전을 이루는 존 광의 몰락과 연결된다. 존 광은 시 위원으로 소수인종 이민자들의 희망이요 우상이다. 그는 장차 뉴욕시장에도 거론된다. 스파이의 임무로 그와 접촉한 헨리는 그에게서 아버지의 모습을 본다. 그는 "박병호"라는 헨리의 한국이름을 불러주고 강렬한 카리스마적 리더십을 보인다. 가족적 관계와 유대감에서 그는 아버지를 닮았다. 그러나 아버지와 달리 존 광은 사회적으로 인정을 받는 공인이었기에 헨리는 처음으로 자부심을 느낀다.(p.129) 험난한 난국을 극복하고 성공한 존 광은 이민자들에게 미국의 꿈을 실현한 인물이었다. 그는 특히 흑인과 한국인이 과거에 백인과 일본인에 의한 피해자였다는 점에서 서로 증오하지 말고 아픔을 공유하자고 연설한다.(p.142) 그는 다인종 사회를 향해 마치 아버지가 한 가족을 책임지듯이 그런 사명감으로 호소한다. 그러나 인종간의 대립과 증오는 이보다 뿌리 깊었다. 한국 이민자들은 흑인들의 구역에서 장사를 할 수밖에 없었고, 흑인들은 값싸고 좋은 식품을 사려면 한국인 가게를 이용하지 않을 수 없게 되면서 흑인과 한국인은 서로 증오했다. 흑인은 게으르고 한국인은 부지런했고 돈이 중심인 이민사회에서 착취란 피할 수 없었다. 결국 존 광은 열정과 노력에도 불구하고 흑인시장, 드 루스에게 패배한다. 그리고 그 이유가 바로 미국의 관습에 무지했기 때문이다. 그는 공적인 일을 사적인 가족중심주의로 임했다. 예를 들어 사무실에 가난한 스페인 소년을 고용했다. 그리고 그 애에게 계를 통해 자금을 모으는 일을 맡긴다. 그는 그 소년, 에듀

와르도를 자식처럼 믿고 그의 모든 삶을 맡아준다는 아버지 같은 책임감으로 대한다. 그에게 적절한 월급을 주지 않았기에 가난한 에듀아르도는 흑인시장에게 매수되어 결국 존 광을 배반한다. 그리고 이 사실을 안 존 광은 사무실을 폭파한다. 이성보다 감정이 먼저 작용한 것이다. 그리고 몰락한다. 계로 자금을 모은 것은 세금을 포탈한 것이 되어 법에 저촉되고 그는 살인을 한 것이다. 다시 말하면 한국적 유대감과 "우리 집"이라는 동아리 의식, 이성보다 정에 좌우되는 한국의 관습은 미국의 개인주의와 부딪치고 존 광의 아메리칸 드림은 좌절된다.

헨리는 필리핀 의사 루전이 하나의 관점으로만 세상을 보지 말고 여러 시각에서 넓게 보라고 했듯이 존 광의 정체성이 양파 껍질처럼 벗겨지는 것을 본다. 미국의 꿈을 실현한 위대한 인물에서 폭파범으로, 아내에게 폭력적으로 대하는 권위적 남편으로, 비서와 부적절한 관계를 갖는 부정한 남편으로, 술집에서 여급을 폭행하는 광폭한 인간으로... 어느 것이 진짜인지 모르게 그의 실체는 다양했다. 그리고 그는 미국과 이민사회의 다양성을 간과했기에 패배한다. 그는 수많은 다양한 인종과 인격들을 우리집안 식구처럼 단순하게 대했다.(p.136)

존 광의 마스크가 하나 씩 벗겨지는 것을 보면서도 헨리는 데니스에게 정보를 보내지 않는다. 그리고 군중의 비난을 받는 존 광과 나란히 선다. 그는 자신을 배반하는 직업을 그만두고 아내가 하는 일을 돕는다. 미국과 한국의 어느 한쪽 문화를 고집하지 않고 대신 자아를 배반하는 비겁한 일을 그만 두겠다는 의지다. 릴리아는 여러 나라에서 이민 온 사람들의 자녀들이 영어 발음을 잘하도록 도와주는 일을 한다. 헨리는 그 애들이 원어민이 되기 위해서가 아니라 자신들의 문화에 따라 발음이 틀리더라도 부끄러워하지 않도록 가르칠 것이다.

더 이상 스파이가 되지 않겠다는 결심과 함께 그는 원어민이란 없고 삶은 무수한 마스크들로 이루어진 버전들이라는 것을 깨닫는다.

쿠퍼(Rand Richards Cooper)는 이창래의 소설이 다문화 시대에 개인은 다수의 정체성을 지닌다는 것을 보여준다고 언급한다.9) 스파이로 살지 않기 위해서는 원본의 눈치를 보는 것이 아니라 버전들(versions)을 인정하는 것이다. 아내가 남긴 쪽지를 복사하여 세 개의 버전만 남기고 원본을 파기했던 헨리는 "나는 복사본이 더 좋다"(p.4)고 말했었다. 인내와 희망의 상징인 존 광의 열정이 폭압적인 이면을 드러내듯이 정체성은 시간에 따라 다르게 변한다. 헨리가 동화되기 위해 애쓰던 백인문화 역시 완벽하지 않았다. 헨리는 자신의 부모가 애정 표현을 모르고 형식에 치우치며 어머니가 아버지의 침묵과 권위에 의존하는 것이 불만이었다. 그러나 평등한 관계로 애정 표현에 솔직한 릴리아의 부모 역시 그리 행복하지만은 않았다. 서로 이혼하고 새로운 연인을 찾는 릴리아의 부모는 고독하고 늘 불안감에 시달린다.(pp.206-207) 백색신화라는 원본은 존재하지 않았고 완벽한 행복도 보장된 것은 아니라는 깨달음이 헨리가 마지막에 얻은 지혜이다. 그가 존 광과 함께 군중의 비난 앞에 서는 것은 미국의 문화와 한국의 문화를 모두 수용하겠다는 의미다. 그리고 이런 헨리의 자세는 이창래의 입장이기도 하다. 이창래는 뉴욕타임스지와의 인터뷰에서 이렇게 밝힌다.

---

9) 한국계가 아닌 비평가의 논평 가운데 가장 정확하고 공정하게 이 소설을 평한 Rand Richards Cooper는 1995년 4월 9일자 『뉴욕 타임즈 서평』에서 이렇게 말한다. 스파이 소설로서는 문장력에 결함이 있지만 다문화적 상징으로서 스파이는 잘 구현되었다.("Like a spy, the truly multicultural person seems to have several identities"), *New York Times Books Review*, p.24.

나는 항상 나 자신을 스파이로 생각해왔다 — 지켜보는 사람, 듣는 사람, 그리고 무엇을 위해서인가?…. 헨리 박은 더 이상 스파이가 되고 싶지 않다 — 그리고 나도 역시 그렇다.10)

지금까지 살펴본 것처럼『네이티브 스피커』에서 한국문화는 다문화적 정체성을 인정하는 주제의 필수적 부분으로 편입된다. 작가가 미국문화의 다양성을 인정하고 언어와 피부 색깔은 중요하지 않다는 주제를 표현하기 위해서 쓰인 장치이기에 한국 이미지는 바바(Homi Bhabha)의 문화적 혼혈성(cultural hybridity)으로 해석된다.11)

4. 맺음말

90년대 미국 소설에 나타난 한국 이미지는 작가의 입장과 작품의 주제에 따라 달리 사용된다. 들릴로의 작품은 소비사회와 미디어 비판을 위해서 통일교의 합동결혼식 장면이 사용되었다. 그 결혼식이 충격적이었고 더구나 야구경기장에서 거행되었기 때문이다. 미국적 개인주의와 전혀 다른 집단 이미지는 미국의 미디어사회가 지닌 획일성을 비판하기 위해 다른 군중 이미지들과 함께 쓰인다. 통일교는

---

10) Pam Belluck, "After a Novel, an Author's Angst Is an Open Book," *The New York Times*, 1995년 7월 10일, p.B4. 또한 1996년 4월 30일 오레곤 대학에서 가진 유선모 교수와의 인터뷰에서 이창래는 한국계 미국인은 어떤 방식으로든지 미국문화와 한국문화를 동시에 고려해야한다고 말하고(『경기대학교 논문집』 제47집(1998) : 122). "『네이티브 스피커』에서 저는 많은 다른 민족들이 미국에 속해있다는 것과 그들이 말하는 언어나 그들의 피부색깔이 무엇인지는 중요치 않다는 것을 제안하려고 하는 것입니다."라고 언급했다.

11) Homi K. Bhabha, *The Location of Culture*(London & New York : Routledge, 1994) 참조.

결코 한국 문화를 대변하지 않는다. 마찬가지로 세필드 경기장에 들어가려는 군중도 영국문화를 대변하는 것은 아니다. 작가는 미국의 미디어문화가 지닌 편집증을 드러내기 위해 일련의 이미지들을 사용하고 합동결혼식은 그 가운데 하나의 이미지다

이창래의 작품에 나타난 한국 이미지는 이보다 정확하고 주제에 깊숙이 개입한다. 이 소설의 플롯과 문장력이 약하다고 비판하는 쿠퍼가 다문화적 요소만은 압권이라고 말하는 것을 보더라도 한국문화는 가장 자연스럽고 인상적으로 재현된다. 들릴로가 백인임에 비해 이창래는 한국인이기 때문에 한국문화를 주체적으로 수용한다. 유교적 가부장제, 침묵, 그리고 인정에 끌리는 동지의식 등이 자연스럽게 작품 속에 녹아 서구와 비교된다. 한국문화와 미국문화의 어느 입장을 옹호하지 않고 다문화적 입장을 취하는 이창래의 주인공은 파농이 비판한 백색동질화에 대한 소망과 정체성의 분열에서 벗어나 바바의 문화적 혼혈성(hybridity)을 지향한다.

조선시대 말(1904)에 한국에 여행한 미국작가, 잭 런던(Jack London)은 조선을 소재로 작품을 썼다. 김태진은 그 작품을 연구한 글에서 "조선은 중국처럼 장사를 잘하지도 않고 일본처럼 무사의 나라도 아니다. 조선은 앵글로 색슨 족과 가장 닮았다."라고 밝힌 적이 있다 그러면서 런던은『조선 삽화』에서 끈질기게 복수하는 조선인의 이미지를 보여준다.[12] 이제 90년대 미국문학은 한국 이미지를 들릴로처럼 미학적 장치로 사용하거나 이창래처럼 다문화적 정체성으로 수용하는 입장을 취한다. 전자는 미디어현상을 비판하고 후자는 다문화적

---

12) 김태진 "잭 런던과 한국-The Star Rover 중의 조선삽화를 중심으로"(『영어영문학』 38, 1(1992) : pp.151-167) 참조.

주체를 재현한다. 한국 이미지가 대상이냐 주체냐에 따라 부정과 긍정을 드러낸다. 다문화주의라는 포스트모던 윤리는 주체의 입장이고 미디어 소비사회는 그 주체가 안고 있는 얼룩, 혹은 타자로서 부정성이다. 그것은 징후로서 나타난다. 재현의 주체인가 타자인가에 따라 서로 상반된 포스트모던 문학이 태어난다.

그렇다면 후기 산업사회의 다문화적 윤리와 소비사회(미디어 문화)의 부정적 징후는 주체와 타자로 해석되어야 한다. 아도르노가 말했듯이 계몽은 그 안에 필연적으로 부정성을 내포한다. 그리고 바로 그 부정성이 그 다음 시대의 새로운 패러다임을 낳는 동인이 된다. 지금까지 살펴본 것처럼 한국 이미지 역시 계몽인가 부정성인가에 따라 다르게 선택되고 다르게 쓰인다. 계몽일 경우에 드러나는 한국 이미지는 대체로 전통적이거나 보편성을 띤다. 그러나 부정성일 때는 특수한 측면의 현대 이미지가 선택된다. 21세기에 우리 이미지는 어떻게 반영될 것인가. 이미지는 변하는가. 한국문화의 현주소를 외국작품을 통해 검토하는 일은 미국이 한국을 보는 시각뿐 아니라 한국인이 반성의 거울을 찾는 일로서도 의미가 있을 것이다.

제2부

일본문학에 나타난 한국의 이미지

해방 후 일본문학 속에 나타난 한국·조선상
- 한일 양국의 역사를 다룬 작품을 중심으로

이 재 성

1. 머리말

　지리적으로 매우 근접한 한국과 일본 사이에는 예로부터 수많은 접촉이 있었고 갖가지 크고 작은 사건들이 있었다. 고대(古代)에는 한반도의 우수한 기술과 문화가 일본에 건너가 국가의 기틀을 다지고 문화 발전을 이룩하는 데 크게 기여하였고, 특히 백제와 왜는 긴밀한 유대관계에 있었다. 조선통신사 등의 사절이 오가며 우호를 다지기도 했고 지구적 축제인 월드컵을 공동으로 개최하여 세계의 이목을 끌기도 했다.
　그러나 대부분의 인접한 나라들이 그러하듯이 양국간의 관계는 서로가 호감을 갖기보다는 미움의 감정이 앞서는 경향 또한 없지 않다. 역사상 수백 차례에 걸친 왜구의 침입과 약탈, 수차에 걸친 대규모 전쟁, 그리고 제국주의 일본에 의한 36년간의 뼈아픈 식민지 체험과 아직도 채 사라지지 않은 그 후유증, 역사 왜곡과 독도 영유권 문제, 위안부 문제, 재일교포 차별 문제 등등, 갖가지 장벽들이 양국 사이에 가로놓여 있어 쉽게 해결될 기미가 보이지 않는다.

특히 양국간 역사를 바라보는 서로의 시각의 괴리는 너무나도 커서 이것이 문제들을 풀어가는 데 최대의 걸림돌로 작용하고 있다고 해도 과언이 아닐 것이다.

그렇다면 양국의 관계사에 대한 인식의 차이는 무엇이며 그 차이는 어디에서 생겨나는 것일까. 서로의 인식의 차이를 극복하고 향후의 발전적 양국 관계를 모색해가기 위해서는, 무엇보다도 이 문제에 대한 충분한 검토가 선행되어야 함은 두말할 필요도 없을 것이다.

그러한 검토는 여러 방면에서 다양한 방법으로 이루어질 수가 있겠는데, 문학 작품에 나타난 역사인식을 살펴보는 것은 유용한 하나의 방법이 될 수 있을 것이라 생각된다.

본고에서는 그러한 시도의 하나로서 해방 후의 일본 문학작품 속에 나타나는 한일간의 역사 취급 양태에 초점을 맞추어 고찰해보기로 한다.

2. 한일 양국관계사 인식의 괴리

한일 양국간의 역사에 대한 양국민간의 인식의 차이는 다양한 사건에 걸쳐 광범위하게 나타나고 있는데, 우선 자주 거론되는 역사적 사건을 두고 역사인식의 괴리가 비교적 두드러지게 나타나는 작품들을 살펴보면 다음과 같다.

1) 마쓰모토 세이초 『북한 시인』(1964년)

1945년 8월 15일에 해방을 맞이한 한민족은 완전독립과 미국 군정 지배의 기로에 서서 고뇌하다가 1948년 5월, 남한만의 단독 선거로 이승만 정권이 탄생하고, 8월에 대한민국이 성립되었다. 마쓰모토 세이초(松本淸張)의 『북한 시인』[1]은 그 직전의 2년 남짓한 한반도 사회를 배경으로 하여 시인 임화의 내면의 갈등과 행동을 그린 실명소설인데, 해방 직후의 한국 현대사를 바라보는 시각에 편향성이 두드러지게 나타난다.

이 소설에서 묘사된 내용을 본래의 뉘앙스 그대로 정리해보자면 다음과 같다.

임화는 식민지통치 시대, '조선 프롤레타리아 예술작가 동맹'[2]이나 '신간회'[3]의 주요 멤버로 활동하다가 1939년에 검거되어 옥중에서 전향을 선언했고, 해방 후인 1953년 8월, 박헌영, 이승엽 등의 '간첩 및 국가전복 음모 사건'에 연루되었다는 혐의로 북한의 최고재판소 특별군사법정에서 사형을 선고받았다.

해방 후 임화는 '조선문학건설본부'의 조직 책임자로서 민주적인 예술운동을 창출하기 위해 분주했다. 그러나 사람들을 어둡게 뒤덮었던 것은, '조선민주주의인민공화국'의 창건을 '압살'하는 미국이었고, 미국 소련 영국 3국 외무장관회의 결정이라고 알려진 '신탁통치'였다. 신탁통치에 반대하는 물결과 지지하는 물결이 충돌하여 유혈사태가 벌어진다. 좌파 공산주의자들과 이승만 등 우파의 항쟁은 격

---

1) 『北の詩人』中央公論社, 1964.
2) '朝鮮プロレタリア芸術作家同盟'(1925년 創設)
3) '新幹会'(1926년 結成)

화하고, 미 군정청에 의한 좌파세력에의 탄압과 '백색테러'가 노골화된다. 1946년 11월경, 미국의 남한 지배에 항거하여 공산당, 인민당, 신민당을 합쳐 남조선노동당이 결성되고 민중의 봉기는 극렬해졌다. 4만 명의 철도노동자에 의한 총파업, 대구에서 시작되어 남한 전역으로 번져간 반미 투쟁 등, 소위 10월 인민항쟁이다. 그에 대한 미 군정청의 '피의 탄압은 가혹'했다. 그와 같은 정치상황 속에서 임화는 미군 첩보기관으로부터 '스파이활동을 강요받고' 민족적 서정시인으로서의 양심에 가책을 느껴 고뇌한다.

이상이 소설『북한의 시인』의 대략적 줄거리인데, 작자는 북한의 자료에 근거해서 이 소설을 썼다고 하며, 임화를 미국의 스파이로 묘사하고 있는 점이 주목된다.

그러나 현재는 '임화 스파이설'을 부정하는 견해가 기정사실화되어 있으며, 그렇다고 한다면 이 소설의 상황설정 자체가 밑바닥에서부터 토대를 잃어버리고 만다. 상대성이 있을 수 있는 문제를 한쪽의 자료에만 의지해 편향된 시각에서 바라본 결과가 초래할 수 있는 위험성을 작자는 몰랐던 것일까. 이 소설이 실명까지 사용한 실록소설인 이상, 정작 중요한 사실 설정에 오류가 있다고 한다면 아무리 훌륭한 문학적 진실로 고양시켜 포장한다 하더라도 공허한 껍데기에 지나지 않으며, 오히려 진실을 호도하는 결과만을 낳을 뿐이 아닐까.

2) 아오야기 미도리『이씨 왕이 보낸 자객』(1971년)

한일합병 직전의 상황을 배경으로 하는 아오야기 미도리(青柳綠)의『이씨 왕이 보낸 자객』[4]은, 개화파의 우두머리 김옥균 암살로 유명

---

4)『李王の刺客』潮出版社, 1971.

한 홍종우를 주인공으로 하여, 자객의 "각인(刻印)"을 짊어지고 살아간 인물을 그려낸 소설이다.

부친 사후, 어려워진 살림에 양반의 호패와 족보마저 팔아치우고 경성에서 물장수를 하며 출세할 기회를 노리던 홍종우가 김옥균의 망명처 일본으로 건너간 것은 1888년 5월, 그의 나이 스물세 살 때였다. 민비와 대원군의 정쟁을 배경으로 일어난 임오군란과 갑신정변 직후인지라 외국에서 돌아온 자가 정보제공자로서 조정으로부터 후한 대접을 받을 수 있었기 때문이었다. 아사히신문(朝日新聞) 식자공과 목욕탕의 때밀이 등을 거쳐 한때 프랑스에 건너갔다가 조선으로 귀국한 것이 갑오경장과 청일전쟁이 일어나기 1년 전인 1893년이었다.

그해 11월, 홍종우는 출세하고픈 마음에 고종으로부터 김옥균 암살의 명을 받고 다시 일본으로 건너간다. 김옥균은 홋카이도(北海道)를 유랑한 뒤 은신을 하고 있던 중이었다. 그 김옥균에게 접근한 홍종우는 그를 꾀어 상해로 유인해내는데, 소설에서는 이 대목이 자세하게 묘사되어 있다.

1894년 3월, 상해에서 김옥균을 사살한 홍종우는 조선으로 돌아와 재판소장으로 발탁된다. 그러나 청나라, 러시아, 일본 사이에 끼어 역사의 소용돌이에 휩싸인 조선의 정세 변화에 따라 그의 인생도 좌우되어 간다. 대원군이 서거하고 국왕이 집권한 후, 홍종우는 독립협회의 후신인 만민공동회의 반정부 운동을 방해하기 위해 보부상들을 사주하여 국왕에의 충성과 친일파에의 증오를 분명히 하고, 제주도 특사로 임명된다.

그러한 홍종우의 모습을 추적해가는 이 소설은, 역사적 사건과 그 배경에 있는 일상을 사실적인 터치로 그려내고 있다.

그리고 이 소설에는 모모타케 고타로(百武綱太郎)라는 일본인 신문

기자 청년이 등장하여 홍종우와의 긴밀한 교우관계를 지속한다. 나중에 홍종우가 국왕으로부터 "짐은 홍종우란 자를 모르오(朕は洪鍾宇なる者を知らず)"라며 버림받았을 때에도, 그는 모모타케와 술잔을 주고받으며 격려 받아 상심을 달랜다. 일본의 통치에 저항하여 '술책'을 쓰는 국왕에 대해 걱정과 두려움에 떠는 홍종우와, 보호통치는 인정하지만 한일합병에는 의혹을 품고 있는 모모타케. 이 두 사람의 교우관계를 통해 조선과 일본의 '우의'를 담아내려는 듯이 작자는 그려내고 있다.

소설은 1907년 네덜란드의 헤이그에서 열린 만국평화회의에 밀사를 파견하는 것을 대단원으로 해서 끝나는데, 이 밀사 파견에서 보이는 항일적 움직임이 일본을 자극해서 한일합병을 초래한 것 같은 뉘앙스로 묘사되어 있다. 국왕의 칙명으로 만국평화회의에 출석한 이준과 이상설 등의 밀사가 일본의 억지를 열강 각국의 대표들에게 호소하고 이준이 항의의 뜻으로 할복자결을 한 사건은, 한국의 역사에서는 당연히 '의거'로 인식되고 있는데, 작품에서는 그 배경이 '음모'로 취급되고 있다.

다시 말해서 이 소설 속에 담긴 역사인식은, 한일합병을 초래한 요인이 조선 국왕 측의 완고한 반일 태도와 '음모'에 있었다는 것이 된다. 홍종우와 가상인물 모모타케의 '우정'을 부각시켜 상대의 입장을 충분히 배려하고 진심으로 같이 고민하는 듯이 포장되어 있지만, 결국 작자의 시점은 억지에 가까운 일방적 자기합리화의 유혹에서 벗어나지 못하고 있는 것이다.

3) 오바 사치코『李朝悲史』(1975년)

오바 사치코(大庭さち子)의『이조비사』5)는 일본에 의한 조선침략 전야를 배경으로 이씨 조선의 비극과 수난사를 그린 평전 소설인데, 12살 소년 이명복이 조선의 마지막 왕인 26대 고종으로 즉위하는 장면부터 시작하여 부원군 흥선대원군과 왕비 민비 사이에 양이냐 개국이냐의 선택을 놓고 벌어지는 각축과 국내외의 격동하는 정세를 그리고 있다.

이 소설은 근대 일본의 움직임이 조선을 희생양으로 삼아 대륙 침략을 기도한 침략적 성격을 띠고 있었다는 것을 보여주고 있으며, 특히 민비 살해사건에 대해서는 일본의 위정자들에 대한 비판에 머물지 않고, 민비를 살해한 도당들이 일본으로 소환되었을 때, 마치 개선장군을 영접하듯이 환영한 국민정서를 들어 일본 국민의 생태에 대한 비판적 시각까지 드러낸다.

그러나 한편, 작품에 나타난 역사의식은 그다지 깊지가 못하다. 예를 들면, 1868년 메이지유신(明治維新)과 동시에 일본은 왕정복고를 조선에 통고하고 교역을 요구했는데, 그에 대한 흥선대원군의 완고한 배일 쇄국 자세를 강조한 나머지, 일본의 교역 요구에 이미 아시아 침략의 의도가 싹트고 있었던 사실을 간과하고 있다.

'정한론(征韓論)'만 하더라도 1870년 전후에 한층 소리 높게 외쳐지기 시작한 것은, 메이지유신에 의해 특권을 빼앗겨 불만이 팽배했던 구 무사계급이 조선을 정벌해야 한다고 기세를 높이기 시작했기 때문이라고 작자는 지적하지만, 오히려 당시의 지배계층이 구 무사계급의 불만을 외부로 발산시켜 체제 안정을 도모하기 위해 '정한론'을

---

5)『李朝悲史』集英社, 1975.

이용했다고 보는 것이 타당할 것이다.

게다가, 조선의 정쟁을 흥선대원군의 집권에의 야망과 어려서부터 『춘추좌씨전』을 탐독하여 익힌 민비의 권모술수가 빚어낸 피비린내 나는 항쟁으로 보는 시점이나, "도요토미 히데요시의 조선정벌(豊臣秀吉の朝鮮征伐)"등의 표현이 거침없이 사용되고 있는 점에서, 작자의 역사인식뿐만 아니라 정확한 창작동기가 무엇이었는지조차 애매모호하다.

4) 이자와 모토히코 『한의 법정』(1991년)

일본의 자동차 기기 회사 사장 다카사와(高沢)의 차가 고속도로에서 한국의 같은 업종 사장 林의 차에 쫓기는 장면으로 시작되는 이자와 모토히코(井沢元彦)의 『한의 법정(恨の法廷)』[6]은, 한국의 역사로 거슬러 올라가면서 미스테리 소설 풍의 전개를 보이는 특이한 작품이다.

상거래에서 배신행위를 한 임사장이 도리어 원한을 품고 다카사와의 차를 뒤쫓으며 라이플총으로 노린다. 그리고 대참사가 벌어지고, 장면은 다시 싹 초시공의 세계로 바뀌어 한일간의 법정논쟁이 벌어지는데, 법정의 캐스팅 스케일이 엄청나다. 재판장은 고대 황제의 위엄을 갖춘 천제(天帝). 배석 판사는 단군과 성덕태자. 한국 측 법정대리인은 시인 박경수, 일본 측 법정대리인은 소설가인 와다 나쓰히코(和田夏彦).

게다가 속속 등장하는 증인 또한 대단하다. 성덕태자에게 불법을 전수한 고구려의 고승 에지(慧慈), 7세기에 백제에서 건너간 '도래인(渡來人)' 여자신, 신라에서 건너간 '도래인' 아메노히보코(天日槍), 신

---

6) 『恨の法廷』日本経済新聞社, 1991.

라의 태종무열왕(金春秋), 신란(親鸞), 도겐선사(道元禪師), 에도(江戶) 시대 요네자와 번주(米沢藩主) 우에스기 요잔(上杉鷹山), 중세사학자로 『한국통사』의 저자인 김현달, 조선 주자학의 시조 이퇴계, 그리고 주자(朱熹)[7] 등이다.

법정에서 전개되는 것은, 한마디로 말해서 한국인의 민족성과 반일감정에 대한 비판이다. 주자야말로 "범인"이라고 하는 "수수께끼 풀기"가 암시하듯이 "모든 악(諸惡)"의 근원은 유교체제에 있다고 하는 것이 일본 측의 주장이며, 그것이 이 소설의 주제이기도 하다.

유교체제가 민주주의의 실현을 저해한다고 하는 비판은 그렇다 치고, 작자의 수법에는 정당한 게임이라고 할 수 없는 트릭이 숨어 있다. 일본 측 대리인 와다는 수완가이고, 한국 측 대리인 박경수는 멍청하고 어릿광대 역에 지나지 않는 인물설정의 트릭이다.

이러한 트릭의 예는 일일이 열거할 수 없을 정도로 많지만, 예를 들면 호칭을 둘러싸고 "천황"이라고 불러야 할지 "일왕"이라고 불러야 할지가 문제가 되었을 때, 그 나라의 호칭을 존중해야한다는 일본 측의 주장이 담박하게 받아들여진다. 한국 측은 왜 "日王"이라는 호칭을 주장하지 않는가. "천황"이 하늘(天)의 신의 의미라면, 천황은 신도 아닐뿐더러 한민족에게 있어서는 더더욱 그러하고 한낱 일본의 왕에 불과하다는 반론이 박에게서는 왜 나오지 않는 것인지 이상하다.

일본 측의 잘못을 반성하는 성덕태자에 대해 단군이 없었던 일로 한다는 의미의 "미즈니 나가스(水に流す)"가 일본의 전통적인 미덕이라지요?라며 좋은 말로 주의를 준다. 침략을 했던 일본이 전쟁책임이나 전후책임을 소홀히 하고 있는 근저에는 그러한 없었던 일로 하려

---

7) 이 소설 속에서는 朱子가 법정에서 명백한 "犯人"임이 밝혀진다.

는 의식이 작용하고 있기 때문이 아니냐는 반론은 한국 측으로부터 나오지 않는다.

한문 일변도의 이퇴계와 한글 창제자 세종대왕을 함께 존경하는 것은 안중근과 이완용을 함께 존경하는 것과 같다고 하는 와다의 비판에, 박경수는 신란(親鸞)과 천황을 함께 공경하는 당신네는 어떻구요 하고 되받아치는 것이 당연할 터인데 그렇게 하지를 않는다.

와다는, 한국이 근대화할 수 있었던 것은 일본이 유교체제를 파괴했기 때문이라며, 대만, 홍콩 등 '사룡'을 예로 들어 근대화에는 식민지화의 역사가 필요하다고 당장이라도 말할 것 같은 톤으로 논을 편다. 거기에 덧붙여 와다는, 일본이 한국의 역사를 파괴했다고 비난한다면 해방되었을 때 왜 왕조를 복원하지 않았는가 하고 힐난한다. 이는 일제 36년이라고 하는 역사가 없었더라면, 그 동안 한국 민중의 근대적 자아나 시민의식이 생겨날 가능성이 전혀 없었을 것이며, 여전히 왕조체제를 구태의연하게 이어가고 있었을 것이라는 말과 다르지 않다. 천시되던 한글이 재인식된 것도, 역설적으로 일본의 조선어 말살정책 덕분이라는 주장도 같은 뿌리이다.

그러나 이에 대해서도 작자는 한국 측의 논리를 전개시키지 않는다. 일본 측의 가시 돋친 주장에 대해, 작자는 한국 측에 유효한 반론을 제기할 기회를 부여하지 않는 것이다.

수법상의 저의라고 한다면, 단군에게 한국 측을 비판하게 하거나 성덕태자에게 일본 측을 비판하게 하는 식의 자기비판 형식을 취하거나, 재일교포 여성에게 한국인을 비판하게 하고 와다(和田)가 그것을 좋은 말로 타일러 일본인의 "양심"을 피력하는 방식을 사용한다. 그리고 법정의 마지막에서는 한국 측의 대리인이 일본 측 대리인에게 "지당한 말씀입니다"라며 참회와 흡사한 태도를 취한다.

후기(後記)에 의하면, 작자는 한일간의 상호이해를 돈독히 하고자 하는 동기에서, 한국인의 "편협(偏狹)"을 바로잡기 위해 이 작품을 썼다고 한다. 과연 그 의도에 부합하는 소설인지 의문을 갖지 않을 수 없다. 자기 쪽이 편리한 대로만 논을 전개시켜 논쟁에서 이겼다고 착각하는 것이야말로 편협한 자아도취가 아닐까.

한국을 이해하고 일본의 역사 기술(記述)에 대해 반성하는 제스처를 이따금 보이면서도, 근저에는 일본주의적 작의(作意)의 함정에서 빠져나오지 못하는 편협한 아집이, 일본의 책임회피의 전후체제와 국가의 사상을 뒷받침하고 있는 것인지도 모른다.

3. 복안적·객관적 역사인식의 노력

앞 절에서는 한일 양국민의 역사인식의 차이가 두드러진 작품들을 살펴보았는데, 이번에는 같은 해방 후의 것으로서 복안적(複眼的)·객관적 시각으로 비교적 균형이 잡힌 역사인식을 보여주는 작품들을 살펴보기로 한다.

1) 강위당 「살아있는 포로」 「쓰보얀코레진」(1966)

'도래인'의 후손 강위당(姜魏堂)의 「살아있는 포로(生きている虜囚)」는 4세기에 걸친 도래인 후손들의 쓰라림과 굴욕의 생활사를 그린 것인데, 그것에 대한 작자의 감추어진 분노가 치밀어 오르는 듯이 전해져오는 작품이다. 예를 들면, 뒤에서 소개할 「고향을 잊을 수가 없습니다」에도 기록되어 있는, 박평의가 백토를 발견하여 흰 사쓰마(薩摩) 도자기를 개발하기까지 겪는 어려움이나, 살던 곳에서 쫓겨나다시피

하여 나에시로가와(苗代川)8)로 거처를 옮기는 장면, 마을 사람들로부터 욕을 듣고 업신여김을 당하는 사건 등이, 여기서는 더욱 농후하게 그려져 있다.

그리고 이「살아있는 포로」를 희곡화한 것이「쓰보야코레진(壺屋の高麗人)」9)이다. 망향의 염(念)이나 '아이고~'를 외치는 사람들의 모습으로 시작되는 이 희곡은 4막으로 구성되어 있는데, 각 막은, 사무라이와의 트러블, 번주(藩主)에게 헌상하는 가무연(歌舞宴) 직전에 무희 아가씨를 살해하고 스스로도 자살로 끝을 맺는 젊은이의 비극, 마을 사람들로부터 '쓰보얀코레진(항아리 집 고려인)'이라고 조롱받은 주인공의 형이 크게 분노하는 장면 등을 골격으로 하여 구성되어 있다.

작자의 국적은 선조가 정착하여 4세기를 거치는 동안 일본으로 바뀌었지만, 한국인으로서의 강렬한 민족에의 정념이 작품 곳곳에서 느껴지는 작품이다.

2) 이쓰키 히로유키「深夜美術館」(1975년)

작자인 이쓰키 히로유키(五木寬之)는 태어난 지 얼마 되지 않아 하

---

8) 임진왜란 때 시마즈씨(島津氏)에 의해 납치되어간 조선 도공들이 세운 마을. 지금의 가고시마현(鹿兒島縣) 히오키시(日置市)의 미야마(美山) 부락. 이곳에 정착한 도공들은 시마즈 번(島津藩)으로부터 무사계급에 상당하는 대우를 받으면서 先祖들의 기술을 대대로 전수하여 사쓰마야키(薩摩燒)라 불리는 도자기를 구워냈으며, 300년이 넘도록 '金'이나 '朴' 같은 선조의 姓을 유지했다. 이 전통을 무너뜨린 것이 메이지 신정부(明治新政府)에 의한 朝鮮의 植民地化이며, 그로 인해 오늘날은 이 마을에 한국식 姓이 전혀 남아있지 않다. 사쓰마야키의 가마모토(窯元; 도자기 굽는 곳의 주인)인 심수관가(沈壽官家)의 사람들도 호적상으로는 오사코(大迫)라는 일본 성을 사용하고 있다.

9)『生きている虜囚』(新興書房, 1966) 收錄. '쓰보얀코레진(壺屋の高麗人)'은 업신여김의 뉘앙스가 담긴 '항아리가게 고려인'이라는 의미의 표현.

급관리였던 아버지를 따라 조선으로 건너갔다. 각지를 전전한 뒤 평양에 살다가 일본에 돌아간 것은 패전 후, 13살이 되던 해였다고 하니까, 그에게 있어서 조선은 또 하나의 고향인 셈이다.

그의 소설「심야미술관」10)은 미스테리 분위기를 구사하면서 '한일합병' 시에 일본인이 자행한 조선 문화재 약탈 사실을 폭로한 작품으로, 소설을 읽는 재미를 만끽시키면서 독자에게 역사의 한 측면을 여실히 보여주고 있다.

소설은 미술잡지의 편집부장인 시마무라 미쓰기(島村貢)가 지방도시에 있는 구모이(雲井) 기념관을 방문하여 사진촬영이 금지된 정원에서 6층의 팔각석탑을 몰래 찍는 젊은 커플을 우연히 만나는 것으로 시작된다. 기념관은 메이지(明治) 시대부터 쇼와(昭和) 시대 초기에 걸쳐 거액의 재산을 축적한 거부 구모이 모사부로(雲井茂三郎)를 기리기 위해 만든 것이다. 이야기는, 시마무라와 젊은 남녀의 만남으로부터, 시마무라의 여성관계나 긴자(銀座)의 고급 클럽에 모여드는 부자 노인들의 생태묘사 등이 뒤섞이며 전개된다.

젊은 남녀가 왜 일본의 옛 정원에 흥미를 갖는 것인지, 게다가 청년은 어떻게 그 일본의 정원이 7세기에 백제로부터 건너온 정원 조경 기술자에 의해 만들어진 것이라는 것까지 잘 알고 있는 것인지. 그것에 관심을 갖고 도쿄로 돌아온 시마무라에게, 어느 날 갑자기 기념관에서 만났던 젊은 커플 중 시즈에(シズエ)가 찾아온다. 청초한 소녀티가 나는 그녀는 청년(남편)이 교통사고로 죽었다며, 비좁은 아파트와 샌달 공장 일로부터 벗어나기 위해 클럽에서 일하고 싶다고 말한다. 시마무라의 주선으로 긴자의 고급 클럽에서 일하게 된 시즈에는 순

---

10)「日ノ影村の一族」(『小説現代』文春文庫, 1975) 收錄.

식간에 귀여운 마녀로 표변하고, 클럽에 드나드는 단골 부자 할아버지들을 매료시킨다. 게다가 그녀는 부자 할아버지들을 졸라 비밀의 정원을 보고 난 뒤에는, 늘 이상한 성적 흥분에 취한다는 소문이다.

청년의 알 수 없는 죽음, 소녀 시즈에의 기행, 구모이 모사부로(雲井茂三郞)의 수수께끼에 싸인 생애 등을 쫓는 시마무라. 거기에 인기 없는 역사소설가 기시마 겐이치로(鬼島玄一郞)가 얽혀, 이 두 사람에 의한 수수께끼 풀기의 공동작업이 시작된다.

거부 구모이 모사부로라고 하는 인물은, 청일전쟁 당시 공병(工兵)으로 조선에 건너가, 경찰관, 전당포 주인을 거쳐 개발회사를 일으킨 남자였다. 이용구 주도로 한일합병을 촉진한 조선인 조직 일진회의 배후인물이 되고, 합병 후에는 조선총독부의 데라우치(寺內) 총독에게 환심을 사서 토지조사사업에 관계되는 토지측량이나 도로공사, 그리고 고분 발굴 및 운송에 손을 댔다. 발굴한 귀중한 부장품을 대량으로 빼돌리거나 착복한 것이 거액의 재산을 벌어들이는 밑천이 되었다.

그러한 구모이 모사부로의 수수께끼를 풀어가는 과정에서, 소설은 당시 발굴된 출토품의 다수가 '학술조사' 명목으로 자금을 갹출한 궁내청(宮內庁)이나 학회로 넘겨진 사실을 밝혀 간다. 전후 1965년 한일협정 시 한국정부가 제기한 문화재 반환요청에 대해, 구모이 등은 허겁지겁 소장품의 은닉을 기도한다. 청년이 구모이기념관 정원에서 몰래 카메라에 담았던 6층 팔각석탑도 그와 같은 약탈품의 하나였다. 청년의 죽음은 교통사고가 아니라, 사실은 죽임을 당한 듯하다. 그리고 그 죽임을 당한 청년은 재일교포였다. 그의 할아버지는 '반일분자'로 일본 헌병에게 붙잡혔을 때, 개성의 고찰에서 석탑을 빼내는 일에 어쩔 수 없이 조력하게 되었고, 그 일로 인해 마을 사람들로부터 받

는 눈총이 따가워 결국 견디지 못하고 자살했다고 한다. 청년은 할아버지의 원한을 풀어드릴 목적에서, 일본으로 약탈되어 간 석탑이나 등롱, 석불 등의 조사에 착수해 있던 것이라고 한다. 마지막 장에서 소녀 시즈에는 이렇게 말한다. "저, 앞으로 평생 동안 그 사람이 하려고 했던 일을 할 생각이에요(あたし、これから一生かかって、あの人のやろうとしたことをやるつもりなの)".

3) 엔도 슈사쿠「철제 칼」(1977년)

엔도 슈사쿠(遠藤周作)의「철제 칼(鉄の首枷)」11)은 임진왜란 당시 왜군 장수로 유명한 크리스천 다이묘(大名) 고니시 유키나가(小西行長)를 다룬 소설이다. 크리스천으로서의 심리의 변화나, 도요토미 히데요시(豊臣秀吉) 및 가토 기요마사(加藤淸正)와의 각축을 그리고 있는데, 당연히 조선 침략과 고니시의 관계가 스토리의 주요 요소로 되어 있다.

히데요시의 조선침략은 1592년 4월에 고니시가 이끄는 왜군이 부산에 상륙함으로써 시작되는데, 그 전단계의 움직임으로서 조선 국왕의 인사 방문과 명나라를 침공할 수 있도록 길을 트라는 요구의 포석이 있었다. 그 단계로부터 이순신 장군을 비롯한 조선의 거국적 반격과 히데요시의 죽음으로 인해 왜군이 패주하기까지 유키나가는 끊임없이 선진의 사절 혹은 군단장이었다. 그는 히데요시를 속이면서 시종일관 조선・명 과의 화친공작(和親工作)에 부심한다. 유키나가 군대의 교전 형태는, 상대를 격멸시키기 위해서라기보다는 강화를 맺

---

11)「鉄の首枷」(中央公論社, 1977). 여기서 제목의 '칼'은 죄인의 목에 씌우는 칼의 뜻이다.

기 위해 조선 국왕의 뒤를 쫓는 식의 것이었다.

　유키나가가 그렇게까지 해서 화친을 추구한 진의는 조선에의 침략을 옳지 못하다고 생각했기 때문은 아니었다. 어디까지나 조선·명과의 교역을 지키고 히데요시 사후의 새 정권 속에서 외교와 무역에 종사하는 최고 직위를 수중에 넣기 위한, 세속적인 야심 때문이었다. 기독교도에 대한 압박 이후, 유키나가가 히데요시에 대해 취한 기만 공작도, 겉으로는 복종하는 척 하면서 뒤로 배신하는 처신 방식도, 모두가 보신을 위해서였다. 고니시 유키나가를 바라보는 작자의 시각은 바로 그러한 점에 맞추어져 있다.

　당초 상업도시 사카이(堺)의 호상(豪商)의 아들 고니시 유키나가가 히데요시에 의해 발탁된 것은, 조선으로부터 대륙 침략을 수행하는 꼭두각시로서였다. 병사, 군량, 무기 등을 해상으로 운송하기 위해서는 조선과의 인삼 무역을 통해 조선통으로 알려진 유키나가의 도움이 필요했다.

　그렇다면 히데요시의 야망이란 구체적으로 어떠한 내용이었을까. 강화조약으로 그가 제시한 항목을 열거하자면, 조선의 4개 도를 일본에 넘길 것, 한양과 다른 4개 도는 조선에 반환할 것, 조선 왕자 1명과 대신 1명을 인질로 일본에 넘길 것, 조선은 대대로 일본에 충성을 맹세하는 공식 문서를 제출하도록 할 것 등으로, 일본제국주의의 그것을 300여 년 앞서서 이미 식민지화의 의도가 엿보이는 것이었다.

　히데요시의 무모한 야망과 그것에 대한 고니시 유키나가의 대응에 초점을 맞추어 그려진 이 작품은, 말하자면 논픽션 소설이라고도 부를 만한 것인데, 자료의 면밀한 해독과 그것에 근거한 작자의 대담한 추론이 유키나가의 인간상과 히데요시에 의한 조선침략의 '진상'을 밝혀 간다.

추론 중에 예를 들면 이런 흥미로운 것이 있다. 유키나가는 히데요시에 대한 기만공작 속에서 강화 조건으로서 일본이 명의 종속국이 되는 것을 전제로 한 책봉 청원서를 제출하는데, 그 청원서의 내용은 히데요시 사후의 새로운 체제를 구상한 것이며, 유키나가의 의도는 조선침략에 소극적인 이시다 미쓰나리(石田三成) 등 히데요시 참모의 지원이 있었다고 추론하는 부분. 또한 유키나가의 철저한 평화공작에 의해 일시 왜군이 조선으로부터 철수한 뒤, 막판에 기만공작이 먹혀들지 않아 다시 '게이초 사변(慶長の役)'[12]의 파병이 이루어진다. 그 제2차 침략의 교전 시, 유키나가는 정보를 조선과 명나라 연합군에게 흘려 히데요시에 대한 배신행위를 거듭한다. 이때의 '내통'은 통설로는 조선과 명나라 연합군을 속이기 위한 책략이었다고 이야기되지만, 작자는 그렇지가 않고 자신을 조종해 온 히데요시와 불구대천의 대립자인 가토 기요마사(加藤淸正), 그리고 전쟁 그 자체에 대한 유키나가의 보복이었다고 추론한다.

작자에 의한 추론에서 이 사실 해독적인 작품의 소설적 재미가 있다. 동시에 역사적 사건을 아는 데에도 귀중한 문학작품이다. 다만 일본 측의 시각에서 기록되어 있기 때문에 한민족 측에서의 기술은 매우 빈약한 것이 사실이다.

---

12) 1597년부터 1598년에 걸친 왜군의 조선에 대한 2차 침공. 한국에서는 이를 '정유재란(丁酉再亂)'이라 부른다. 고니시 유키나가(小西行長)의 심복인 나이토(内藤如安)가 北京으로 파견되어 講和교섭이 이루어졌지만, 明 측이 도요토미 히데요시(豊臣秀吉)를 일본 國王으로만 인정하고 한반도로부터 완전히 철수할 것을 요구하여 결렬되었다. 이에 히데요시는 다시 조선 침략을 결심하고 1597년 2월 2일, 14만 149명의 동원계획을 발표한다.

4) 쓰노다 후사코 『민비 암살』(1988년)

쓰노다 후사코(角田房子)의 『민비 암살(閔妃暗殺)』13)은 민비 암살사건의 진상과 그 시대배경이라는 주제에 초점을 맞춘 논픽션 작품이다. 오바 사치코(大庭さち子)의 『이조비사(李朝悲史)』만큼 장대하게 역사의 역동성은 그려져 있지 않으나, 객관적인 고증을 적절히 섞어 넣는 수법을 통해 사실감 있게 어필해오는 작품이다.

작자는 이 작품을 쓰게 된 동기를 다음과 취지로 설명하고 있다.

이 사건을 조사하면 배후에 있는 한일관계의 역사도 알 수가 있을 것이다. 가해자인 일본의 부끄러운 부분도 드러날 것이다. 나로서는 괴로운 일이지만 모른 척 하고 있을 수만은 없다. 무지한 상태로 있는 것은 냄새나는 것에 덮개를 덮는 식의 상태를 지속시키는 것이며, 그 덮개 위에 서서 한국인과 악수를 해본들 마음은 통하지 않을 것이기 때문이다.

이 작품은 민비와 흥선대원군의 개인적인 원한이나 정쟁에만 편향되지 않고, 근대 일본의 조선에 대한 관계에 중점을 두어 그리고 있으며, 민비 암살을 비롯해 역사적 사실 하나하나에 일본이 의도한 것은 무엇이었는가에 초점을 맞추어 그려내고 있는 점이 『이조비사』와 다른 점이다.

작자는 당시 일본의 정치적 사회적 사상적 토양과 분위기를 정확히 파악하고, 실행자와 목격자의 증언, 재판조서, 자료의 기록 등을 주의 깊게 연결지어, 민비 암살계획, 결행 전야의 실행자들의 모습, 참극의 현장, 사건 후의 범인들의 행동과 일본정부의 대응, 히로시마(広島) 지방재판소에서의 재판과정과 민비를 직접 살해한 진범의 조

---

13) 『閔妃暗殺』 新潮社, 1988.

사로 이야기를 전개해 가면서 민비 암살이 일본 측의 정치적 사주에 의해 치밀하게 계획되고 실행되었음을 낱낱이 보여준다.

4. 상호이해와 화해의 추구

이번에는 객관적 역사인식에서 한 걸음 더 나아가 상호 이해와 화해를 추구함으로써 발전적 양국관계를 모색한 작품들을 살펴보기로 하자.

1) 시바 료타로 「고향을 잊을 수가 없습니다」(1968년)

역사소설가 시바 료타로(司馬遼太郞)의 「고향을 잊을 수가 없습니다」[14]는 임진왜란을 배경으로 이국땅에서 살아가는 사람들의 망향의 염(念)과 꺼질 줄 모르는 조국에의 그리움을 그린 작품이다.

이역(異域) 땅에 납치되어 온 지 200년 가까이 지난 즈음, 도공들의 집락(集落) 나에시로가와(苗代川)[15]를 방문한 다치바나 난케이(橘南谿)[16]가 그 지역의 토박이 신 노인에게 "이제 조선은 생각도 나지 않겠네요?" 하고 묻자, 노인은 정색을 하며 고개를 가로 젓고 지금이라도 허락만 해준다면 돌아가고 싶다고 말한다. 그렇게 대답한 노인의 본래 성은 신(伸)씨가 아닌 신(申)씨였다. 노인의 선조는 사쓰마 번(薩

---

14) 『故郷忘じがたく候』(文藝春秋社, 1968) 收錄.
15) 註8) 參照.
16) 1753-1805. 미에현(三重県) 출신의 의사, 문필가. 사형수의 해부도(解剖圖)와 일본 최초의 인체 해부술에 관한 책 『解体運刀法』 등으로 해부학 발전에 크게 공헌하였으며, 각지를 여행하며 쓴 기행문 중심의 수필 『東遊記』 『西遊記』와 다수의 시문집(詩文集)을 남겼다.

摩藩)의 관리들이 신(申)자를 일본식 읽기인 '사루(さる)'라고 부르는 것을 도저히 수긍할 수 없어서 '신'이라고 정확하게 부르게 하기 위해 개성(改姓)을 했다고 한다. 작품 속에서는 난케이(南谿)의 글을 인용하고 있는데 그에 따르면, 나에시로가와 사람들은 당시에도 여전히 조선의 풍속 그대로이고 의복이나 언어도 조선의 것을 사용하고 있는 상황이었다고 한다.

게다가 작자는 작중의 주인공 "나"가 방문한 나에시로가와의 지형을 "조선의 산하였다(朝鮮の山河であった)" "마을 그 자체가 이미 명품이다(村そのものがすでに名品である)"라고 형용한다. 그 지역 사람들은 메이지 시대(明治時代) 즈음까지 일상생활 하나하나가 그 사람들에게 있어서 '우리 말'로 이루어지고, 지금도 도자기 굽는 작업 속에 그것이 남아있다고 한다. 사람들은 마을의 수호신을 모시는 사당에서 조상신과 단군을 제사지내고, 제사의 풍속, 제기(祭器), 축문 등, 모두 오래 된 조선의 것들이 남아있다.

소설 속에서는 이러한 사실에서 엿보이는 망향의 염(念)과 조국 조선에의 애착이 작자의 공감을 주조로 하여 담담하게 그려져 있는 것이다.

이 소설에는 또 한 가지 중요한 이야기가 있는데, 오마에구로(御前黑)라 불리는 도자기 만드는 법의 전통을 계승한 심수관가(沈壽官家)의 14代 당주(當主)와 "나"의 만남이 그것이다. 오히려 14代 심수관 씨와의 교분, 그 너글너글하고 느긋하고 대범하며 가식 없는 인품이나 풍모를 통해 비로소 작자가 조선 문화의 일부인 도자기에 쏟는 애착과, 사람들의 망향의 염(念)에 대한 공감이 생겨난다.

작자는 심수관 씨와의 소중한 만남과 그 매력적인 인물상을 그리고 있다. 오마에구로 도자기를 빚기 위해 꼭 필요한 유약을 입수하는 경위를 그린 에피소드 등에서 그것은 역력하다. 그와 동시에 심수관 씨가 체험한 쓰라림과 마음의 갈등을 적고 있다.

　1926년생이라는 심수관 씨가 가고시마(鹿兒島) 시내의 구제(舊制) 중학교에 입학해서 얼마 지나지 않은 날의 일이었다. 조선인이라는 이유로 10여 명의 일본인 상급생에 에워싸여 구타를 당하면서 혼신의 힘을 다해 울지 않으려고 이를 악물었다. 울면 "일본인으로 인정받지 못할 것 같다(日本人でなくなりそう)"고 생각했기 때문이었다. 선조가 이역 땅에 붙들려온 지 350여 년이 지난 그때 그렇게 맞으면서도 어떻게든 '일본인'이 되고 싶어 하던 소년에게 있어서, 그것은 오히려 부정할 수 없는, 자신의 몸속에 흐르는 피와 민족을 의식하게 하는 계기가 되었다.

　그와 같은 사태가 벌어질 것을 이미 예측이라도 하고 있었던 듯이, 귀가한 소년을 맞이한 아버지 13대 심수관 씨는 "일등이 되는 수밖에 없어. 싸움도 일등이 되고 공부도 일등이 되어야 해(一番になるほかなか、けんかも一番になれナ、勉強も一番になれナ)" "주눅들면 저쪽에서 위압적으로 나오니까 되받아치는 수밖에 없어(いじければむこうからかさにかかってくる。撥ねかえすほかなか)"라며 아들을 격려한다. 그날부터 조선인과 일본인 사이에서 사는 씨의 마음의 싸움은 시작된다.

　다만, 이 부분에 있어서의 작자의 기술방식은, 소년 심수관 씨의 '일본인'으로 기울려 하는 마음의 움직임에 지나치게 편향되어 있다. 그 마음의 기울어짐에 항거하는 격렬한 용솟음으로서 소년의 가슴 깊은 곳에 있었을 민족의 몸부림에는, 작자의 시선이 미치지 못하고 있다. 이는 작품의 종장(終章) 가까이, 심수관 씨가 한국의 서울대학교에서 한 강연 속의 말을 기록한 장면에서의, 그 말에 담긴 작자의 심정적 가탁(假託)에서도 엿볼 수 있다.

14代 심수관 씨는 작중의 시점(時點)보다 2년 전에 한국으로 돌아갔다. 선조들의, 실로 4세기 가까이 걸쳐 이룰 수 없었던 바람을 이룬 것이다. 그때 서울대에서 학생들에게 강연을 했다. 씨는 강연 속에서 한국의 젊은 세대가 지나치게 36년간의 일본의 압제에 관해 이야기한다면 그것은 이미 앞을 보지 않고 뒤를 돌아보는 것이라고 말했다.

본래 사쓰마 사람답게 감정이 지나치게 풍부한 심수관 씨는 이따금 눈물 때문에 말을 잇지 못했다. 말이 끊어지면 그것이 겸연쩍어서인지 금방 쾌활하게 농담을 했다. 그리고 마지막에 "여러분이 36년을 얘기한다면, 나는 370년을 이야기해야 합니다(あなた方が三十六年をいうなら、私は三百七十年をいわねばならない)"라고 끝맺음을 했을 때 청중은 박수를 치지 않았다. 그 대신 젊은이들 사이에서는 씨에게 보내는 노래 소리가 우렁차게 나오기 시작한다.

작중에 삽입된 이 에피소드는 매우 감동적인 장면을 연출한다. 농담으로 말했다는 심수관 씨의 말이 작품공간을 일거에 긴장으로 몰고 간다. 그리고 이 삽화와 오버랩 되듯이 배경에 흐르는 노래 소리와 단군을 모시는 사당의 정취가 망향의 서정을 일깨우며 소설적 이미지를 선명하게 부각시킨다.

심수관 씨의 말을 집어넣은 것은 아마도, 소설적 감동의 장치로서만이 아니라 한국과 일본 사이에 가교를 놓으려는 작자 자신의 심정이 반영된 것일 것이다.

2) 사이토 나오코 『사라진 국기』(1972년)

사이토 나오코(斎藤尚子)의 『사라진 국기』[17]는 어린이 독자를 염두에 두고 씌어진 단편소설집이다. 그 중 3편은 공상적인 세계가 그려져 있고, 그 이외의 작품은 사실적인 터치로 소년의 순박한 눈을 통해 일본의 침략이나 일본인의 비뚤어진 마음, 그리고 조선인의 마음의 상(像)을 묘사하고 있다.

「사람 착각(人ちがい)」은 태어나서 처음으로 일본 본국으로 건너간 일본인 소년 "나(ぼく)"가 아이들로부터 "조센진(チョーセン)"이라고 놀림을 받는 이야기를 쓴 작품인데, 아이들만 아니라 부모들까지 가세해서 발로 차였을 때, "나"는 평소 "일본인과 조선인은 형제다(日本人と朝鮮人は兄弟だ)"라고 말하던 어른들의 말이 거짓말임을 알고, 그때까지 마음속에서 자랑스럽게 펄럭이던 일장기가, 잇따라 쓰러져가는 것을 느낀다는 줄거리이다.

그와 같은 작자의 주제가, 조선인의 시점(視點)에서 그려진 것이 「사라진 국기(消えた国旗)」이다. 1936년의 베를린올림픽 때 '일본 선수'로 출전해 마라톤 우승을 한 손기정의 신문사진에서 일장기가 지워졌다.

일본인 소년 "나"는, 같은 신문사에서 근무하는 윤두영 소년을 흠모하고 있다. 어느 날, 윤두영의 집을 방문한 "나"는 우연히 한 권의 스크랩북을 들여다본다. 두영의 생일에 "내"가 주었던 것으로, 첫 페이지에는 가장 좋아하는 사진을 붙이기로 서로 약속했었다. 그 페이지에 손기정 선수 우승을 알리는 신문기사가 붙어 있다. 그렇지만 "내"가 발견한 것은 손선수 유니폼의 가슴에 일장기가 아니라 수정되어 태극기가 비치고 있는 사진이었다.

「무궁화꽃(ムグンファの花)」도 조선인의 생각에 시선을 쏟고 있다. 네 명의 조선인 소년의 우정과 민족을 생각하는 마음을 그린 작품으로, 한 소년의 아버지가 뜰에 무궁화나무를 심고 있었다고 하는 이유

---

17) 『消えた国旗』岩崎書店, 1972.

로 일본 경찰에 체포되어 간다. 또, 소년들에게 몰래 민족의식을 주입시켜 주었던 朴선생도 체포된다. 소년들은 아버지와 박선생을 위해 사람이 살지 않는 작은 섬에 몰래 무궁화나무를 심는다. 그 스토리에 도요토미 히데요시의 조선침략과 창씨개명의 에피소드가 짜 넣어지고, 소년들의 슬픔과 유대를 그린 장면 등은 가슴을 아프게 한다. 조선이 일본제국주의의 멍에로부터 해방되던 날, 소년들은 무궁화나무를 당당히 초등학교 뜰에 옮겨 심는다.

3) 모리 레이코 「삼채 여자」(1983년)

도요토미 히데요시(豊臣秀吉)의 조선 침략을 말하자면 여성의 시각에서 그려낸 것이 모리 레이코(森禮子)의 『삼채 여자(三彩の女)』[18]이다. 이 장편소설에도 히데요시의 침략을 부적절하게 보면서 시종 조선 및 명나라와의 화목을 기도한 고니시 유키나가(小西行長)의 고뇌를 동정적으로 그려내고 있다. 다만 주제는 다른 곳에 있어서, 임진왜란 때 어머니가 자결해서 고아가 된 양반 출신의 여성을 주인공으로 하여 일본에서의 기구한 운명을 그리고 있다.

수란(秀蘭)이라는 이름의 소녀(일본 이름은 おたあ이고 나중의 세례명은 쥬리아)가 일본에 건너간 것은 양부모인 도공 이광희 등 포로와 함께 납치되어 대마도로 연행되면서부터였다. 일본에 도착해서 모국 사람들과 헤어진 수란은 우연히 대마도주 소 요시토시(宗義智)의 부인이자 고니시 유키나가의 딸인 마리아의 눈에 들어 총애를 받는다. 마리아를 경모하고 그녀의 고난에 함께 동행하는 수란의 모습을, 망향과

---

[18] 『三彩の女』主婦の友社, 1983. 삼채(三彩)란 3가지 색깔의 잿물을 사용하여 구운 도자기를 말함.

예수에의 귀의(歸依)를 다루며 그려내는 것이 주요 스토리로 되어 있는데, 무엇보다도 우선 수란과 늙은 도공 이광희의 재회, 그리고 이별의 장면을 소개해 두고 싶다.

수란이 나가사키(長崎)로 광희 노인을 찾아가 재회하게 되는데, 저녁노을에 물든 산 위의 평지에 흰 바지저고리 차림으로 피리 소리에 맞추어 춤을 추는 남녀노소의 무리가 있었다. 그것은 수란이 자란 고향의 들놀이 풍경이었다. 서로 술을 따라주면서 부르는 굵은 목소리의 남자들의 노래는 포로가 된 신세를 한탄하는 노래이다. 사람들의 원으로부터 떨어진 곳에 한 사람, 묵묵히 막걸리를 마시고 있는 노인을, 수란은 찾아내어 재회한다. 광희 노인의 눈곱 낀 눈에서 눈물이 넘쳐난다. 광희 노인은 수란에게 말한다.

고니시 유키나가는 우리나라에 쳐들어온 일본의 대장이고, 쓰시마 국(對馬國)도 우리나라로부터 받은 은혜를 저버린 미운 나라지만, 마님이 도와주신 은혜는 은혜지. 이제는 우리도 겨우 생활이 안정되게 되었지만, 쳇, 아무런 의지할 곳 없는 신세에는 변함이 없어. 폭행을 당해도 이불 속에 들어가 울 수밖에 없고 말이야. 우리와 함께 살고 싶다는 얘기는 반갑지만, 만일, 지저분한 일본 남자의 눈에 띄면 어떡해. 쳇, 쳇, 생각만 해도 등골이 오싹해. 쓰라린 일도 있겠지만, 쓰시마의 마님을 모셔 은혜에 보답함과 동시에, 하루라도 빨리 우리가 고향에 돌아갈 수 있도록 힘을 빌려줘……. 19)

---

19) 小西行長はわしらの国に攻めこんで来た日本の大将で、対馬国もわしらの国から受けた恩義を忘れた憎い国じゃが、奥方さまに助けられた御恩は御恩じゃ。今ではわしらもようよう暮しがたつくようになったが、チョッ、なんの頼りもない身には変りはない。乱暴されても泣き寝入りばかりでな。一緒に暮したいという気持は嬉しいが、もし、卑しい日本の男の眼についたらどうする。チョッ、チョッ、思うただけでも背筋が寒いわ。辛いこともあるじゃろうが、対馬の奥方さまに仕えて御恩

작자는 작중에서 조선과의 화친을 추구하는 고니시 유키나가나 대마도주 소 요시토시(宗義智)에게 호의적인 눈길을 보내고 있는데, 여기서는 늙은 도공의 원망과 망향의 설움에 시선을 옮겨, 나라를 유린당한 민족의 상처를 표출하고 있다. 수란은 후일 마리아를 따라 나가사키의 수도원으로 피신하여, 그곳에서 광희 노인과 며칠간을 보낸다. 그러나 심신 모두가 병들고 지친 늙은 도공은, 수란에게 그녀의 돌아가신 어머니의 유품인 은장도를 맡기고 죽는다. 임종시에 노인의 입에서 흘러나온 신음소리는 "재첩 사~려! 재첩 사~려!(蜆を買いなされ、蜆を買いなされ)"하는 조선말이었다. 그것은 늙은 도공이 어렸을 적 어려운 가정 형편에 보탬이 되어보려고 낙동강에서 재첩을 채취해 팔러 다닐 때 외치던 소리였다. 다시 한 번 조선 땅에서 도자기를 구워보고 싶다고 줄곧 꿈꾸었던 이광희의 임종은, 이국땅에서 한을 품고 생을 마감할 수밖에 없었던 민족의 상념을 떠올리게 한다.

한편 수란은, 마리아와 고난을 함께 하고 신(神)에게 귀의할 결심을 굳혀 가지만, 망향의 염(念) 또한 버릴 수가 없다. 작자는 그것을 놓치지 않는다. 예를 들면, 사랑하는 젊은이로부터 구애를 받았을 때, 수란의 마음을 가로막은 것은 고국에 대한 그리움이었다. 그녀는 "저의 고향은 역시 바다 저편의 나라뿐입니다(わたくしの故郷はやはり、海の向うの国だけでございます)"라고 젊은이에게 대답한다.

마리아가 죽은 후, 수란은 도쿠가와 이에야스(德川家康)의 슨푸성(駿府城) 내에서 봉사하며 약초 재배의 나날을 보낸다. 음욕스러운 이에야스로부터 은장도로 몸을 지키지만, 기독교 금지령이 내려져 유폐된다. 살벌하게 기독교를 포기하라는 압박을 받고 있던 갈등의 나

にむくいるとともに、一日も早くわしらが国に戻れるよう、力を藉してくれ……。

날에, 그녀의 가슴을 스쳐가는 것은 조국 사람들의 노래 소리와 다듬이질 소리, 그리고 이국땅에서의 삶을 참고 견디어 내고 있는 포로들에 대한 생각이었다.

수란은 순교의 길을 택해 이즈(伊豆) 오시마(大島)로 귀양을 간다. 섬에서 약초를 채취하고 라틴어로 된 성서 읽기에 빠져들지만, 계속 기독교 포기를 거부하여 더욱 멀고 살기 힘든 고즈섬(神津島)으로 보내진다. 그곳에서 한방 지식을 살려 사람들의 병을 고치고 섬 사람들로부터 추앙받게 된다. 오타 쥬리아(秀蘭의 일본 이름과 세례명)는 자결에의 유혹을 뿌리치고 다시 일어나 삶과 맞선다. 어머니의 유품인 은장도를 기울어 가는 저녁 해를 향해 내던지는 종장(終章)의 장면은, 그녀의 의지를 잘 드러내고 있으며 간결하면서도 아름답다. 그 장면은 또 이역 땅에서의 삶에 늘 따라다녔던 망향의 염(念)을 단호하게 잘라버리는 의지를 암시하고 있는 듯도 하다.

앞서 여성의 시각에서 임진왜란을 묘사했다고 했는데, 이에야스로부터 영웅적인 역사적 인물로서의 상을 지워버리고 음욕스러운 노인으로 그리고 있는 것에서도 그것은 엿보인다. 또한, 마리아가 쓰시마(対馬)로부터 추방되어 나가사키(長崎)의 수도원에 몸을 숨기고 있을 때, 이에야스의 사면령이 떨어진다. 그러나 그녀는 굳은 의지로 사면을 거부하고 순교를 택한다. 그 마리아의 변용을 작자는 이렇게 적고 있다.

> 전쟁에서 부모 형제를 잃고, 영화로운 삶을 잃고, 집을 잃고, 하나뿐인 자식과도 헤어져 지내는 몸이 되면서, 잃을 때마다, 마치 그것과의 교환과도 같이 또렷한 강인함이 몸에 배어 가는 것이, 무언가 불가사의한 것을 눈앞에 보는 듯도 했다.[20]

여기서 말하는 "또렷한 강인함"은, 역경에 처해서도 자신의 의지를 관철해 가는 주인공 수란에 대한 작자의 시선이기도 하다.

나라를 빼앗고 사람들을 헤어지게 하고 비애와 수난의 삶을 강요하는 전쟁에 대한 조용한 분노가, 마리아나 수란의 운명을 통해 전해져 오는 작품이다.

4) 가와타 후미코 『붉은 기와집』(1987년)

가와타 후미코(川田文子)의 다큐멘터리 소설 『붉은 기와집(赤瓦の家)』[21]은 봉이(ポンギ)라고 하는 한 조선인 "위안부(慰安婦)"의 성장과정에 대한 이야기로 시작하여, 그녀의 기구한 인생의 궤적을 묘사한 작품이다. 1914년생인 그녀는 1943년 늦가을에 "여자 소개인(女紹介人)"을 따라 고향 흥남을 떠난다. 소개인 여자가 군과 결탁한 뚜쟁이라는 사실을 모른 채 따라나선 그녀는 부산을 거쳐 일본으로 건너가게 되고, 가고시마(鹿児島)에서 오키나와(沖縄) 등지로, 이곳저곳을 옮겨 다니며 성적 희생을 강요당하는 나날이 계속된다.

비교적 평이한 필치이기는 하지만, 같은 여성으로서 조선인 위안부의 쓰라린 기억을 내 일처럼 아파하는 작자의 진정성이 배어 있고, "위안부" 본인과의 직접적인 교류로부터 생겨난 글인 만큼, 단순히 듣고 적거나 답사에 의한 것과는 다른 리얼리티가 살아있는 작품이다.

---

20) 戦で親兄弟を失い、栄華な暮しを失い、家を失い、一人子とも別れて暮らす身となりながら、失うごとに、まるでひきかえのように鮮かな勁さを身につけてゆくのが、なにか不思議なことを眼にするようでもあった。

21) 『赤瓦の家』筑摩書房, 1987.

5. 맺음말

 이상, 해방 후 일본문학 속에 나타난 한국·조선상을 한일 양국관계에 대한 역사인식이라고 하는 측면에 초점을 맞추어 살펴보았는데, 서로 근접하기 어려울 만큼 현격한 괴리를 보이는 작품이 있는가 하면, 복안적·객관적 시각으로 균형을 유지하려 노력한 흔적이 보이는 작품도 있고, 좀더 발전적으로 상호 이해와 화해를 추구한 작품도 있음을 확인할 수가 있었다.

 그러나 어느 쪽이 되었든 양국 역사와 관련하여 이들 문학에 나타난 한국·조선의 이미지는 밝고 유쾌하기보다는 어딘가 어둡고 침울하고 슬픈 이미지로 취급되는 경우가 더 많고, 한국에 대해 진심으로 솔직하게 인정하고 자연스럽게 호감을 표시하는 경우가 그리 많지 않은 것도 일부지만 확인할 수 있었다.

 거기에는 개별적인 사안에 따라 많은 이유가 있을 수 있겠지만, 일제 36년의 아픈 상처가 아직도 채 아물지 못하고 그림자를 드리우고 있는 점도 무시할 수 없을 것이며, 그에 따른 감정적 정리가 덜 된 때문이기도 할 것이다.

 그러나 무엇보다 근본적이고 본질적인 문제는, 상대성이 있을 수 있는 문제를 지나치게 자기중심적 사관(史觀)에 입각한 편향된 역사인식과 일본주의적 작의(作意)의 함정에 빠져 객관적 성찰을 하지 못하는 데서 비롯되는 것이 아닐까 한다.

 냄새나는 것에 덮개를 덮는 식의 상태를 지속하고 편협한 아집에 갇혀 자기 합리화와 책임 회피에만 급급하기보다는, 내키지 않더라도 부끄러운 치부를 과감히 드러내 인정할 것은 인정하고 사과할 것은 진심으로 사과하여 훌훌 털어버리고, 소모적 신경전보다는 대국적 자세로 양국의 발전적 건설적인 방향을 모색해 가려는 노력이 서로에게 도움이 될 것이다.

또한 양국간의 역사문제를 취급하는 문학자는 보다 객관적이고 정확하며 균형 잡힌 역사인식을 갖는 일에 게을리 하지 말아야 할 것이며, 진실을 담는 문학자로서의 양심을 소중하게 여겨야 할 것이다.

그리고 이러한 지적은 비단 일본의 경우에만 국한되는 것은 아닐 것이다. 일본에 요구만 할 것이 아니라 우리 스스로도 상대를 배려하지 않고 지나치게 자기중심적인 역사인식에 빠져 있지는 않은지, 일본의 경우를 반면교사로 삼아 서로의 시각차를 좁혀가려는 노력을 꾸준히 기울여 나아가야 할 것이라 생각된다.

전후 일본문학 속에 나타난 한국의 표상체계 연구 I
- 林靑梧 장편소설 『飢餓革命』을 중심으로

강진구

1. 머리말

본 글은 전후[1] 일본문학 담론에 포착된 한국의 표상체계를 밝히는 것이다. 일본인의 시선에 의해 왜곡된 한국·한국인상을 일본문학작품을 통해 실증적으로 확인하는 작업은 그동안 일본인들이 갖고 있던 주변국에 대한 근거 없는 멸시감(우월주의)을 해체할 뿐만 아니라 광복 60주년을 맞는 현 시점에서 새로운 한일관계 정립을 위해서도 중요한 의미를 갖는다.

광복 60주년. '한일우정의 해'를 맞이한 지금 한국과 일본의 관계는 헌법 9조 개헌[2] 논의, '새 역사교과서'의 과거사 왜곡 및 시마네현

---

1) 본 글에서는 '전후(戰後)'의 개념을 조선의 해방, 즉 일본의 패전을 의미하는 1945년 8월 15일 이후의 시간적 개념으로만 사용하고자 한다.
2) 일명 평화헌법이라고 불리는 9조는 제2장 '전쟁 포기' 항목을 가리킨다. 일본 헌법

의 '다케시마의 날' 제정 등으로 1965년 국교정상화 이래 최대의 위기를 맞고 있다. 그런데도 일본은 역사 교과서의 과거사 왜곡 및 독도 영유권에 대한 한국의 시정요구를 '외교적 내정간섭'으로 치부한다거나 과거 식민지 지배를 '시혜론'적 관점으로 미화하는 것은 물론 심지어는 일본 영토에 대한 불법적인 점령으로까지 간주하려고 한다.

이상의 사실들은 한일관계가 광복 60년과 한일국교 수립 40주년인 현 시점에서도 여전히 '사죄와 용서'를 바탕으로 한 것과는 거리가 먼, 마주할 수 없는 평행선으로 치닫고 있음을 보여주는 증거라 할 수 있다. 반복되는 한일관계의 난맥상을 해소하고 안정적인 한일관계의 수립을 위해서는 보다 근본적인 시선 전환이 요구된다.

전후 일본에서 어떤 부류의 작가들이 무슨 이유로 한국과 관련된 문학작품을 창작했으며, 그들이 바라보는 한국은 어떤 모습이었는가? 이 질문을 통해 우리는 기존의 논의하고는 다른 측면에서 전후 일본의 자화상을 발견할 수 있을 것이다.

일본문학에 나타난 한국의 표상체계에 대한 연구는 재일조선인 박춘일[3]의 선구적인 작업에 의해 촉발된 후 나카사끼 류우지(高崎隆治)의 『문학속의 조선인상』, 이소가이 지로우(磯具治郞)의 『전후일본문학 속의 조선·한국』, 남부진의 『근대일본과 조선인상의 형성』, 와타

제9조는 두개의 항목으로 되어 있는데, "① 일본국민은 정의와 질서를 기조로 삼는 국제평화를 성실히 희구하고 국권의 발동인 전쟁과 무력에 의한 위협 또는 무력의 행사는, 국제분쟁을 해결하는 수단으로서는 영구히 포기한다. ② 전항의 목적을 달성하기 위해 육해공군과 그 밖의 전력은 지니지 않는다. 나라의 교전권은 인정하지 않는다."

加藤典洋, 『敗戰後論』(講談社, 東京, 1998), 서은혜 옮김, 『사죄와 망언 사이에서』, 창작과비평사, 1998, p.33 재인용.

3) 朴春日, 『近代日本文學における朝鮮像』, 未來社, 東京, 1965.

나베 가즈타미(渡辺一民)의 『타자로서의 조선인』 등 지속적으로 진행되고 있다.4) 이들 선행 연구자들 덕분에 우리는 전후 일본문학 속에서 다양한 형태로 형상화 된 한국·한국상의 구체적인 모습을 만날 수 있게 되었다.

'전후 일본문학 속에 나타난 한국의 표상체계 연구'의 첫 번째에 해당하는 본 글에서 필자는 이른바 '식민지 체험'형 작가들을 살펴보고자 한다. 식민지 체험형 작가란 일제 강점기 조선에서 태어나 자랐거나 유년기를 조선에서 보낸 작가, 또는 여행자로서 일제 강점기에 조선을 방문한 경험이 있는 작가를 말한다.5)

패전 후 일본 사회에는 과거 식민지와 관련한 것들을 금기시 하는 풍조6)가 강했다. 그러나 식민지 체험형 작가들은 고바야시 마사루(小林勝), 모리사키 가즈에(森崎和江), 고토 메이세이(後藤明生), 가지야마 도시유키(梶山季之) 등에서 볼 수 있듯이 조선 체험을 발표함으로써 전후 일본의 한국·한국인상 형성에 일정한 역할을 담당하였다.

---

4) 일본문학에 나타난 한국의 표상체계에 대한 연구로는 다음과 같은 것이 있다.
高崎隆治, 『文学のなかの朝鮮人像』, 靑弓社, 1982.
磯貝治郎, 『戦後日本文学なかの朝鮮·韓国』, 大和書房, 1992.
鄭大均, 『韓国のイメジ; 戦後日本人の隣国観』, 中央公論社, 1995.
渡辺一民, 『他者としての朝鮮』, 岩波書店, 2003.
南富鎭, 『近代日本と朝鮮人像の形成』, 勉誠出版, 2002.
참고로 국내 연구자로는 최재철, 오영진, 허석, 이원희 등을 들 수 있다.
5) 鄭大均, 『韓国のイメジ; 戦後日本人の隣国観』(中央公論社, 東京, 1995), 이경덕 옮김, 『일본인은 한국을 어떻게 바라보고 있는가』, 강, 1999, p.49.
6) 패전 후 일본 사회에서는 전쟁의 책임을 군부 지도자에게 돌리기 위해 군부 지도자와 국민을 분리시키는 작업이 진행되었는데, 그 중 하나가 "가해 책임을 둘러싼 기억의 상기와 이를 다룬 이야기의 억압"이었다.
코모리 요우이치(小森陽一), 「문학으로서의 역사, 역사로서의 문학」, 小森陽一·高橋哲哉 엮음, 『チョチル·ヒストリを超えて』, 이규수 옮김, 『내셔널 히스토리를 넘어서』, 삼인, 2002, p.37.

필자는 식민지 체험형 작가 중 휴머니즘적 입장에서 일제 강점을 고발한 작가로 평가받고 있는 하야시 세이고(林靑梧)7)의 한국에 대한 표상체계를 장편소설『기아혁명(飢餓革命)』8)을 통해 살펴보고자 한다.

2. 전후 일본과 한국인상의 창출

8·15해방. 일본의 패전은 대다수 일본인들에게는 그동안 자신들이 진리라고 믿고 있었던 모든 것들이 일순간 눈앞에서 붕괴되는 미증유의 경험이었다. 다시 말해 "자신을 움직인 '이' 혹은 '의'가 실은 타기할 무엇, 즉 비리이며 불의였다는 사실을 인정"9)해야만 하는 치욕의 시간이었다. 이 과정에서 일본인들은 이전과는 전혀 다른 경험들을 할 수 밖에 없었는데, 이것을 재일조선인 학자 강상중은 "신화적 역사로서의 전후"10)라고 명명한다.

일본은 1945년 8월 15일 정오, 일왕의 방송으로 인해 '제로 시간'과 같은 절대적 비연속을 경험함으로써 전쟁전의 자신과 패전 후의 자신들이 단절되었다고 믿게 된다. 이러한 믿음은 대다수 일본인으로

---

7) 3·1운동을 다룬『飢餓革命』으로 우리에게 비교적 잘 알려진 하야시 세이고(林靑梧)는 1929년 평양에서 출생했다. 그는 16년간 조선에서 생활하다, 패전 후 귀국해 東京都立大영문과를 졸업한 후 곧바로 日大豊山高校에서 근무하면서 조선에서의 패전책임을 중심으로 창작활동을 시작했다.『第七車輛』이후 39, 40, 41회 芥川賞 후보가 되었으며, 제46, 50회 直木賞 후보가 되기도 한다. 대표적인 작품으로는 단편집『ふりむくな奇蹟は』과 장편소설『誰のための大地』등이 있다.

8) 林靑梧,『飢餓革命』, 文藝春秋新社, 東京, 昭和 35년.

9) 加藤典洋,『敗戦後論』(講談社, 東京, 1998), 서은혜 옮김,『사죄와 망언 사이에서』, 창작과비평사, 1998, p.29.

10) 강상중,「국민의 심상 지리와 탈국민의 이야기」, 小森陽一·高僑哲哉 엮음, 앞의 책, p.186.

하여금 자신들이 제2차 세계대전에 참가하게 된 것은 일부 군부 지도자가 국민을 속여 무모한 전쟁에 내몰았기 때문이라는 인식 틀을 제공했다. 이것은 전후 일본인들이 '전쟁 책임은 군국주의에 있지, 인민에게는 없다'는 논리를 내세워 군부 지도자와 국민을 분리함으로써 군부지도자에게 전쟁의 모든 책임을 돌리고 있음을 의미한다. 이 같은 인식체계는 일제 강점기 동안 일본인 개개인에 의해 자행된 가해행위를 둘러싼 책임 소재 문제를 결국 애매하게 만들어 버린다.11)

'신화적인 전후' 구성을 통해 과거 식민지 지배로부터의 책임을 그들 나름대로 해소한 일본인들은 미국에 의한 '제국으로부터 일본'으로의 강제적인 재편을 경험하게 된다. 이 과정에서 한국・한국인상은 심각한 굴절을 겪게 된다. 제국 일본에서 일본으로의 재편은 제국 국민의 일원이었던 조선인들을 한순간 "'반도인' 이외의 아무 것도 아닌 타자"12)로 위치하게 만든다. 그 결과 한국・한국인의 이미지는 일제 강점기와는 대척이라 할 만큼 급변하는 모습을 보인다.

1949년에 실시된 일본 학생들의 '세계 각 민족의 인식 조사'에 따르면 한국인은 흑인 다음에 위치하여 전체 15위라는 최하위에 랭크된다. 이것은 일제 강점기인 1936년 조사와 비교했을 때 거의 10계단이나 하락한 것으로 패전 후 일본인들 사이에서 한국인에 대한 호감도가 급격히 낮아졌다는 것을 의미한다.13)

패전 후 일본인의 한국・한국인에 대한 이 같은 부정적 인식에 대해 일본측 학자들은 크게 ① 패전 국민인 일본인을 배려하지 않은 재

---

11) 코모리 요우이치(小森陽一), 앞의 논문, 小森陽一・高橋哲哉 엮음, 위의 책, pp.36-37.
12) 강상중, 앞의 논문, 위의 책, p.196.
13) 정대균, 앞의 책, pp.17-22 참조.

일조선인의 태도, ② 이승만 라인과 반일교육, ③ 참담한 북선(北鮮) 철수의 기억 등을 원인으로 제시하는데 아무래도 자기 합리화의 혐의가 짙다. 일제 강점기에는 한국·한국인에 대해 우호적이었는데, 한국인들의 잘못된 행동으로 인해 일본인의 인식이 바뀌었다는 일본 측의 위와 같은 논리는 명치시대 이래 일제 강점기를 거치면서 구성된 한국·한국인상들에 대해 애써 눈을 감으려고 하는 것에 다름 아닙니다. 이 점에 대해서는 후술 하겠다.

한일간의 '상호 혐오'의 원인을 구명하려한 와카쓰키 야스오(若槻泰雄)는 한국인들이 일본을 어떻게 생각하든 적어도 패전 후 재일조선인들이 보여준 일련의 행위는 일본인들로 하여금 도저히 한국인에 대해 좋은 감정을 갖게 할 수 없게 만들었다고 주장한다.

> 우리로서는, 솔직히 말해서 재일 조선인은 전부 돌아가 주는 것이 더 말할 나위 없이 좋다. 가능하다면 여비도 공짜로 하고, 거기에 5억이나 10억의 돈을 붙이더라도, 고스란히 돌아가 주었으면 하고도 생각한다. 그러는 편이 일본만의 입장에서 생각하면 훨씬 유익하기 때문이다.14)

대다수 일본인들은 마치 전승국의 일원처럼 행동하는 재일조선인들에 대해 분노했다. 당시 재일조선인들은 자신들을 일본인으로 규정하려한 미국과 일본 당국의 정책을 거부한 채 "스스로를 해방 민족"이라 주장하며 그에 합당한 지위를 부여해 줄 것을 요구한다.15)

---

14) 坪井豊吉, 「법무 연구 보고서」 제46집 제3호, p.184, 若槻泰雄, 한영순 역, 『한국·조선 그리고 일본인』, 아이·피·에스, 1990, p.186 재인용.
15) 정대균, 『韓国のイメージ』, 앞의 책, p.84.

패전으로 인한 패배감에 젖어 있던 일본인들에게 이 같은 재일 조선인의 요구는 도저히 수용16)할 수 없는 것이었는데, 이로 인해 '악당'과 '무법'이란 이미지가 만들어졌다는 것이다.

다음으로 이른바 이승만 라인과 반일교육으로 대변되는 제1공화국의 일본 적대 정책이다. 일본에서 발간된 한국관련 서적을 중심으로 전후 일본인들이 한국을 어떻게 이미지화 했는가를 연구한 정대균에 따르면, 이승만 라인은 '방약 무인' 내지 '횡포'를 일삼는 한국인상을 일본인들 속에 심어 준다.17) 제1공화국 정부는 이승만 라인에 근거해 일본 어선 233척을 나포하고 2,791명의 선원을 억류하는데, 이 일을 계기로 일본에서는 격한 반한 운동이 일어나게 된다.

마지막으로 패전 후 북한 철수 과정에서 겪었던 고통이 부정적인 한국인상 형성에 일조를 했다는 주장이다. 해방 후 북한 지역에는 약 32-33만 명에 달하는 일본인이 남아 있었다. 그들은 자신들이 일본으로 '인양'18) – 귀환 – 하기까지 당했던 피해에 대해 한마디로 '지옥도'와 같은 것이었다고 주장한다. 북한 거주 일본인들은 소련군이 1945년 8월 9일 참전함으로써 일부 군인이나 경찰관의 가족 등을 제외하고는 대부분이 일본으로 귀환할 때까지 수용소에서 겨울을 보내

---

16) 패전 후 일본인은 재일 조선인을 '만원 일본(滿員日本)의 방해자들'로 인식하였다. 패전 후 일본은 300만 명의 외국 원정부대와 360만의 해외 재주 민간인 등 약 700만 명을 받아들인다. 이로 인한 급격한 실업률의 증가로 인해 인구 10% 이상이 실업자였으며, 많은 일본인들이 "만원 전차에 빼곡하게 들어차 있는 것 같은 심리 상태"에 빠져들었다. 若槻泰雄, 앞의 책, p.186.

17) 위의 책, p.179.

18) 일본어로 '引き揚げる'로 표기하는 '인양, 또는 인양자'는 패전 후 식민지 지역에서 일본(內地)으로 귀국한 일본인들을 지칭하는 개념이다. 그런데 이 어휘는 '물에 빠진 사람을 건지다'는 우리말 뜻과 상충되기에 본 논문에서는 '귀환 또는 귀환자'로 사용하고자 한다.

야 했다. 이 과정에서 46년 봄이 되기까지 함흥 2,261명, 평양 6,025명, 흥남 3,042명, 진남포 1,500명 부평 1,486명 원산 1,303명 등 약 25,000명이 추위와 굶주림에 시달리다 영양실조로 죽는다.[19] 이러한 죽음 앞에 일본인들은 집단적인 탈출을 감행하기도 하는데, 실제로 강계에서는 300명 이상이 집단탈출에 성공하기까지 한다. 1946년 8월 평양에서 공식적으로 '귀환(복원)'이 시작되기 전까지 약 2만4천명이 북한을 탈출해 남한으로 왔다. 수용소를 탈출해 남한으로 들어오기까지 일본인들은 북한 주민들로부터 적지 않은 수모를 당한 것처럼 보인다.

> 평양에서 살고 있던 이스끼 히로유키(五木寬之)는 당시 13세였다. 병에 걸린 엄마는, 소련군에 의해 집에서 내쫓겨져서 죽었다. 교원이었던 부친은 방심상태가 되어, 남동생과 여동생도 있는 일가의 생계는 五木의 어깨에 달렸다. 탈출할 때에는 부친의 결단으로 갓난아이였던 여동생을 한번은 버렸다[20]

이상의 세 가지 원인을 들어 일본측 연구자들은 패전 후 일본인들은 일제 강점기와는 다른 한국·한국상을 갖게 되었다고 주장한다. 즉 패전 후 일본 사회에서 조선인을 표상화한 어휘들로 사용된 '불결', '교활', '증오' '방약무인' '악당' '추악' 등의 이미지는 한국이 제공한 측면이 크다는 것이다.

그런데 재일조선인 정대균은 일본인 학자들과 동일한 방식으로 비슷한 결론을 도출해 내면서도 그 원인에 대해서는 상반된 견해를 제

---

19) 高崎宗司, 『植民地朝鮮の日本人』, 岩波書店, 東京, 2002, p.192.
20) 위의 책, p.197.

시하고 있다. 그는 일본인의 한국·한국인상이 급격히 하락한 것은 패전 후 조선과 일본은 하나라는 그동안의 "운명 공동체가 상실"[21] 된 것과 국토적인 탈식민화에도 불구하고 여전히 한국을 "조종 가능한 지역으로 보는 생각, 결국 종주국 의식"[22]에서 비롯된 것이라 비판한다. 근대이후 일본인이 조선을 어떻게 인식하고 있었는가를 살펴보면 정대균의 이러한 비판은 재일조선인인 그의 민족적인 위치를 떠나 수긍되는 점이 많다.

일본은 메이지(明治)초기 그 동안의 막부정권을 대체한 새로운 정부(왕정복고)를 수립한 후, 그 사실을 조선에 알린다. 그런데 조선 정부는 일본에서 보내온 국서에 사용된 '황(皇)'과 '칙(勅)'이란 어휘를 문제 삼아 명치정부에서 보낸 국서 수령을 거부한다. 이런 조선의 태도에 대해 일본인들은 '무례(無禮)' '방자함(生意氣)'라는 어휘로 조선을 부정적으로 이미지화하기 시작한다.[23] 여기에 프랑스인 선교사 다레의 『조산사정』이 초역되어 "「민둥산」, 「나태천행」, 「걸실」, 「음정취심」, 「금수에 가까운 인민」, 「경솔하고 성내기를 잘하고 또 원망하는 기질」, 「저축심이 없음」, 「불결」, 「뇌물사절」, 「이심」의 부정적인 측면"[24]이 첨가되면서 그 결과 조선의 이미지는 '완고', '야만', '흉포', '불결' 등으로 구성된다. 그런데 일본의 이 같은 조선인상은 청일전쟁과 러일전쟁을 거친 후 일정한 변화를 보이는데 "「독립심」과 「무의 혼」이 없고, 「문약」하고 「기상이 없다」"라는 것이 그것이다. 일본인들은 전쟁 승리를 계기로 자신들의 「독립심」, 「진취의 기상」, 「무

---

21) 정대균, 앞의 책, p.18.
22) 위의 책, p.32.
23) 南富鎭, 위의 책, pp.3-10 참조.
24) 같은 글.

의 혼」'을 강조하기 위해 그 타자로서 조선인의 '문약', '무기력', '독립심 없음'을 들고 있는 것이다.

> 반도 삼천년의 역사는, 반도의 동서남북보다 유입된 제민족의 혼투 각축의 기록에서 독립국가의 역사는 있지 않고, 또 독립국민사는 없고, 족장정치의 광휘는 있고, 부락적 문화는 있을 지라도, 국민적, 국가적 활동진보는 결국 이것을 인정하는 것을 얻지 못한다. 투쟁, 살육, 음모, 허영, 파륜, 오욕, 반도사를 일관하여 넘치는 사적은 이것이다. 족장상호간의 그 가족, 부족, 동족간에 있어서의 삼천년간의 우승열패는 이렇게 해서 완전히 한반도의 활력을 다했고, 생기를 고갈하기도 하고, 금일의 한국은 이것이다.25)

일제의 통감정치가 시행되고 있던 1907년에 발표된 위의 글에서 당시 일본인들은 조선을 하나의 독립된 국가라기보다는 씨족 사회쯤으로 형상화하고 있다. 국가적 체계를 갖지 못했기 때문에 살육, 음모, 허영, 오욕이 판을 치고 있다는 것이다. 그런데 이 같은 조선인상은 단순히 조선을 비하하고 왜곡하는 것에 그치는 것이 아니라, 조선은 국가적 견지에서「독립」이 도저히 불가능하기 때문에 일본에 의한 '보호' 내지는 '이식'을 받아들여야 한다는 논리의 근거로 작용한다. 독립심 없는 조선에 대한 이미지 창출을 통해 일본은 자신들의 조선 침략을 정당화 한다.

메이지시대 이루어진 조선에 대한 부정적 이미지가 일제의 강점을 정당화 하는 논리로 작용되었던 것과 동일하게 전후 일본은 앞에서 언급한 이유를 들어 부정적인 한국·한국인상을 재현해 낸다. 즉 한

---
25)「獨立なき国家」(『太陽』, 1907.9.), 위의 책, p.17 재인용.

국・한국상을 '불결', '교활', '증오' '방약무인' '악당' '추악' 등으로 이미지화함으로써 전후책임이라는 문제에서 한 발짝 비켜선다. 여기에는 자신들보다 열등하며 나쁜 존재들에게까지 굳이 사과를 해야 하는가라는 논리가 숨어 있는 것이다. 이것은 이미 50년대 후반에 중국침략에 대해 사과를 했던 일본이 조선강점에 대해서는 60년대 후반에서야 비로소 시작했다는 점에서도 확인할 수 있다.

결국 전후 일본인들은 한국에 대한 부정적 이미지를 통해 한국을 "본가에서 버림받은 사생아"[26]쯤으로 여기고 있음을 알 수 있었다. 하야시 세이고(林靑梧)의 『기아혁명』은 과연 이러한 사회적 분위기로부터 자유로울 수 있었을까?

3. 『飢餓革命』에 표상된 한국상(韓國像)

일본작가에 의한 한국 소재 소설들 중에서 드물게 성공한 작품으로 평가받고 있는 『기아혁명』은 3・1독립 운동을 전후(前後)한 한국의 정황과 당시 비인도적이며 악랄하기 짝이 없었던 '일본의 침략행위를 비판한 작품'이다.[27]

『기아혁명』은 초등학교 교장출신의 사까가미 센따로우(坂上善太郎) 부처가 메이지 농회의 직원으로 한국에 부임하여 황주에서 보고 듣고 겪은 사건들로 구성되어 있다. 그는 일본관헌과 일본인의 학대에 억눌리고 굶주림에 허덕이던 황주의 농민들의 모습과 그 스스로 동

---

26) 정대균, 앞의 책, p.28.
27) 김우규, 「차분한 일제 탄핵」, 김동리・김윤식 외 편, 『세계문학 속의 한국』 7, 정한출판사, 1975, p.386 참조. 이하 인용은 이 책에 의하며, 쪽수만 표시함.

의할 수 없었지만 식민지 경영의 최전선에 서야만 하는 처지 사이에 서 갈등한다. 사까가미는 고지마(메이지 농회의 주임)와 고막(훈춘 한민회 무장독립단체 간부)으로 대표되는 일제 식민지 지배세력과 독립운동 세력 사이에서 자신의 이상이 철저하게 파괴되는 것을 목격한다. 이 과정에서 그는 모든 것을 시대의 희생양 또는 '아시아 인의 비극'이라는 식의 휴머니즘을 표방한다.

작가 하야시 세이고(林靑梧)는 갖은 횡포를 일삼던 고지마, 경찰서장, 사또오가 조선민중의 봉기에 의해 살해당하고 조선인에 대해 우호적이었던 사까가미만이 조선인들의 보호를 받아 살아남게 되는 상황 설정을 통해 민족적인 것을 넘어서는 인류애를 설파한다. 일본인에 의한 3·1독립 운동 소재 소설이란 점과 작품이 지향하는 인류애(휴머니즘)를 높게 평가한 김우규는 작품을 번역28)하면서 자신이 이 작품을 번역 소개한 것에 대해 일종의 "보람을 느낀"29)다는 소감을 피력하고 있다.

그러나 『기아혁명』은 비록 3·1독립 운동과 휴머니즘을 바탕으로 일제의 식민지 침탈에 대한 비판을 담고 있지만 텍스트 곳곳에는 메이지시대부터 제기돼 일제 강점기와 전후를 거쳐 공고화된 왜곡된 한국·한국인상이 산재해 있다. 구체적인 텍스트 분석을 통해 살펴보기로 한다.

---

28) 이 작품은 국내에 두 번에 걸쳐 번역 소개되는데, 첫 번째는 작품이 발표된 지 8개월 만에 『人間火山』이란 제목으로 박인수, 김우규 공역으로 1960년 정신사(正信社)에서 발간된다.
29) 김우규, 앞의 글, p.388.

1) 풍경으로써의 조선

적절치 못한 결혼과 병으로 인해 일본에서 쌓아왔던 모든 것을 잃게 된 사까가미는 마지막 탈출구로 조선행을 결심한다. 처음 조선행에 대한 결심을 내비치자 그의 형은 "너희들은 조선 구석까지 가서 빌어먹을 작정이냐"(p.36)라고 힐난한다. 친구들 또한 그의 조선행에 대해 우려의 시선을 보내면서 "조선에서는 딴 사람을 보거던 도독으로 알라고"(p.37) 충고한다. 조선에서의 생활을 빌어먹는 것으로 간주한다거나 조선인을 도둑으로 여기는 작중 인물들의 발언들에서 우리는 일제 강점기 일본의 지성인들이 바라본 조선에 대한 이미지의 단초를 발견할 수 있다. 조선에 대한 부정적인 인식에도 불구하고 사까가미가 '운명에의 도전'을 감행할 수밖에 없었던 것은 일본(內地)에서 철저히 패배했기 때문이다.

대한해협을 건너는 부관연락선에서 느끼는 그의 심리는 한마디로 추방자의 의식 그 자체였다. 흐릿하게 보이다 이내 흔적조차 없이 사라진 일본 열도 대신 눈앞에 펼쳐진 부산항의 모습에서 사까가미는 "따뜻한 초록"(p.33)에서 "노랗게 메마른 풍경"(p.33)으로 추방당하는 자신의 처지를 깨닫는다. 일본인을 향해 "증오와 저주의 눈빛"(p.39)을 보내는 것만 같은 무리의 사내들과 지저분한 건물들, 끝없이 펼쳐진 채 인가라고는 도무지 볼 수 없는 황량한 들판 등에서 그는 식민지라는 현실을 직시한다.

철조망 바깥쪽으로 민가가 보였다. 초가 지붕의 작은 집들이 어수선하게 늘어서 있었다. 담벽은 누렇고 창문이라곤 없다. 구멍처럼 뚫린 조그만 문에서 흰옷 차림의 여인이 한창 더운 여름 풍경 속에 불쑥 나타났다. 머리 위에는 검은 항아리 같은 것을 올려놓고 있었다. 흰 저고리의 짧은 옷자락 밑으로는 맨살이 보였다. 유방이 흔들린다. 그것이 조선 여자의 옷차림인지도 모른다.(p.38)

사까가미의 시선에 처음으로 포착된 조선의 풍경과 인물에 대한 묘사다. 부산항 밖으로 보이는 조선인 민가의 모습을 형상화한 위 장면은 당시 조선 사회의 모습을 비교적 정확하게 그리고 있다고도 할 수 있다. 구한말과 일제 초기 조선을 방문한 외국인들의 견문기에서도 이와 비슷한 장면들이 반복되고 있는 것도 사실이다.

그런데 사까가미의 시선에 포착된 이러한 풍경이 "감각을 통해 지각되는 물리적, 공간적인 대상이 아니라, 어디까지나 지각하는 인간의 '인상'(impression)"30)이라는 점을 염두에 둔다면 문제는 좀더 복잡해진다. 즉 풍경이 외부에 실재하는 것이 아니라, 우리 의식에서 만들어진 역사적 산물이라고 할 때, 조선에서 만난 첫 풍경으로 창문이 없는 초가와 흰옷, 유방을 드러낸 조선 여자의 모습을 그리고 있는 것은 정치한 분석을 필요로 한다. 사까가미의 이 같은 인식은 메이지 시대 이래 일제 강점기까지 계속되어온 조선에 대한 스테레오 타입을 비판없이 수용하고 있는 것이다. 그는 무의식중에 불결과 비위생의 주거문화와 야만이란 조선의 이미지를 만들고 있다. 조선에 대한 부정적인 인식은 부산에서 황주로 가는 기차 안에서는 한국인 특유의 체취로 대변되는 '마늘 냄새'마저 자신을 위협하는 불온한 기운으로 의미화하기까지 한다. 이 같은 의미화를 통해 사까가미는 자신과 함께 동승한 "한 명의 장교와 사병 넷이 차 안의 일본인을 조선 사람들로부터 보호하고 있"(p.47)다는 느낌마저 갖는다. 여기에서 우리는

---

30) 이효덕, 박성관 옮김, 『표상공간의 근대』, 소명출판사, 2002, p.47.

조선과 조선인을 야만국과 야만인으로 규정하기 위해 폭력과 무질서, 살상과 음모에 찌든 민족으로 표상화[31]한 후쿠자와 유키치(福澤諭吉)이래 형성된 식민자들의 무의식을 엿볼 수 있다.

조선에 대한 부정적 이미지는 조선의 풍속을 접하면서 더욱 증폭된다. 황주역에 도착한 사까가미 일행은 우연히 조선인 장례행렬과 마주치게 된다. 사까가미가 처음 보는 풍경에 관심을 보이자 사또오(메이지 농회의 일본인 직원)는 조선인 장례행렬이라고 알려준다.

"하긴 좀 더 천천히 장례식을 구경하셨더라면 재미 있었을 걸 그랬습니다. 관 앞에서 우는 축들이 있었지요. 그건 돈에 팔려 하는 노름이랍니다. 돈 값어치 만큼의 거리까지 울고는 그 다음엔 두들겨 패거나 발길로 차거나 간에 울지 않습니다. 하하하."(p.51)

조선의 장례문화에 대한 왜곡 또는 무지를 보여주는 장면이다. 상례행렬을 따라가며 곡을 하는 사람들을 돈에 팔린 행위라고 묘사하는 것은 분명 왜곡이다. 그러나 더 큰 문제는 받은 돈 만큼만 울고는 그 이상은 절대로 울지 않는다는 표현에 숨어있는 장례식마저 돈에 의해 좌우되는 '배금주의'에 찌든 인정머리 없는 조선인의 이미지다. 조선의 생활 풍습과 사회 제도에 대한 이 같은 왜곡과 무지는 전통적인 5일장을 미래를 준비할 줄 모르는 조선 사람들의 나태에 찌든 생

---

[31] 후쿠자와 유키치는 1875년 10월 7일자 『郵便報知』에 발표한 「아시아제국과의 화전」이란 글에서 조선을 야만국으로 규정한 후 "이들과 무역을 해도 이로울 것이 없고, 이들과 통신을 해도 이익될 것이 없으며, 그 학문은 보잘것 없고, 그 병력은 겁낼 것이 없다. 설사 그들이 자청하여 우리의 속국이 된다고 해도, 그 또한 기뻐할 일이 못된다."라며 조선을 부정적으로 그리고 있다. 高崎宗司, 『『妄言』の原形』(本犀社, 東京, 1996), 최혜주 옮김, 『일본망언의 계보』, 한울, 1996, p.14.

활 태도의 표상으로, 오강으로 대변되는 조선인의 화장실 문화는 비위생과 야만이라는 인종적 편견을 위한 도구로 활용된다. 개에게 남성을 뜯긴 어린 아이의 삽화를 장황하게 소개하고 이것을 비웃는 작중의 일본인들의 모습은 사물을 근대와 전근대로 구분하고 전근대적인 요소들에 대한 부정을 통해 자신들의 우월감을 찾으려는 전형적인 근대인들의 시선이다.

근대적인 시선에 의한 우월감은 조선인은 바보이기 때문에 약이 필요 없다며 약을 주지 말라고 하는 고지마나, 그 말을 동의하여 "아주머니, 그만두세요. 조선 사람에게 소화제는 너무 과남해요. 치약쯤이면 충분할 것예요."(p.105)라며 한사코 약을 거절하는 조선인 김용의 모습에서 극적으로 드러난다.

"당신도 수염을 기르시오. 요보가 얕잡아 본답니다. 아니, 요보라고 말해도 당신은 모르시겠군요. 조선 사람을 가리켜 요보라고 하지요. 대체로, 오이 기미(여보), 하는 정도의 뜻이지요. 너무 순하게 불러선 안되지, 요봇! 하고 세게 불러야 해요. 야단을 칠 때에도 요봇! 칭찬을 할 때에도 요봇! 그렇게 하면 됩니다. 억양을 낮추어선 안돼요. 달려드니깐요. …중략…"

"저 엽총은 무엇에 씁니까?"

하고, 사까가미가 딱딱한 목소리로 고지마에게 물었다.

"네, 엽총만은 휴대할 수 있도록 되어 있지요. 소총은 인간을 겨누게 되지만 엽총은 짐승을 상대로 하는 것이니깐요. 저걸 휘둘러 대도 인간을 쏘았다고 할 수는 없습니다."

"그렇다면 조선 사람은 짐승이나 다름이 없다는 겁니까"

"뭐, 그리 심각한 표정일랑 하지 않아도 좋아요. 당신도 차차 알게 됩니다. 그렇게 생각하고 있는 게 대체로 정확할 거요"(pp.52-53)

고지마가 처음 대면하는 사까가미에게 조선 생활에서 명심해야 할 것들을 당부하는 위 장면에서 우리는 조선인을 짐승처럼 사고하고 있는 전형적인 식민자의 모습을 발견할 수 있다. 사까가미는 이런 고지마의 견해에 강한 거부감을 느끼지만 점차 여기에 동화된다. 즉 그는 조선의 모든 것은 열등하고, 스스로를 미개와 열등에 빠져있는 조선인을 구원해 주는 존재(활기를 불어 넣는 존재로 규정함)로 규정하기에 이른다. 따라서 그가 고지마를 비롯한 일제의 식민자들과 갈등하는 것도 미개한 조선인을 꼭 그런 식으로 밖에 대할 수 없는가 하는 방법상의 문제이지 조선인을 바라보는 관점의 차이에서 비롯된 것은 아니다.

그런데 『기아혁명』에서 조선인에 대한 인종적 편견과 풍속에 대한 왜곡보다 더 심각한 것은 당시 산업의 기반이었던 농업과 농민에 대한 잘못된 표상이다. 이 작품에 등장하는 일본인들은 한결같이 조선인 농민의 특성으로 '나태'를 지적한다.

메이지 농회 주임인 고지마는 평소 조선인들에게 호의적인 사까가미를 향해 "조선 사람은 이쪽에서 증산을 하도록 해 주어도 결코 부지런하게 일을 하지 않네. 하루살이의 그날 그날이란 말이야. 놈들은 당장에 초과 수당을 내주어도 누가 남아 있던가?"(p.121)라며 조선인의 나태함을 지적한다. 고지마의 이 같은 태도에 대해 사까가미는 조선인의 게으름이 처음에는 비인간적인 대우에 대한 반감에서 비롯된 것으로 여긴다. 하지만 막상 조선인들이 작업량이 많이 남아 있는데도 임금만큼 일을 했다며 작업을 하지 않는 모습을 겪으면서 조선인의 나태함을 인정하게 된다. 그런데 고지마와 사까가미는 조선 농민의 나태를 이해하는 방식에서 일정한 간격을 둔다. 고지마의 조선인에 대한 감정이 다분히 멸시감에 근거해 있는데 반해, 사까가미는 민족성의 문제로 인식한다. 사까가미는 조선인의 나태 원인으로 외세의 침략과 지배계급의 수탈을 지목한다. 그는 조선인들이 너무나 많은 외세의 침략과 지배 계급의 수탈을 받아왔기에 무의식중에 재산을 축적하지 않으려 한다고 하면서 그것이 하나의 민족적 특성으로 자리 잡게 되어 나태하게 되었다고 이해한다. 따라서 그는 조선인 농민들에게 재산을 축적할 수 있는 구조만 만들어 주면 나태에서 벗어날 수 있을 것이라고 기대한다. 그러기 위해서라는 조선을 미개척지로 바라보고 자신을 그 신개지 개척자로 위치 지으려는 근대인 사까가미의 존재가 필수적이다.

> 조선 사람은 비료를 써서 증수(增收)하려고 하지는 않는다. 온돌에 지폈던 짚이나 장작의 재를 행길에 버리거나 강물에 흘려 버리는 것이예다. 재를 뿌리면 질소 비료가 된다는 것을 모르는 것일까? -중략- 조선에서 밭과 황무지를 구별할 수 없는 것도 당연했다. 조선 농민들은 가령 콩을 심을 때에는 비료를 주거나 이랑을 내는 법이 없다. 자루에 넣은 콩을 옆구리에 차고는 잡초가 무성한 땅에다 한 손으로 훅 뿌리고 나서 씨가 떨어진 부근의 흙을 발뒤꿈치로 툭 차서는 흙을 덮는 것이다. (p.91)

사까가미는 조선 농민들의 비참함과 굶주림이 가혹한 일제의 수탈 -지주의 수탈-에 일차적인 책임이 있지만 그에 못지않게 전근대적인 조선의 농법에도 문제가 있다고 생각한다. 그러나 퇴비 중심의 농업 구조를 갖고 있었던 조선 농민들이 재와 동물의 배설물이 거름이 된다는 사실도 몰랐다고 서술하는 것은 아무래도 현실성이 떨어진다.

사까가미에게 있어 조선의 농지는 황무지다. 황무지는 일본의 근대적인 농법에 의해 개척되어야만 하는 대상이다. 이 과정에서 작가는 황무지 개척자로서의 일본인의 위상을 보여준다. 그런데 황무지 개척자로서의 일본인을 부각시키기 위해서는 필연적으로 조선 농업을 비하하거나 아니면 의도적으로 왜곡해야 한다. 일제 강점을 황무지 조선 개척으로 의미화 하기 위해 작가는 조선 농업의 후진성을 의도적으로 부각한다. 그러나 이 같은 태도는 조선이 마치 질서정연한 일본 문명의 손길을 기다리고 있는 '처녀지'라는 식민주의의 또 다른 변형이라 할 수 있다.

2) 일제 강점에 대한 자기 합리화
① 근대적 토지소유제의 확립

『기아 혁명』의 특징 중 하나는 서술자의 빈번한 개입이다. 서술자의 개입은 작품 곳곳에서 두루 발견되지만 특히 일제의 식민지 정책이나 3·1독립 운동과 같은 조선 민중의 저항을 다루는 부분에 집중되어 있다.

> 이 조사령은 토지대장조차 없어졌던 이 왕조 말기의 난맥제(亂脈制)를 수정하여 토지의 소유관계를 명백히 하기 위해서였다. 이로 인하여 거리낌 없이 손이 뻗치는 대로 경작을 해 오던 조선의 광대한 산야는 제가끔 소유자를 정하게 되는 것이다. 그러나 김해욱처럼 자작의 토지에 살고 있으면서 자기의 농토를 잃게 되는 경우도 있었던 것이다.(pp.41-42)

서술자는 일제에 의해 시행된 토지조사 사업이 근대적이며 합리적인 제도였지만 그 시행에 있어 문제가 있다는 식으로 기술한다. 즉 일본이 토지 조사 사업을 시행한 것은 토지 수탈을 목적으로 한 것이 아닌 근대적인 소유관계 확립을 위한 제도임에도 무지한 조선인들이 그것을 잘 몰랐기 때문에 문제가 발생했다는 것이다. 더불어 고지마의 경우에서처럼 일부 시행주체(하급관리)들이 그 제도를 악용했다는 식으로 토지조사 사업을 합리화 한다. 이러한 합리화는 조선민중들의 불만— "조선 사람에겐 등기 기한을 알려 주지도 않았답니다. 게다가 일본말로 쓰여진 글을 해옥이가 읽기조차 했겠습니까"(p.42)—을 제도의 문제가 아니라 시행상의 착오나 극히 지엽적인 문제로 처리한다.

이 같은 서술자의 시선은 토지조사 사업이 조선 민중을 수탈하기 위한 일제의 지배 정책의 하나로 인식하고 있는 한국인들의 생각과는 사뭇 다른 것이다. 이것은 일제 강점기 내내 일본측에 의해 제기돼 왔던 '조선 합병이 조선을 근대화 시켰다'는 주장의 연장선이다. 식민지 근대화론으로 부를 수 있는 이 같은 주장은 전후 일본 사회에서 일정한 영향력을 행사한다.32)

그러나 식민지 근대화론은 많은 부분 역사적 사실과 다르다. 신용하는 일제의 식민지배와 한국 사이에는 "단속성(斷續性, discontinuity)이 있음을 주목"33)해야 한다면서 이른바 일본인들이 제기한 식민지

---

32) 식민지 근대화론은 전후 일본의 관리들에게서도 보인다. 1953년 10월 15일 일본의 식민지 지배 문제를 논의하기 위한 제3차 한일회담에서 당시 일본측 수석 대표였던 구보다 간이치로(久保田貫)는 한국측이 일제 강점에 대한 보상을 요구하자, 일본측도 보상을 요구할 권리가 있다는 주장을 피력한다. 그는 일본의 조선 통치는 조선인에게 은혜를 베풀어 준 면이 강하다면서 일본은 36년간 민둥산을 푸르게 바꾸었고, 철도를 부설했으며 논을 개발하는 등 많은 이익을 조선인에게 주었다고 주장한다. 위의 책, pp.187-199 참조.
33) 신용하, 「'식민지근대화론' 재정립 시도에 대한 비판」, 『창작과비평』 98, 1997. 겨울호, p.12.

근대화론을 비판한다. 그는 특히 일본이 식민지 근대화의 중요한 근거로 제시한 토지조사 사업에 대해 "일제의 '토지조사사업'에 의하여 한국에서 처음으로 토지사유제(토지제의 근대화)가 확립된 것이 아니라, 한국에서는 이미 15세기부터 토지유제가 확립되기 시작하여 구한말에는 이미 토지사유제에 의하여 토지의 사적 매매가 자유롭게 성행하고 있었다."34)고 주장한다. 또한 토지 조사 사업으로 인해 "전국토의 50.4%"35)에 달하는 면적이 식민지 권력에게 약탈당했음을 보여줌으로써 일본의 식민지 근대화론이 자기 합리화에 지나지 않음을 논파하고 있다. 물론 이러한 신용하의 주장에 대해 국내·외적으로 비판36)이 없는 것은 아니다. 하지만 토지조사 사업이 제도적 측면에서 많은 문제점을 갖고 있었다는 점에서는 일치된 견해를 보이고 있다.

② 악당에 의해 조종된 무지한 민중들의 부화뇌동

조선에서 태어나 식민자의 자식으로 자랐던 일본인 작가에 의해 묘사된 3·1독립 운동이란 점에서 『기아혁명』은 관심을 끈다. 작가는 제목인 '기아혁명'이 암시하듯 3·1독립 운동을 '기아'가 촉발한 조선인과 일본인의 충돌로 규정한다. 그는 "마음의 기아(飢餓)가, 일본

---

34) 위의 글, pp.10-12.
35) 위의 글, p.22.
36) 대표적인 논자로 조석곤을 들 수 있다. 조석곤은 신용하류 주장의 가장 큰 잘못은 "일제의 수탈을 자본주의적인 수탈이 아니라, 지리상의 발견 시기에나 있음직한 '원시적 약탈'로 규정" 하는 것이라고 지적하면서 토지조사 사업이 토지 약탈로 이어진다는 주장은 수탈론이 야기한 허상에 불과하다고 비판한다. 조석곤, 「수탈론과 근대화론을 넘어서-식민지시대의 재인식」, 『창작과비평』 96, 1997. 여름호, p.357.

인과 조선인을 충돌시킨다"(p.267)며 굶주림이 조선의 운명을 변화시키는 원동력이라 기술한다. 그런데 여서서 말하는 기아는 육체적인 굶주림만을 의미하지는 않는다. 토지를 수탈당한 조선인에게는 굶주림의 의미로도 해석될 수 있는 기아이지만 일본인들에는 육체적 굶주림보다는 심리적 상태를 지칭한다. 작품에 등장하는 일본인들은 거의 대부분 내지에서의 실패한 경험을 가진 인물들이다. 이들에게 있어 식민지 조선에서의 삶은 그 실패를 보상받을 수 있는 유일한 탈출구였다.

> 사까가미는 일본에서 자기가 빠져들었던 곤경의 기억을 눈 앞에 또렷이 되살릴 수가 있었다. 조선으로 건너갈 생각을 일으켰을 때 조선은 자기의 미래를 내어 거는 구원이었다. 조선은 사까가미의 희망이었다.(pp.325-326)

그러나 새로운 삶에 대한 희망으로 건너왔던 조선은 그렇게 만만한 곳이 아니었다. 오히려 생명을 위협하는 위험한 땅이었다. 그렇지만 일본인들은 어떻게든 살아남아야 했다. 조선인에 둘러싸여 언제 어떻게 될지 모른다는 불안감은 대다수 일본인을 "야수(野獸)와 같은 인간"(p.280)으로 만든다.

조선인에게는 악독한 식민자의 모습만을 보여줬던 고지마 마저 "생소한 조선에, 힘과 인정만으로 뛰어든 일본인의 자연적인 감정이 넘"(p.155)치는 사람이라는 화자의 진술에서 우리는 죽음에 대한 공포와 빈손으로는 돌아갈 수 없다는 식민자 일본인들의 심리적 압박감을 엿볼 수 있다.

작가 하야시 세이고(林靑梧)는 3·1독립 운동을 나라를 빼앗겼다는 울분과 육체적인 굶주림에 시달렸던 조선인과 어떻게든 살아남아야만 했던 일본인의 충돌이 폭력적인 봉기로 표출된 것으로 묘사한다. 그는 시체마저 훼손하는 조선인들의 모습을 통해 3·1독립 운동의 폭력성을 강조하는 한편, 이 운동의 지도 주체-독립운동 세력-를 음험하고 교활한 '악당'으로 그린다.

작중 인물 사까가미에 의해 3·1독립 운동을 배후에서 조종하고 있는 인물로 지목된 고막은 한마디로 '깡패' 또는 '독립브로커'에 가깝다. 그는 순진한 조선 농민들을 선동해 온갖 문제를 일으키고 일본인을 살해하며 그것도 모자라 동포인 조선인들마저 협박한다. 작자는 이 점을 독립자금을 요구한 고막의 제안을 거절한 이호원의 행위를 통해 보여준다. 작자는 이호원이 고막의 요구를 거절한 것은 "한 번 그들에게 가담함으로써 계속될 요구를 끊어버릴 수 없는 것을 두려워했기 때문"(p.193)이라고 말하면서 독립운동자들을 마치 동포의 약점이나 잡고 괴롭히는 깡패와 같은 존재로 형상화 한다.

"바, 바보같은 것들. 그러니까 자네들은 바보란 말야. 자네들을 보면, 조선 사람이 싫어지네, 그런 말을 하면 내가 이곳에 있는 것을 곧 알지 않겠는가. 바보 같은 것들!"
고막의 욕지거리에 가슴을 떠받친 듯이 소작인들은 얼굴빛을 변했다. 가느다란 신음이라고 할 수 없는 절박한 신음 소리가 둘러앉은 남자들 사이에서 일어났다.(pp.287-288)

인용문은 소작인들의 말실수로 인해 자신의 존재가 사까가미에게 알려졌음을 알게 된 고막이 그동안 자신을 믿고 따랐던 이들에게 보인 첫 반응이다. 그는 소작인들을 향해 '조선 사람이 싫어'진다고 말하는데, 목숨을 내걸고 독립운동을 하는 인물의 발언으로써는 아무래도 적절치 못하다. 물론 독립운동가도 사람인 이상 자신의 감정을 드러낼 수 있다. 그러나 위의 발언은 동포에 대한 애정이 결핍된 것으로 민중보다는 자신의 안위를 최우선으로 삼는 독립브로커의 모습이다. 작가는 고막의 성격파탄에 가까운 비인간성을 강조하는 방법으로 자신 대신 살인범으로 몰려 고문을 당하는 소작인들의 생명 따위에는 아랑곳 않은 고막과 "눈 앞에서 매를 맞아 죽을는지도 모르는 소작인들을"(p.197) 내버려 둘 수 없다며 친일의 길을 걷는 이호원의 인간성과 대비한다. 또한 고막에 의해서 민중들이 유도된 것이 황주에서의 3·1독립 운동의 본질이라고 규정함으로써 조선 민중의 저항 자체를 폄하한다.

저항의 의미가 거세된 공백을 매우는 것은 광기에 휩싸인 조선인들의 폭력성이다. 고막에 의해 유도된 조선인들의 봉기는 한마디로 광기 그 자체였다. 그들은 마치 먹이를 찾아 달려드는 맹수처럼 일본인을 향해 달려든다. 아무리 총을 쏘아 위협해도 무작정 달려드는 조선인 군중의 모습에서 사까가미는 죽음과도 같은 공포를 체험한다. 그는 사또오와는 달리 조선인에 대해 살의를 품지는 않았지만 아내 가쓰와 아이들을 보호하지 않으면 안 되는 가장이었기에 어쩔 수 없이 조선인을 향해 발포한다.

> 서장의 머리가 갈라져 목을 늘어뜨리고 군중에게 양쪽에서 부축을 받고 서 있는 모습이었다. 의식이 있는 거 같지는 않았다. 신실상태에 빠졌거나 죽었거나 그 어느 편일 것이다. 이미 꼼짝도 못하게 된 서장을 끌고 다니면서 군중은 원한을 풀고자 하는 것이다. 한 사내가 달려와 손에 움켜쥔 몽둥이를 휘저으며 서장의 축 처진 머리를 두들겨 팼다.

"요놈의 새끼!"
사내의 몽둥이는 몇 번이고 휘둘러지면서 서장의 머리 위에 몰아친다.(pp.322-323)

평소 조선인을 짐승처럼 대했기 때문에 조선인과의 갈등이 발생한다고 믿고 있었던 사까가마는 시체마저 훼손한 조선인들의 태도에서 자신의 발포행위에 대한 정당성을 획득한다. 그런데 사까가미의 이러한 태도는 3·1독립 운동을 "열강의 동정을 얻으려"는 "가공적 몽상"에 사로잡혀 "질서존중을 내세우면서도 폭행을 일삼"고 한 둘의 불령의 무리가 헛된 미명하에 다중을 현혹시켜 부정한 이득을 도모하려는 행위[37]로 규정한 식민당국의 규정과 흡사하다.

실제로 일제 식민지 당국자들은 3·1운동의 폭력성과 동포마저 속이는 운동 지도자들의 잔학상을 강조하기 위해 일본인 군경의 피해를 크게 보도했을 뿐만 아니라, 3·1독립 운동에 참여한 조선인들을 조사한 조사관의 말을 빌어 당시 조선인들이 "뜻도 모르고 만세"를 부른 어리석은 존재라고 비웃는다.[38]

3·1독립 운동에 대한 폭력적 표상은 조선인들을 무질서와 자치능력이 없는 문화적으로 열등한 존재로 이미지화하는 것으로 이 이미지에 의해 조선인들은 어쩔 수 없이 일본의 지배를 받아야만 하는 비주체적이 인간으로 전락하고 만다. 결국 하야시 세이고(林靑梧)는 3·1독립 운동을 폭력행위로 표상화 함으로써 조선 독립의 불가능성을 강조한 제국주의적 시선과 맞닿아 있다.

---

37) 高崎宗司, 앞의 책, p.47.
38) 위의 글, pp.49-50.

4. 식민자(植民者)의 자기반성

1) 식민 주체의 은폐를 통한 자기 합리화

지금까지 『기아혁명』에 표상된 한국・한국상에 대해 살펴보았다. 이 작품은 앞서 필자가 지적한 문제점들 이외에 식민자의 일원이었던 작가에 의한 식민지배에 대한 반성 또한 담고 있다.

『기아혁명』에 등장하는 식민자(植民者)들은 두 얼굴을 가졌다. 그들은 '지킬박사'와 '하이드'를 연상시킨다. '조선개척'이란 약물에 취한 고지마와 사또오가 '하이드'의 얼굴을 하고 있다면 조선인 속에 녹아들어 그들과 함께 희망을 가꾸고자 하는 사까가미는 친절하고 인정 많은 '지킬박사'다. 이들은 영화 속 '지킬박사와 하이드'와 달리 각기 다른 주체들이지만 식민자(植民者)란 몸을 공유하는 존재들이란 점에서 결국은 같은 존재다.

지킬박사가 하이드를 제어 하려고 했던 것처럼 사싸가미는 고지마로 대표되는 식민 지배를 강하게 비판한다. 그는 고지마의 조선인 수탈에 대해 강한 저항감을 갖고 어떻게든 조선인에게 우호적으로 다가간다.

"자네는 무엇 때문에 조선에 나왔나?"
"무엇때문이라구요? 나는 이곳에 취직을 한 것 뿐이지요."
"그런가, 알겠네."
하고 고지마는 입을 다물었다. 잠시 동안 침묵이 사무실을 감쌌다. 어느새 활기있는 말투로 고지마가 지껄이기 시작하였다.
"알겠나, 자네, 사까가미 군. 조선에서는 불법은 부정(不正)이 아니란 말야. 우리들이 법률(法律)이야. 우리들은 총독부의 말단이란 말야. 현재 이 메이지 농회도 메이지 사십 삼 년 십이월 이십 구일에 나온 회사령에 의해서 설립된 것일세. 일본에 있어서는 이 현지(現地)의 노고(勞苦)는 모른다네. 나는 회사의 토지를 감소(減少)시키고 있는 건 아닐세. 잘 알겠나?"
　고지마의 어조에는 만만치 않은 야성적인 욕망이 넘치고 있었다.(pp.118-119)

　자신을 일본계 토지개발 회사의 조선 파견 직원으로 생각하는 사까가미와 '총독부의 말단'으로 규정한 고지마는 근본적으로 대립할 수밖에 없다. 자신의 임무를 "부정을 발견하여 업무의 운영을 교정하는 일"(p.267)이라고 여긴 사까가미에게 "일본인이 정복자"란 인식은 자기가 믿고 있는 '정의'에 위배되는 일이었다. 따라서 그는 조선인에게 폭행을 가하는 고지마나 사또오는 물론이고 김용을 고지마 살해범으로 만들기 위해 고문하는 경찰들의 행위에 대해 "정말 부끄럽습니다."(p.189)라며 부끄러움을 느끼기까지 한다. 그러면서 비록 일본인들이 조선인을 억압하지만 "일본인 모두가 그렇진 않"(p.191)는 다는 사실을 강조한다.
　그런데 이러한 사까가미의 태도는 자신을 식민지 개척의 일원－식민자－에서 분리하는 자기 합리화의 혐의가 짙다. 그는 시종일관 고지마와 식민 당국의 조선인 탄압 정책에 비판적인 시선을 보내면서 자신을 그들과 다른 존재로 규정한다.

　사까가미는 자기의 활로를 열기 위하여 조선에 건너온 것이었다. 그러나 고지마 같은 사람들이 그렇지 않다면 그들은 무엇 때문에 건너온 것일까. 저들이 조선 개척의 국책에 따라 이주해 온 것은 사실이었다. 그렇지만 저들에게 있어서 개척이란 폭력을 쓰며 약탈을 일삼는 일이었던 것이다. 고지마가 주김을 당한 것은 당연한 것인지도 모른다. 만일 고지마가 일본에서 그런 일을 한다면 곧 사직(司直)에 붙잡히리라. 그런데 똑같은 행동이 식민지(植民地) 조선에서는 공인되고 신분이 보호되어 오기까지 했던 것이다. 식민이란, 권위에 의존한 폭력이었다.(p.192)

번역이 야기할 수 있는 문제를 차지하고 보면 위 글에서 사까가미는 자신을 고지마를 비롯한 일본인과 의도적으로 분리해 내고 있다. 그는 일본인들을 '저들'이라고 표현함으로써 자신과 다른 일본인들 사이의 거리를 강조한다. 여기서 거리가 멀다는 것은 그만큼 식민지 지배의 책임으로부터 자유로워진다는 것을 의미한다. 이것은 일본인에 의해 조선에서 행해진 각종 식민지 지배 정책이 자신과는 상관없는 '저들'에 의해서 이루어진 불법적인 행위라는 것을 내포하고 있다.

그런데 이러한 그의 태도는 비록 "소작인들을 강압하기 위해서 권총을 빼어든 것은 아니었다"(p.93)고 하더라도 소작인을 향해 총을 꺼내는 행위가 억압이이라는 사실, 즉 존재 그 자체만으로도 조선 민중에게는 악일 수 있다는 것을 사상한 것으로써 전형적인 '시정의 식민자'39)의 모습이다. 사까가미는 일본의 식민지 지배라는 "국가적침략이 민중차원에서의 자기증식과 맞물려"40) 진행되었음에도 애써 이를 외면하려고 하는 것이다.

---

39) '시정의 식민자(市井の植民者)'란 내지에서는 별 볼일 없던 평범한 일본인이 식민지에 건너와 자신의 의지와 상관없이 가해자로 전락하는 것을 말한다. 이들의 특징은 일본에서의 보잘 것 없음에 대한 보상심리로 식민지에서 억압을 담당하며, 끊임없이 개인적인 존재를 꿈꾸지만, 결국 식민지 체계의 말단을 담당하는 역할을 수행한다. 이들은 전체로서의 조선인은 인식하지만, 개별적인 조선인은 보지 못하는 특징을 갖고 있다. 磯貝治郎, 『戦後日本文学なかの朝鮮・韓国』, 앞의 책, pp.82-85 참조.

40) 위의 책, p.94.

다음은 '시정의 식민자'로서의 사까가미의 모습을 여지없이 보여준다.

"이 사람들아! 당신들 거기서 뭘 하고 있어. 빨리 주도로 가지 못해."
사까가미는 성큼 일어서는 인부들의 뒷모습을 바라보면서 현실의 중압감이 가슴에 와락 짓눌려오는 것을 느꼈다.
고지마가 없어진 이상, 다음 주임이 본사에서 임명되기까지는 사무소와 메이지 농회의 운명에 책임을 지지 않으면 안된다. 그런 처지에 빠져든 순간, 사까기미는 고지마와 같이 조선 사람을 꾸짖은 것이다.(p.183)

고지마가 조선인을 다루던 방식에 동의할 수 없어 시종 그와 거리를 두던 사까가미는 막상 고지마가 죽고 메이지 농회를 자신이 책임지게 되자 고지마와 동일한 방식으로 조선인들을 대한다. 게다가 그는 비록 생존을 위한 어쩔 수 없는 선택이었다고 자위하지만 조선인을 향해 총까지 발사한다.

작가는 사까가미의 행위가 의식적인 억압이 아닌 살기 위한 어쩔 수 없는 행동이었기 때문에 의식적인 억압과는 구분해야 한다는 견해를 피력하고 있다. 필자는 이러한 태도야 말로 식민지 지배자와 '시정의 일본인'을 구분하여 일제 강점의 모든 책임을 소수의 식민지 배자에게 돌리는 것이라 생각한다.

따라서 일제 강점이 '총체로서의 일본인'들에 의해 이루어졌고 자신도 그 일원이란 자기반성을 결여한 식민지 지배에 대한 비판이란 결국 사까가미에서 보듯 식민지 지배 주체의 은폐를 통한 자기 합리화로 귀결되고 만다.

2) 패전, 귀환의 굴욕에서 벗어나기

일본은 1951년이 되자 '이제 전후가 아니다'라고 스스로를 규정한다. 이런 일본의 태도에 대해 다카하시 테츠야(高橋哲哉)는 패전이라는 "직시하고 싶지 않은 현실을 부인하여 전쟁의 기억을 봉인하고 싶다는 욕망을 숨긴 일종의 망각의 정치, 망각의 정치선언"[41]이라고 규정한다. 그렇다면 하야시 세이고(林靑梧)는 왜 대부분의 일본인들이 '봉인'하고 싶었던 일제의 식민지 지배를 이야기했던 것일까? 필자는 귀환자로서의 자신의 존재를 일본인으로 인정받고 싶어 했던 욕망이 그 속에 감추어져 있다고 생각한다.

1929년 평양에서 출생하여 패전 후에야 귀환되어 일본으로 돌아간 하야시 세이고(林靑梧)에게 일본은 낯선 곳이었다. 자신이 자랐던 조선과 기후와 풍습이 달랐고 대다수 일본인들은 귀환자를 '반쪽바리'로 취급하면서 백안시 했다. 일본인들은 마치 패전의 모든 책임이 '귀환자'에게 있는 것처럼 그들을 멀리했다.

생활 기반의 대부분을 조선에 남겨놓고 온 귀환자-북한에서 귀환(복원)한 이들은 대부분이 빈털터리였다-들에게 패전 후 일본에서의 생활이란 비참함 그 자체였다. 당시의 경험을 북한에서 식민자의 자식 신분으로 귀환한 작가 이스키 히로유끼(五木貫之)는 「일본의 표류기」에서 다음과 같이 기술하고 있다.

> 나는 필사적으로 어두운 자갈길에서 폐달을 밟았다. 두동생을 태우고 나는 내빼고 있던 것이다. 어디로? 도대체 어디에 내뺄 수 있는 땅

---

41) 高橋哲哉, 『戰後責任論』(講談社, 1999), 이규수 옮김, 『일본의 전후책임을 묻는다 : 기억의 정치, 망각의 윤리』, 역사비평사, 2000, p.48.

이 있단 말인가? 내가 태어나자 이내 건너가 자라났던 반도(한국)는 바다 건너에 있었다. 남동생은 경성(서울)에서 태어났으며 여동생은 평양에서 태어났다. 나는 비록 일본인이지만, 산하(山下)에 대한 애착은 그 반도에 있었다. 그러나 그곳은 그 옛날 무도한 지배자의 그리고 타도된 압제자의 일족이라하여 우리에게는 금지된 땅이었다.42)

 귀환자들은 "바로 앞이 보이지 않을 뿐 아니라 바로 뒤도 없어져 버린 현기증 같은"43) 현실을 감내해야만 했다. 귀환자인 아버지를 모델로 한 작품 「남길 수 없는 말」에서 작가 히노 게이조(日野啓三)는 귀환자들을 괴롭혔던 것은 육체적 고통만이 아니라 자신들이 반생에 걸쳐 모은 재산이 한순간 무가 돼 버린 상황에서 맞게 되는 자기상실이었음을 역설한다. 자기상실에 빠져있는 아버지가 싫어 작중 화자는 아버지를 떠나려고 했고, 결국 동경으로 공부하러 가는 것을 통해 귀환에 대한 기억으로부터 일시적으로 벗어난다.
 귀환자인 하야시 세이고(林靑梧)에게 도망치듯 일본으로 돌아왔던 귀환의 기억을 재구성해야 한다는 욕망은 당연한 것인지도 모른다. 즉 자신들이 조선에서 쫓겨난 것은 자신들만의 잘못이 아니라는 최소한의 장기방어가 그들에게는 필요했던 것이다. 그러기 위해서는 식민지 지배자에 대한 공격이 필요하다. 필자는 사까가미에 의해 수행된 식민지 지배체제에 대한 비판의 또 다른 측면에 귀환자들의 자기 방어 욕망의 내재되어 있다고 생각한다. 다시 말해 일본 패전의 책임이 자신들 귀환자에 있는 것이 아니라, 가혹한 식민지 지배정책

---

42) 五木貫之, 황대연 옮김, 『靑春의 門』, 신조문화사, 1981, p.427.
43) 日野啓三, 「남길 수 없는 말」, 김동리・김윤식 외 편, 『세계문학 속의 한국』12, 정한출판사, 1975, p.326.

을 고수한 이들에게 있음을 증명함으로써 자신들에게 쏟아지는 차가운 시선을 벗겨내려 한다.

조선 속에서 희망을 발견하고 조선인들과 함께 성공하고자 했던 사까가미가 조선인들의 오해와 무지로 인해 그 뜻을 펼치지 못한 채, 황주에서 황급히 도망치는 모습을 아쉬워하는 작가의 시선에서 우리는 귀환자의 자기 방어 욕망의 편린을 발견할 수 있다. 사까가미는 조선 농민들의 비참한 현실을 목도한 후 그들을 비참함에서 구원하기 위해 버려진 땅에 "사과나무를 심어서 유랑하는 조선인을 인부로서 흡수"(p.181)하려는 계획을 세운다. 그는 조선인의 저항이 거세질수록 시험농장과 사과밭 성공에 매달린다. 그러나 그러한 그의 노력은 조선인들에 의해서 무참히 깨어지고 만다.

> 데쓰는 지금까지 사까가미가 지키고 있던 창문에서 광장 저쪽에 있는 집을 바라보았다. 광장에는 창고의 지하실에 날라온 사과 묘목의 흙이 떨어진 채 마구 흩어져 있었다.
> "아버지, 사과 묘목을 엉망으로 만들었어요."
> 데쓰는 아버지가 새로 시작하는 사과밭에 깊은 관심을 지니고 있던 모양이다.(p.322)

사까가미에게 있어 사과나무 묘목은 "구차스럽게 일본으로 돌아갈 수"(p.261) 없다는 의지의 표현이자 그의 가족이 조선에 뿌리를 내리는 것을 의미한다. 그렇기 때문에 그는 조선인들의 봉기에도 묘목만은 안전하기를 기원한다. 묘목만 안전하다면 죽지 않는 한 희망은 존재했기 때문이다. 그러나 조선인들은 사까가미를 비웃기라도 하듯 눈앞에서 묘목을 망가뜨린다. 희망을 잃어버린 사까가미는 황주를 도망치듯 빠져나오게 되는데, 작가는 이 지점을 못내 아쉬운 시선으로 바라본다.

그런데 이 같은 작가의 시선은 일제 강점을 본래부터 사람을 좋아한 일본인에 의한 '인애(仁愛)를 베푸는 것'으로 "'피해'를 입은 것은 조선이 아니라 일본이다"44)라는, 전후 일본에서 유행했던 '모두다 피해자'라는 논리와 닮아 있다.

5. 결론

지금까지 필자는 패전 후 일본인의 한국·한국상을 하야시 세이고(林靑梧)의 『기아혁명』을 통해 살펴보았다. 전후 일본인들은 한국을 '불결' '교활' '증오' '방약무인' '악당' '추악' 등으로 이미지화하면서 전후 책임이라는 문제로부터 자유로워지고자 했다.

하야시 세이고(林靑梧)의 『기아혁명』은 전후 일본인의 한국에 대한 표상체계에 귀환자란 그 자신의 체험이 결합되어 보다 중층적인 형태로 한국을 표상하고 있는데 그것은 다음과 같다.

첫째, 명치시대와 일제 강점기를 거쳐 구성된 한국에 대한 이미지를 반복하여 보여준다. 이것을 통해 그는 일제 강점을 정당화 한다.

둘째, 식민지 지배 주체에 대한 공격을 통해 일본의 식민지 지배를 비판한다. 그러나 이러한 비판은 일제 강점에 대한 책임 문제를 일본인 전체의 문제가 아닌 특정 세력의 문제로 한정하여 결국 책임 문제를 희석시키는 역할을 한다.

셋째, 귀환자로서의 자기 존재 욕망을 드러내고 있다. 작가는 『기

---

44) 高橋哲哉, 『戦後責任論』 講談社, 1999, 앞의 책, p.143.

『아혁명』을 통해 사까가미의 이상이 무지한 조선인과 가혹한 식민지배로 인해 파산되는 것을 아쉬워함으로써 전후 자신들에게 쏟아진 비난의 화살을 비켜가고자 한다.

  이상의 논의를 통해 우리는 일제 강점이 '총체로서의 일본인'들에 의해 이루어졌다는 사실을 결여할 경우 결국 자기 합리화로 귀결되고 만다는 점을 확인할 수 있었다.

전후 일본문학에 나타난 한국의 표상체계 연구 Ⅱ
- 가지야마 도시유키(梶山季之) 문학에 나타난 한국의 이미지

강진구

1. 머리말

본 글은 전후 일본의 문학 담론에 포착된 한국의 표상체계를 밝히는 것이다. 전후 일본문학에 나타난 한국의 이미지는 과연 어떤 모습이며 어떻게 구성되어 정착되었는가? 이것을 밝히는 작업은 일제 강점이라는 역사적 불행을 청산하고 한·일 관계의 새로운 정립을 위해 매우 중요한 작업이라 할 수 있다.

광복 60주년. '한일우정의 해'를 맞이한 지금, 한국과 일본의 관계는 헌법 9조 개헌 논의, '새 역사교과서'의 과거사 왜곡 및 시마네현의 '다케시마의 날' 제정 등으로 국교정상화 이래 최대의 위기를 맞고 있다. 그렇다면 이러한 위기 상황은 어디에서 비롯된 것인가. '다케시마의 날' 제정과 과거 식민지 지배를 '시혜론'적 관점으로 미화하는 일본의 군국주의적 태도에서인가, 유례를 찾아 볼 수 없을 만큼 강한

한국의 "종주국에 대한 증오"1) 때문인가? 접점 없는 평행선과도 같은 한일 양국 사이에는 화해할 수 없는 서로에 대한 그릇된 이미지가 놓여 있다.

한 국가에 대한 이미지는 비록 "민족적인 멸시나 문화적인 편견과 결부되어 있다고 해도, 누군가의 심리적 현실성을 대표하는 것이며, 누군가의 경험의 산물"2)이란 점에서 중요한 의미를 지닌다. 즉 타자에 대한 이미지는 그것을 구성하는 주체에 의해 왜곡되지만, 동시에 타자를 그렇게 구성해야만 하는 주체의 심리적 밑바탕을 정직하게 보여준다. 그러므로 전후 일본인들에 의해 '불결' '교활', '증오' '방약무인' '악당' '추악' 등으로 이미지화 된 한국(인)의 모습은 당시 일본인들의 심리적 현실성을 가감 없이 보여주는 거울이라고도 할 수 있다. 그렇다면 일본인들은 왜 이렇게 한국(인)을 부정적으로 이미지화했으며 이것을 통해 그들이 얻고자 한 것은 무엇일까? 본 글은 이 물음에서부터 출발한다. '전후 일본문학에 나타난 한국의 표상체계 연구'의 두 번째에 해당하는 이 글 역시 앞의 연구3)와 마찬가지로 '식민지 체험'4)형 작가를 대상으로 삼았다.

이 글에서는 한국에 대한 애정이 두드러진다고 평가5)받고 있는 가

---

1) 若槻泰雄, 『韓國・朝鮮・日本人』, 한영순 역, 『韓國・朝鮮・그리고 日本人』, 1990, 아이・피・에스, p.2.
2) 鄭大均, 「序章」, 『韓国のイメーヅ : 戰後日本人の隣国觀』, 中央公論社, 東京, 1995, V.
3) 강진구, 「전후 일본문학 속에 나타난 한국의 표상체계 연구 I」, 『우리文學硏究』 18호, 우리문학회, 2005, pp.295-328.
4) 식민지 체험형 작가란 식민지 시대 조선에서 태어나 자랐거나 유년기를 조선에서 보낸 작가, 또는 여행자로서 식민지 시대의 조선을 방문한 경험이 있는 작가를 말하는 개념이다. 이들은 공통적으로 "과거의 조선에 대한 향수를 동반" 하고 있다. (鄭大均, 앞의 책, p.34.)

지야마 도시유키(梶山季之)의 문학에 나타난 한국의 표상체계를 살펴보고자 한다.

2. 가지야마 도시유키(梶山季之)의 생애와 조선

「李朝殘影(이조잔영)」의 작가로 비교적 잘 알려진 가지야마 도시유키(梶山季之, 1930-1975)는 1930년 1월 2일 조선총독부 관리였던 아버지 가지야마 유우이치(梶山勇一)와 어머니 노부유(ノブコ)의 3남 1녀 중 차남으로 서울에서 태어났다. 와세다전문부를 졸업한 부친 유우이치(勇一)는 대만을 거쳐 조선 총독부의 토목기술자로 재직했고, 어머니 노부유(ノブコ)는 하와이 이민 1세의 딸로 9세 때 친척의 양녀로 일본에 돌아와서 생활하던 중 가지야마의 부친과 결혼해 조선으로 건너온다. 가지야마 도시유키(梶山季之)는 비록 부친이 고급관료는 아니었지만 상층계급에 속했기 때문에 당시 남대문 근처에 있었던 명문(名門) 남대문공립국민학교에 입학한다. 1938년에는 신흥고급 주택단지였던 성동구 신당동에 고급주택을 신축하여 귀환할 때까지 부유한 생활을 보낸다. 1943년 교사와 학생 대부분이 일본인이었던 경성공립중학교에 입학한 그는 이듬해인 1944년 학도동원에 의해 인천육군 조병창(造兵廠)에서 99식 보병총(步兵銃) 제작에 참여하게 된다. 하지만 평소 병약했던 그는 늑막염을 앓은 바람에 귀향조치 된다.

학도동원의 체험은 이후 도시유키(梶山季之)의 사상 형성에 커다란 영향을 끼치게 된다. 상급자에 의한 하급자의 폭력적인 제재 등으로

---

5) 磯具治郎, 『戦後日本文学なかの朝鮮・韓国』, 大和書房, 東京, 1992, pp.146-165 참조.

대표되는 '비합리적인 일본적인 정신주의(大和魂の强調)'에 대해 강한 혐오감을 드러내는데, 군대문화에 대한 혐오감의 일단을 적나라하게 보여준 작품이 「族譜(족보)」이다.

1945년 8월 15일. 조선이 해방되자 많은 일본인들이 조선인들의 보복 대상이 되었지만, 평소 주변 조선인들과 우호적인 관계를 유지했던 덕분에 가지야마 일가는 습격을 피해 11월 아버지의 고향인 히로시마로 돌아온다. 1948년 히로시마고등사범학교(현, 히로시마대학) 문학 제1부 국문과에 입학한 가지야마는 1952년 3월 중국신문사의 입사시험에 합격한다. 하지만 신체검사 중 양쪽 폐에서 구멍이 발견되어 결국 불합격하고 만다. 병마로 인해 취업이 번번이 거절당한 가지야마는 히로시마에서 우울한 나날을 보내다 과거 남대문공립국민학교 동창생인 사카다(坂田稔)과 단편집 『買つちくんねえ(사주지 않아)』를 9월 자비출판한다.

가슴 병으로 요절을 각오하기도 했던 그는 '주옥같은 일편을 쓸 때까지는 죽지 않는다'며 1953년 23세의 나이에 동경으로 올라와 제15차 '신사조' 동인에 가입하는 등 문학 활동을 지속적으로 전개한다. 르포작가로 활약하기도 한 그는 『黑い試走車(검은 시주차)』로 이른바 유행작가의 대열에 합류한다. 이후 성(性)과 정재계(政財界)에 관한 일련의 작품을 발표함으로써 '포르노 작가'로 평가받기도 한다.

만년에는 자신이 태어난 조선과 어머니의 고향 하와이 및 원폭을 맞았던 히로시마를 제재로 환태평양소설 『積亂雲(적란운)』을 쓰기 시작하지만, 여행지 홍콩에서 병으로 쓰러져 45년의 생애를 마친다.[6]

---

6) 梶山季之의 자세한 생애에 대해서는 橋本健午「梶山季之:"故鄕"朝鮮への熱き想い」, 舒野晢 編著, 『韓国・朝鮮と向き合った36人の日本人』(明石書店, 東京, 2002)와 川村湊,「梶山季之 '朝鮮小說の 世界」, 川村湊 編, 『李朝殘影: 梶山季之

이상의 전기적 사실을 통해 알 수 있듯 가지야마 도시유키(梶山季之)에게 있어 조선은 고향이었다. 그러나 그 고향은 마음만 먹으면 언제든지 갈 수 있는 그런 곳이 아니었다. 패전과 함께 귀환한 그에게 조선은 더 이상 고향이 아니었다. 낯익은 고향이 한순간에 '이국(異國)'이 되는 이른바 세계붕괴 감각을 체험한 것이다. 이 같은 체험은 그로 하여금 "고향상실과 고국붕괴의 깊은 허탈감, 붕괴감각으로 덮쳐왔"7)는데, 이것을 그는 '조선적인 것'에 대한 형상화를 통해 극복하려 한다. 그는「族譜(족보)」,「李朝殘影(이조잔영)」,「性慾のある風景(성욕이 있는 풍경)」,「闇船(밀선)」,「京城・昭和十一年(경성・쇼와 11년)」,「さらば京城(안녕, 경성)」,「木槿の花咲く頃(무궁화 꽃이 필 때)」 등의 소설 작품과「京城よわが魂(경성은 나의 혼)」 등의 에세이를 통해 자신이 태어난 조선에 대한 지속적인 관심을 표명한다.

가지야마의 이 같은 '조선 내지 조선적인 것'에 대한 관심을 우리는 어떻게 받아들여 하는가? 일제의 침략행위에 대한 가차 없는 폭로와 비판을 친한적(親韓的) 지식인의 자기반성으로 긍정해야 하는가?

가지야마는 일제 강점기 일본인이 조선(인)을 멸칭(蔑稱)해서 사용했던 용어를 그대로 사용하고 있다. '선인(鮮人)' '북선(北鮮)' '남선(南鮮)' '경성(京城)' '만세소요(萬歲騷擾)' '이조(李朝)' '쿄보(요보)' 등이 그것이다. 이 같은 어휘들을 통해 우리는 일제 강점기의 시대적 분위기를 직접적으로 확인할 수 있다. 그런데 이런 어휘들이 다수의 한국인(재일조선인)에게 모멸감을 불러일으킨다는 점에서 비판의 여지가 남는다. 그러므로 가지야마의 일련의 작업은 긍정적으로 평가되어야

朝鮮小說集』(インパクト出版會, 東京, 2002)을 참조할 것.
7) 川村湊,「梶山季之 '朝鮮小說の 世界'」, 川村湊 編, 『李朝殘影 : 梶山季之 朝鮮小說集』, 위의 책, p.322.

하지만, 한국인들에게는 일제 강점의 뼈아픈 역사를 상기시키는 역할을 하고, 재일조선인들에게서 보듯이 여전히 계속되고 있는 억압의 기제로 사용될 수도 있다는 점에서 마땅히 재검토 되어야 한다.

실제로 '조선적인 것'을 묶은 그의 작품집 『性慾のある風景(성욕이 있는 풍경)』(河出文庫版)이 1985년 발행되었을 때, 재일조선인 사이에서는 심각한 논란이 벌어진다. 관서지방의 재일조선인들과 단체들은 그의 소설에 사용된 '경성(京城)'이란 지명이 적절한가를 두고 출판사와 일대 논쟁을 벌인다. 재일조선인들은 경성이 역사적 명칭과 호칭에 불과하다는 출판사측의 주장에 대해 "차별적 의도나 멸시적 의도"8)가 개입되어 있다고 주장함으로써 양측의 대립은 격화된다. 출판사에서 재판 인쇄를 포기함으로써 일단락된 이 논쟁을 통해 우리는 일본인 작가에 의해 표상화 된 한국상에 대한 신중한 접근의 필요성을 다시 한 번 확인하게 된다.

3. 가지야마 도시유키(梶山季之) 작품에 표상된 한국상

가지야마에 대한 국내의 평가는 대체로 호의적이다. 한국을 형상화한 그의 작품이 한국의 유명 감독에 의해 영화화되었고, 그와 교류했던 여러 문인들의 평가9)가 이 점을 잘 말해준다. 가지야마의 어떤 점이 그를 이토록 긍정적으로 평가하게 만든 것일까? 여러 요인을 들

---

8) 위의 글, p.318.
9) 임권택 감독에 의해 영화화된 〈족보〉의 각본을 담당했던 한운사는 가지야마를 한 마디로 "따뜻한 사람"이라고 술회한다. 그는 가지야마를 일제의 식민지 지배를 진심으로 사죄한 인물로 평가하면서 『이조잔영』과 『족보』에 대해서 "이 작가에게 무엇을 보낸다고 해도 좋을 것이다"라고 긍정적으로 평가하고 있다.(위의 글, p.216)

수 있겠지만, 한국(인)에 대한 작가의 깊은 애정과 동정을 하나로 꼽을 수 있겠다. 평론가 이소가이 지로우(磯具治郎)는 가지야마가 보여준 '조선적인 것'에 대한 애착을 "조선민족에게 보내는 작가의 심정의 빛남"10)이라고 명명하면서 적극적인 의미를 부여한다. 또한 그는 한국을 표상화한 가지야마의 소설이 비록 요밍소설(讀物小說)적 요소가 다분하고 얼마간 개념적・피상적이어서 리얼리티를 갖지 못한 점은 있지만, 전체적으로 조선에 대한 작가의 애정만큼은 평가받아야 한다고 주장한다.11)

한국에 대한 가지야마의 애정은 소설 작품뿐만 아니라 한국 방문기인「京城よわが魂(경성은 나의 혼)」,「魂の街ソウル(혼의 거리 서울)」「朴大統領下の第二ふるさと(박대통령하의 제2의 고향)」등에서도 잘 나타나 있다. 해방 후 처음으로 한국을 방문한 그가 서울 거리 곳곳을 여행하면서 느낀 점을 기술하고 있는「京城よわが魂(경성은 나의 혼)」에서 가지야마는 자신이 자랐던 서울에 대한 깊은 애정을 보여준다. 그중에서도 경제적 미발달로 인한 실업자의 증가와 빈부 격차로 고통 받고 있는 한국인들에게 대한 그의 시선은 따뜻하다. 그는 경제적인 궁핍으로 고통 받는 한국인들의 생활상을 자세히 소개하면서, 한국은 경제적인 문제의 해결과 북한 공산주의에 대항하기 위해서라도 "다소간의 감정적인 구애됨을 버리고 하루라도 빨리 한일회담을 성립시켜야한다"12)고 주장한다. 일제 강점의 역사를 '다소간의 감정적 구애'로 표현하는 그의 현실 인식은 비판받아야 한다. 하지만 경제적 궁핍

---

10) 磯具治郎, 앞의 책, p.146.
11) 위의 글, p.150.
12) 梶山季之,「京城よわが魂」, 川村湊 編,『李朝殘影 : 梶山季之 朝鮮小說集』, 앞의 책, p.302.

에 시달리는 한국인들을 동정하는 그의 시선만큼은 애정의 소산으로 이해해도 좋을 것이다.

그런데 작가의 한국에 대한 애정이 항상 일제 강점기와 비교돼 설명되고 있다는 점에서 진실을 의심하게 만든다. 그는 서울의 현재적 모습이 아닌 총독부 건물과 조선은행, 척식은행, 중앙우편국, 미쓰코시(三越)백화점 등 옛 건물들이 그대로 보존되어 있는 상황을 기쁘게 생각한다. 또한 과거 일제 강점시대의 흔적들을 찾아 나서는 것에 여행의 대부분을 할애하는 데, 이러한 그의 행위는 식민주의자의 전형적인 자기위안에 가깝다.

본 장에서는 그의 문학 속에 표상된 한국의 모습은 어떤 것이며, 이것을 통해 얻고자 한 것은 무엇이었는지를 살펴보고자 한다.

1) 풍경 또는 원체험 공간으로써의 조선

대부분의 식민지 체험형 작가들과 마찬가지로 가지야마 도시유키(梶山季之)에게 조선은 그가 태어나 자란 고향이다. 그런데 일제의 패망은 한순간에 그에게서 고향을 빼앗아 간 잊을 수 없는 일대 사건이었다. 게다가 '현해탄'으로 대변되는 양국의 심리적 거리는 더 이상 그리워해서는 안 되는 금기의 영역으로 고향을 위치시킨다. 그러므로 그의 문학에 나타난 조선은 성인이 된 작가에 의해 재구성된 공간이라 할 수 있다. 다시 말해 유년의 추억이 녹아 있는 고향의 이미지에 패전 후 새롭게 덧붙여진 금기가 결합되어 만들어진 일종의 상상 공간이다.

① 창 밖에는 산이 모두 헐벗어 거칠어 보인다. 시냇가에는 흰 옷을 입은 부인들이 빨래를 하고 있다. 흰 두루마기에 갓을 쓰고, 기다란 담

뱃대를 입에 문 노인이 들길을 천천히 걸어가고 있다.
보는 것, 듣는 것이 모두 신기하며 별천지에 온 느낌이다.13)

② 노구찌가 특히 좋아한 것은 행길에 오고 가는 행상인들의 모습이었다.
커다란 가위를 울리면서 돈전이 없어도 무슨 고물이나 다 받는 엿장수, 짐을 운반해 주는 지게꾼, 거리를 누비고 다니면서 석유통 하나에 삼전씩 물을 팔고 다니는 물장수─
독특한 삿갓을 쓰고 두루마기를 걸치고 기다란 담뱃대를 물고서 태연스럽게 앉아서 손님을 기다리는 약초(藥草)장수.(「이조잔영」, p.31)

인용문 ①은 「밀선」의 작중 주인물 오오꾸리 기하찌(代栗喜八)의 시선에 처음으로 포착된 조선의 풍경과 인물이다. 봉천행 열차를 타고 서울로 이동하는 도중, 차창 밖으로 보이는 조선의 모습을 형상화한 위 장면은 일제 강점 당시 조선 사회를 비교적 정확하게 그리고 있다. 그런데 오오꾸리의 시선에 포착된 이러한 풍경이 "감각을 통해 지각되는 물리적, 공간적인 대상이 아니라, 어디까지나 지각하는 인간의 '인상'(impression)"14)이라는 점을 염두에 둔다면 문제는 좀더 복잡해진다. 즉 풍경이란 것이 외부에 실재하는 것이 아니라 의식에서 만들어진 역사적 산물이라고 할 때, 인용문 ①은 단순한 경치의 묘사를 넘어서는 인식 주체의 의식적인 개입으로 파악해야 한다. 오오꾸

---

13) 梶山季之,「밀선」, 関丙山 옮김,『세계문학 속의 한국-12권』, 正韓出版社, 1975, p.179.(梶山季之 작품에 대한 인용은 주로 민병산의 번역본을 활용하였다. 번역본에 없는 작품은 川村湊 編,『李朝殘影 : 梶山季之 朝鮮小説集』(インパクト出版會, 東京, 2002)에서 인용했는데, 혼란을 피하기 위해 작품명을 일본어로 표기한다. 이하 인용은 쪽수만 밝힘.)
14) 이효덕, 박성관 옮김,『표상공간의 근대』, 소명출판사, 2002, p.47.

리가 조선의 첫 풍경으로 '헐벗고 거친 산'과 '흰옷을 입은 여성', '긴 담뱃대를 물고 유유자적 들길을 걷는 노인'의 모습을 그리고 있다는 것은 미개나 다름없는 조선을 통해 재기의 발판을 마련하고자 하는 그의 내면 심리를 반영한 것이라 할 수 있다.

제1차 세계대전의 여파로 야기된 공황으로 경제적 기반을 상실한 오오꾸리는 갖가지 직업을 전전하던 중 마지막 탈출구로 조선을 선택한다. 오오꾸리는 내지(일본)에서 정착하지 못한 채 조선까지 흘러들어 온 자신에 대한 모멸감으로 똘똘 뭉친 인물이다. 패배의식에 젖어있던 그에게 조선에서의 경제적 성공은 절대적인 것이었다. 성공해 당당하게 일본으로 돌아가 "빚도 갚고 자랑을"(「밀선」, p.179) 하고픈 욕망에 사로잡혔던 오오꾸리에게 위의 풍경들은 자신의 꿈을 현실화시킬 수 있다는 강한 자신감을 심어준다. 처음 부산에 도착했을 때만 해도 여비마저 곤궁한 자신의 처지 때문에 암담함을 느끼지만, 곧바로 야만에 가까운 조선의 풍경들을 통해 성공을 확신한다. 답답할 정도로 전근대적인 조선의 상업제도와 "빈대가 기어나와 물어 뜯는 것"(「밀선」, p.180)을 아무렇지 않게 생각하는 비위생적인 주거 문화 등, 그의 시선에 포착된 조선의 풍경은 조선을 전근대적이고 야만에 가까운 공간으로 인식하게 한다.

조선에 대한 이 같은 이미지는 오오꾸리로 하여금 자신이 조선에서 행한 모든 활동을 미개하고 열등한 조선인들을 구원하는 것으로 인식하게 만드는 원천으로 작용한다. 전형적인 식민자 1세대에 해당하는 오오꾸리에게 일제 감정에 대한 반성은 애초부터 봉쇄되어있다. 따라서 오오꾸리가 일본인이 우리에게 한 일이 무엇인가라고 따지는 옛 조선인 점원에 대해 "전쟁에 졌기 때문"(「밀선」, p.225)에 당하는 수모라고 생각하는 것은 야만적 풍경으로 조선을 인식한 데서 비롯된 것이다.

　식민자 1세대에게 조선의 모습이 풍경으로 존재했다면 조선에서 태어난 식민자의 자식에게는 원체험으로 공간으로 위치지어 진다. 1세대들이 주로 낯선 자연환경이나 전근대적인 인물을 통해 조선의 이미지를 만든데 비해, 이들 2세들은 다양한 풍속과 생활방식을 통해 조선에 대한 이미지를 구성한다. 즉 1세대들이 황량한 자연, 야만, 폭력적이고 무질서한 군중의 모습에 초점을 맞췄다면 2세들은 기생, 뒷골목, 북한산, 한강, 우마차, 눈싸움, 온돌, 매미소리, 포플러 등 자신의 경험이 맞닿아 있는 부분에 초점을 맞춘다.

　인용문 ②는 조선에서 식민자의 아들로 태어난 노구찌 료오끼찌(野口良吉)라는 일본인 미술선생의 시선에 포착된 당시 서울의 정경이다. 인용문 ①에 비해서 그의 시선은 대상에 근접해 있다. 이처럼 식민자 2세들은 대상에 근접해 1세대들이 놓치고 있는 한국의 풍속을 상세히 묘사한다. 이들 2세들은 1세대들에 의해 형성된 조선의 이미지에 기생, 세시풍속, 종로거리와 뒷골목 등 일상생활의 공간을 덧붙인다. 이들은 1세대와 달리 그 공간에 자신이 직접 개입해 들어감으로써 단순히 풍경으로 처리하지 않고 자신의 생활공간으로 만든다. 이 과정을 통해 조선은 2세대들의 고향－원체험－이 된다.

　원체험으로써의 묘사는 식민자의 자식을 주인공으로 내세운 작품들에 공통적으로 드러나는 특징이다. 유년 시절을 다룬 「性慾のある風景(성욕이 있는 풍경)」은 물론이고 「이조잔영」, 「족보」, 「京城・昭和十一年(경성・쇼와 11년)」, 「木槿の花咲く頃(무궁화 꽃이 필 때)」 등 한국 관련 대부분의 작품에서 두루 나타난다.

　「木槿の花咲く頃(무궁화 꽃이 필 때)」에는 조선 기생과 당시 조선인들이 관심을 갖지 않았던 요강의 미적 아름다움이 상세히 기록되어

있다. 그렇다면 가지야마는 왜 이렇게 한국의 세시 풍속과 풍물들에 집착하는가. 한국에 대한 애정과 안타까움에서 비롯된 것인가. 아니면 식민자의 자식으로서 필연적으로 감수할 수밖에 없었던 '콤플렉스'15) 때문인가.

필자는 이 두 가지 요인 모두가 '식민지 체험형' 작가인 가지야마에게 일정한 영향을 주었을 것이라고 판단한다. 왜냐하면 식민자의 자식인 가지야마에게 조선은 애정과 원망이 교차하는 이중적인 공간이기 때문이다. 가지야마는 '식민지 체험→ 귀환'으로 이어지는 식민지 체험형 작가들이 겪었던 '귀환과정'에서의 극심한 고통을 겪지 않았다. 두 살 위인 형 히사시(久司)의 증언에 의하면, 그들 가족은 100여 칸 남짓 되는 대저택에서 풍족하게 생활했고, 부유한 조선인 아이들과도 잘 지냈다. 특히 부친은 '조선인이란 이유만으로 조선인을 비하하거나 차별하지 말라'고 교육한다. 그 결과 그들은 패전 시 조선인의 습격으로 담이 파괴되거나 생명의 위협을 당했던 다른 일본인들과 달리 무사했다. 히사시(久司)는 조선에서의 생활을 한마디로 "평화롭게 살았던 시절"16)이라고 정리한다. 가지야마에게 서울은「性慾のある風景(성욕이 있는 풍경)」의 작중 주인공 '나'에게서 알 수 있듯 유년의 추억이 곳곳에 베어있는 곳이자 최초의 성적 충동을 체험한 은밀한 공간이다. 이 공간에 대한 애정은 어쩌면 당연한 일인지도 모른다.

한편 식민자의 2세대들은 자신들이 서울에서 태어났음에도 불구하고 조선인들에 의해서 거부되고 있다는 소외감17)으로 인해 강박에

---

15) 磯具治郞, 앞의 책, p.106.
16) 橋本健午,「梶山季之:"故鄕"朝鮮への熱き想い」, 舒野哲 編著, 앞의 책, p.213.
17) 작중 주인물 노구찌는 "경성에서 태어나 경성에 자랐으며, 한국인에게 친밀감을 품고 있다. 호의(好意)를 가진 사람을, 한국의 풍물을 사랑하여 그림에 나타내려고

가까운 신경증에 시달린다. 이들은 항상 조선인에게 둘러싸여 있다는 느낌에서 자유로울 수가 없었는데, 이 같은 '이방자'로서의 인식이 조선 풍속과 풍물 및 조선인에 대한 급격한 경사로 나아가는 원인이 되기도 한다. 대표적인 예가 아사카와 노리다카(淺川佰敎)와 타쿠미 형제인데, 이들은 조선에 건너와 당시 관심 밖 영역이었던 조선의 풍물과 풍속 및 미술품을 수집·정리하여, "조선고미술의 진가"[18]를 발견한다. 이들의 행동에는 조선인보다 더 조선의 문화를 사랑하고 아끼는데, 조선인들은 왜 자신들을 배척하는가라는 일종의 항의를 담고 있다. 그런데 이러한 태도는 자기 합리화 내지 자기방어의 성격이 강하다. 왜냐하면 여기에는 식민지와 피식민지라는 역사적 사실이 사상되고 있기 때문이다.

2) 묘사하는 자(일본인남성)와 묘사되는 자(조선인여성) : 식민주의적 글쓰기

조선을 형상화한 가지야마의 대부분의 소설은 일본인 남성과 조선인 여성이 서사의 중심축을 형성한다. 일본인 미술교사 노구찌와 조선인 기생 김영순의 관계를 그린 「이조잔영」을 통해 그의 소설에 나타난 남녀관계를 살펴보기로 하자.

1964년에 발표된 「이조잔영」은 나오기(直木)상 후보에 오르는 등 한국소재 작품의 대표작이다. 평소 조선 문화에 남다른 애정을 보였

애쓰는 자기를 그들이 증오의 눈으로 쳐다보는 것은 무슨 까닭인가"(「이조잔영」, pp.32-33)라며 반문한다.
18) 아사카와 형제의 조선에서의 활동과 그 문제점에 대해서는 高崎宗司, 『「妄言」の原形』(本犀社, 東京, 1996), 최혜주 옮김, 『일본망언의 계보』(한울, 1996)를 참조할 것.

던 노구찌는 나날이 쇠퇴해 가는 조선의 정취나 색체, 풍물에 대해 안타까움을 갖고 그것을 그림으로 그린다. 그러던 어느 날 술집에서 우연히 알게 된 연의전문 의학부 교수인 박규학의 소개로 홍문관 기생 김영순을 만나 매료된다. 노구찌는 김영순에게 모델이 되어 달라고 부탁하지만, 영순은 거절한다. 영순의 태도를 일본인에 대한 거부감 때문이라 생각한 노구찌는 그 거부감을 씻기 위해 끈질기게 설득하여 마침내 영순이 덕수궁에서 궁중 춤을 추게 한다. 이것을 계기로 둘의 관계는 새로운 단계로 진입한다. 그러나 그림의 진행 상황을 살피려 왔던 영순이 우연히 사진첩을 보게 됨으로써 둘의 관계는 단절된다.

김영순이 떠나버리자 심리적 갈등에 휩싸인 노구찌는 김영순을 그린 '이조잔영'을 선전에 출품하여 특선 1석이 된다. 하지만 헌병대로부터 '이조잔영'이란 제목을 바꾸라는 강요를 받게 된다. 헌병대에 끌려가 갖은 구타와 협박을 당한 노구찌는 일제의 침략행위의 본질을 보게 되면서 특선이 취소되는 한이 있더라도 제목을 바꿀 수 없다며 완강히 저항한다. 이 과정에서 그는 처음으로 자신과 김영순이 하나가 되는 것을 경험한다.

일본인 미술선생 노구찌와 조선인 기생 김영순의 관계는 소설의 중추적인 역할을 담당한다. 조선의 풍속에 관심을 갖고 있었던 노구찌는 궁중 춤을 추는 김영순에게서 '조선미의 정수'를 발견한다. '미지의 세계를 발견한 것 같은 감흥'에 휩싸인 채, 김영순을 모델로만 여겼던 노구찌는 일본인을 대하는 그녀의 부정적인 태도에 점차 그녀에게 빠져든다.

3·1독립운동 당시 일본군 수비대에게 부친을 살해당한 영순은 일본인에 대해 강한 적대감을 드러낸다. 그런데 바로 이 점이 노구찌의

관심을 끈다. 남자하고 자지 않는다는 영순을 "일본인 남자에 대해서는 몸을 허락하지 않는다는 의미이고, 권력에 아부하지 않는다는 것을 일본인 고급 관리나 군인들에 대해서 냉정하다는 의미로"(p.54) 이해한 노구찌는 그들과는 다른 방식으로 영순에게 다가간다. 그러나 이러한 노구찌의 노력도 일제 강점이라는 현실 앞에 힘없이 무너지고 만다. 학살자의 자식과 그 피해자의 여식이란 둘의 운명이 그들의 관계를 가로 막는다. 노구찌는 영순의 절교 선언으로 그녀를 더 이상 만날 수 없게 되자, '연상' '조선인' '아비 없는 자식' '기생', '버릇없음' 등 결점을 들춰내 그녀를 잊으려 하지만 그럴수록 영순의 존재는 더욱 뚜렷해진다.

일본인 남성과 조선인 여성의 관계가 서사의 중심축을 형성한 작품은 「이조잔영」 이외에도 내선일체 정책과 창씨개명의 최전선에서 활동하는 일본인 남성 나(다니)와 창씨개명을 끝까지 거부하다 자살한 조선인 설진영의 딸 옥순이 등장하는 「족보」, 신문기자 아구쯔(阿久津)와 조선인 기생 최면주(崔棉主)의 성애(性愛)를 그린 「京城・昭和十一年(경성・쇼와 11년)」, 경성중학 교사인 이케다 신요시(池田信吉)와 조선인 기생 이면주(李棉主)와의 애절한 사랑을 그린 「木槿の花咲く頃(무궁화꽃이 필 때)」 등 대부분의 작품에서 두루 발견된다.

「京城・昭和十一年(경성・쇼와 11년)」은 1936년 일제 강점하의 서울을 무대로 성을 매개로 일제에 저항한 조선인 여성(기생)에 관한 이야기이다. 면주는 서대문형무소에 구속되어 있는 오빠를 탈옥시키기 위해 신문기자인 아구쯔를 집으로 유혹해 연인의 언약을 맺고 육체관계까지 갖는다. 평소 조선 기생에 대해 남다른 호기심을 갖고 있었던 아구쯔는 면주의 적극적인 애정공세 거처마저 그녀 집으로 옮기는 등 그녀에게 빠져든다. 이러한 아구쯔를 면주는 치밀한 계획으로

오빠의 탈옥계획에 이용한다.

어느 날 아구쯔는 누군가로부터 습격을 당해 큰 부상을 입고 면주에 집에 누워있게 되는데, 그 틈을 이용해 면주의 오빠 최홍식은 아구쯔로 변장해 형무소를 탈옥한다. 최홍식이 국경 근처에서 잡힘으로써 사건이 내막이 밝혀지는데, 한마디로 오빠를 탈옥시켜 함께 국경을 넘어 도망가기 위해 면주가 의도적으로 아구쯔를 유혹했다는 것이다. 이 부분에서 소설은 급격히 힘을 잃고 만다. 한마디로 "중간소설"19)로 전락해 남녀를 둘러싼 흥미위주의 사건 전개로 떨어진다.

이상의 두 작품에서 살펴봤듯 가지야마의 소설에서 일본인 남성과 조선인 여성의 관계는 결국 파탄난다. 이러한 현상을 가와무라 미나토(川村湊)는 종주국인과 식민지인이라는 둘 사이의 관계에서 필연적으로 나타날 수밖에 없는 것으로 바라본다. 즉 연애란 성욕을 기초로 자유로운 개인들의 상호평등에 근거한 것인데, 식민지란 상황은 근본적으로 이러한 인간관계를 가로 막는다는 것이다. '기생과 손님, 보호자와 피보호자, 가해자와 피해자라는 비대칭적인 관계는 일방적인 권력관계가 작용하기 때문에 마치 주인과 노예인 여자 사이에 성적관계는 성립해도, 연애가 성립하지 않는 것처럼 이들 사이에도 연애가 성립할 수 없다'20)고 주장한다.

그러면서 그는 바로 이 지점이야 말로 식민자의 자식인 가지야마의 성실함이고 속죄라는 견해를 제시한다.

---

19) 磯貝治郞, 앞의 책, p.148.
20) 川村湊, 「梶山季之「朝鮮小說」の世界」, 川村湊 編, 『李朝殘影 : 梶山季之 朝鮮小說集』, 앞의 책, p.350.

「족보」나 「이조잔영」에는 결과적으로 일본인 남성과 조선인 여성과의 사이에는 「연애」는 성립하지 않고 「성애」나 「성욕」도 만족한 것은 아니다. 「경성・소화 11년」이랑 「무지개 속」과 「무궁화 꽃이 필 때」에는 일견 「성애」가 성립한 것처럼 보이지만, 그것은 의사(擬似)적인 것이고, 기만적인 것에 지나지 않는다.

종주국과 식민지의 남녀간에 있어서 「연애」도 「성애」도 성립하지 않는다는 이야기를 쓰는 것이 가지야마에 있어서 「식민자의 자식」으로서, 조선・한국을 침략한 일본인 자제로서 취한 성실함이고, 속죄의 형태였다라고 해도 좋을 것이다. 가지야마는 종주국과 식민지 남녀의 그 거리와 괴리를 테마로써 한 것으로, 그 융화나 「일체감」을 조장하려 한 ——「내선일체」를 프로파간다 하려한 —— 식민주의에 입각해 조선적인 것의 소설을 쓴 것은 아니다. 그가 쓴 것은 결국 그러한 「식민지의 남녀간의 사랑」은 성립되지 않는다는 것이고, 그것은 일본인으로서, 남성으로서의 「가지야마」에 있어서 절대로 양보하는 것이 가능하지 않은 식민지 책임의 그 나름의 완수한 수단인 것이다.[21]

식민지에서는 남녀간의 사랑마저 성립하지 않는다는 것을 보여줌으로써 일제의 허구적인 내선일체 정책과 남성으로서 자기비판에까지 나아가고 있다는 가와무라 미나토(川村湊)의 주장은 일견 그럴듯해 보인다. 그러나 그는 바로 이런 방식이 전형적인 식민주의적 서사 구조란 점을 부인하려 한다. 그의 주장대로 가지야마는 일본인 남성과 조선인 여성을 내세워 한일간의 융화나 내선일체를 내세우지는 않는다. 그렇지만 가지야마가 종주국과 식민지인 사이에 발생하는 다양한 갈등들을 남녀간의 문제로 치환하여 해결하려 한다는 점에서 "정복자로서의 남성성을 내세워 식민지를 여성화하는"[22] 전형적인

---

21) 위의 책, p.355.

식민주의적 글쓰기 방식을 답습하고 있다.

가지야마는 3·1운동과 조선인 학살 문제를 김영순으로, 창씨개명의 문제는 설옥순으로, 그리고 침략에 저항하는 조선 민중들의 투쟁과 문화제 강탈의 문제를 최(이)면주를 통해 해결하려 한다. 뿐만 아니라 이 과정에서 조선인 여성들은 일본인 남성 주체에 의해 철두철미하게 '묘사되어지는 자'로만 존재한다. 1인칭으로 서술된 「족보」가 서술상의 문제로 인해 조선인 여성이 '묘사되어지는 존재'로 그려지는 것을 인정한다고 해도, 3인칭 전지적 시점을 활용한 「이조잔영」, 「京城·昭和十一年(경성·쇼와 11년)」, 「木槿の花咲く頃(무궁화꽃이 필 때)」 등에서도 동일하게 나타난다는 것은 문제라 하지 않을 수 없다.

서사 전개의 중심에 있는 여성이 작중 남성에 의해 시종일관 묘사된다는 점은 단순한 서술 기법을 넘어 좀더 정치한 분석을 요구한다. 왜냐하면 작품에 등장하는 조선인 여성이 일본인 남성에 의해 묘사되는데 반해 일본인 남성은 단 한차례도 조선인 여성에 의해 형상화되지 않기 때문이다. 한마디로 일본인 남성들은 한결같이 "자신은 관찰 당하지 않고 보는 특권"[23]만을 누리고 있는 셈이다. 그런데 이러한 시선은 일면 제국주의 논리와 무관한 것처럼 보이지만, 대상을 오직 자신의 가치판단에 의해 분류·평가함으로써 자신의 우월성을 드러낸다는 점에서 전형적인 식민주의 담론이라 할 수 있다.[24]

---

22) 최정무, *Sorcery and Modernity*, 최혜랑 역, 「경이로운 식민주의와 매혹된 관객들」, 현실문화연구, 『문화읽기; 삐라에서 사이버문화까지』, 현실문화연구, 2000, p.69.
23) 자크 레에나르트 지음, 허경은 옮김, 『소설의 정치적 읽기』, 한길사, 1995, p.74.
24) 이석구, 「식민주의 역사와 탈식민주의 담론」, 『외국문학』, 1997, 봄호, pp.132-38 참조.

김영순은 기생(妓生)이었다. 일본에서 말하는 게이샤(藝者)이다.
당시 경성 화류계에는 게이샤와 기생, 두 가지가 공인(公認)되고 있었는데 게이샤는 그렇지도 않으나, 기생은 해마다 점점 쇠미(衰微)하여, 종로(鐘路)의 기정에 겨우 지난날의 모습을 남기고 있을 정도였다.
한·일 합방 이후, 시대의 물결에 휩쓸려서 직업화하여 일본 물이 든 기생들이 많았다. 말하자면, 옛날 기생의 견식(見識)이나 격식(格式)은 시대의 흐름을 따라 상실된 것이다. 어쩌면 김영순은 그러한 허물어져 가는 기생의 품격(品格)을 끝까지 지키려고 홀로 반항하고 있는 여성일지도 모른다. 이조시대(李朝時代)의 기생은, 요시하라(吉原)의 오이랑(花魁)이 근처에도 못 갈 만큼 매우 귀족적인 존재였다.(「이조잔영」, pp.25-26)

위 인용문은 「이조잔영」의 시작 부분이다. 작가는 김영순을 등장시키기 위해 기생에 대해 장황하리만치 서술한다. 기생의 품계, 교양 정도, 그들의 행태 등에 대한 작가의 서술은 마치 '기생'에 대한 편람을 보는 듯 하다. 이 속에서 일본인 남성 노구찌는 조선인 기생 김영순을 '불루우 계통의 울트라마린 같은 향기'와 '알리자린 레이크 같은 맛', 그리고 강렬한 진홍색으로 이미지화 한다. 이처럼 기생에 대한 상세한 설명을 통해 작중 여주인공을 형상화하는 방식은 기생과의 성적 관계의 전(全) 과정을 상세하게 설명하는 「京城·昭和十一年(경성·쇼와 11년)」은 물론이고 「木槿の花咲く頃(무궁화꽃이 필 때)」 등 작중 여성이 기생 출신인 작품에서 지속적으로 반복된다.

기생 문화에 대한 반복적인 표상은 "기생이라는 기호를 통해 조선을 자신들이 소유할 수 있는 섹슈얼리티의 대상으로 규정하는 제국의 무의식적 표상 심리"[25]이다. 조선인 기생과 관계를 무용담 늘어놓듯 말하는 일본인 기자들(「京城·昭和十一年(경성·쇼와 11년)」)과 무

궁화 꽃과 기생의 아름다움을 통해 조선을 알겠다는 S학교 교장(「木槿の花咲く頃(무궁화 꽃이 필 때)」)의 모습은 일본인에게 기생이 마음대로 소유할 수 있는 섹슈얼리티의 대상으로 전락하고 있음을 보여주는 예라 할 수 있다.

조선인 여성에 대한 일본인 남성의 묘사에 의한 인물 형상화는 비단 기생에만 국한되는 것은 아니다. 여학교를 졸업한 여성에 대해서도 「족보」에서 보듯 동일한 방식을 취한다. 자신의 의지와 무관하게 침략의 최선두에 선 주인공 '나'는 그 행위를 만회하기 위해 적극적인 옥순의 보호자로 나선다. 이 과정에서 조선인 여성은 주인공이 자신의 행동을 회의하며 갈등하게 만드는 결정적인 역할을 한다. 그런데 이처럼 중요한 역할을 하는 옥순은 언제나 주인공의 시선에 의해서만 표상된다. 심지어 일본의 행위를 공격할 때조차 그녀는 일본인을 자신의 뜻대로 관찰할 수 없다. 일본인 남성을 향한 시선이 존재하지 않음으로써 그녀의 모습은 일본인 남성의 시선에 의한 굴절과 왜곡된 이미지로 존재하게 된다. 결국 옥순은 주인공 '나'에 의해 일제의 비합리적인 탄압이 식민지 민중의 저항을 양산한다는 작가의 생각을 대변하는 하나의 기호로만 활용될 뿐이다.

따라서 가지야마 소설에 등장하는 조선인 여성이 동일한 이름으로 반복 등장26)하는 것도 단순히 작법상의 편의나 무성의한 인물 설정으로 가볍게 취급할 수만은 없다. 가지야마 소설에 등장하는 조선인

---

25) 박명진, 「한일 영화에 나타난 인종과 국가의 이미지 분석」, 『학술대회 자료집』, 국제한인문학회, 2005, p.45.
26) 가지야마의 소설에서 조선인 여성은 종종 이름이 같거나 동일 인물이다. 「京城・昭和十一年(경성・쇼와 11년)」과 「木槿の花咲く頃(무궁화꽃이 필 때)」에 등장하는 면주라는 기생과 「霓のなか(무지개 속)」과 「족보」의 설옥순 등이 그것이다.

여성은 「霓のなか(무지개 속)」과 「족보」에 등장하는 설옥순처럼 기생과 여학생이란 신분상의 차이에도 불구하고 점차 그 차이점은 삭제된다. 이처럼 조선인 여성은 일본인 남성에 의해 "각자의 개별적이고 구체적인 의미를 지우고 그것을 상징과 비유로 대체해 버리며 스스로 말할 수 없는 존재"27)로 의미화 된다. 여성에 대한 이 같은 표상은 식민지적 글쓰기의 전형으로 결국 조선의 여성은 가지야마에 의해 '흰색의 요강' '버릇없음' '무궁화' '이강주' 등으로 이미지화 되고 있다.

3) 식민자의 자기반성과 합리화

가지야마의 작품이 한국에서 좋은 평가를 받는 것은 일본 당국에 의해 부정되고 있는 일제 강점의 제반 악행이 일본인 작가에 의해 직접적으로 제시되고 있다는 점일 것이다. 그는 이른바 제암리 학살사건으로 알려진 일제의 조선인 학살을 일본군 측 자료에 통해 제시함으로써 일본군에 의한 학살을 부정한 전후 일본의 담론과 대치되는 모습을 보여준다.

> (전략) 이상과 같이 거의 내란(內亂)과 같은 사태이며, 때문에 그 지방의 내지인(內地人=日本人)은 위험을 무릅쓰고 부녀자들을 피난시키기도 하여, 인심이 들뜨고 형세가 혼돈된 상태에 있었으나 때마침 여기에 온 발안장(發安場) 수비대 대장은 현황에 비추어 폭동의 주모자를 초멸시킬 필요를 인정하여 四월 十五일, 부하를 거느리고 제암리(堤岩里)에 이르러 주모자로 인정되는 야소교도(耶蘇敎徒) 천도교도

---

27) 권명아, 「여성 수난사 이야기와 파시즘의 젠더 정치학」, 『문학 속의 파시즘』, 김철·신형기 외, 삼인, 2001, p.302.

(天道敎徒) 등을 모아, 二0여 명을 살상하고 촌락(村落)의 대부분을 소기(燒棄)하였음 ―(「이조잔영」, p.84)

　인용문에서 보듯 가지야마는 비록 3·1독립운동이 내란과 같은 수준으로 번졌고, 그로 인해 일본인의 생명이 위협받고 있어 어쩔 수 없이 행해졌다는 단서를 달고 있지만, 일본군에 의한 제암리의 조선인 학살을 제시하고 있다. 일제의 각종 만행에 대한 작가의 비판은 창씨개명에 관해서도 계속된다. 작가는 내선일체의 구체적인 정책인 창씨개명이 "노예적인 위치에 놓여 있던"(「족보」, p.109) 조선인에 대한 일제 당국의 은전이란 일본측의 주장을 "그것은 일본 국민이기 때문에 수행해야 할 의무, 즉 징병이며 징용이었다. 또 세금이고 공출이었다"(「족보」, p.111)라며 비판한다.
　그런데 이러한 작가의 태도는 자신을 식민주체에서 분리시키는 것으로 일제의 강점이 '총체로서의 일본인'들에 의해 이루어졌다는 사실을 부정하고자 하는 심리를 반영한 것이다. 가지야마 소설에 등장하는 일본인 주인공들은 「족보」를 제외하고는 시종 일제의 강점과 무관한 인물들이다. 아니 때로는 일제의 야만적 탄압에 맞서 저항하기까지 한다. 「이조잔영」에 등장하는 노구찌가 대표적인 인물인데, 그는 근대문물에 의해 사라져 가는 조선의 풍속을 안타까워하며 그것을 그림으로 남기려다 헌병대에 끌려가 고문까지 당한다.
　가지야마는 노구찌의 이러한 행위에 대해 조선에 대한 애정에서 비롯된 것으로 제시하고 있지만, 노구찌의 행위가 일제의 식민정책과 무관한 비정치적 것인가 하는 점에서는 이견이 남는다. 노구찌는 조선의 풍물을 그린 미술작품을 선전에 출품하곤 하는데, 이러한 행위야말로 지극히 정치적인 것이다. 가와무라 미나토(川村湊)에 따르면 일제는「내지」와의 경쟁을 통해 식민지 조선을 일본과 동등하게 만드는 것으로 내선일체를 완성하려 했다. 따라서 일제는 겉으로 내선일체를 주장하면서도 그와 반대로 경성에 경성제국대학을 설립한다거나 조선신궁을 건설하고 미술이나 문학 및 스포츠의 분야에서 이른바「내지」와 경쟁하려 한다.28)

노구찌가 조선의 풍물을 그린 작품을 출품한 선전이 총독부의 정책에 의해 만들어진 지극히 정치적인 것이라고 할 때, 거기에 참여하는 것 역시 정치성을 띨 수밖에 없다. 실제 선전(鮮展)은 매우 정치적인 것이었는데, 당시 입선작 대부분은 조선 여성의 아름다움을 강조한 것이었다. 이것은 "일본본토에서는 얻을 수 없는 성적체험을 유발하는 장소로써 식민지에서는 기생/유녀의 신체가 문화정책을 추진하는 총독부 주최의 선전회장을 장식한"29)다. 게다가 선전은 일본에서 "2류나 3류에 지나지 않았던 도선한 미술가들이 자신의 독자성"30)을 인정받는 수단으로 작용한다. 따라서 노구찌가 김영순을 통해 조선의 풍물을 그린 것은 확실히 선전을 염두에 둔 정치적인 행위이다.

> 소재는 어디까지나「조선」적인 것이고, 그러나「독립운동」에 맺은 것 같은 민족주의, 내셔널리즘을 배제하는 것이라는 것. 일본인 화가의 묘사한「사라진 조선의 풍속, 그것이 갖고 있는 비애의 아름다움」로써의 기생의 조선무용의 그림은 그러한 의미에서 선전의「특선1석」을 예약하고 있는 것 같은 것이다.31)

---

28) 川村湊, 앞의 글, p.346.
29) 池田忍・金惠信,「植民地『朝鮮』と帝国『日本』の 女性表象」,『近代日本の 文化史 擴大するモダニテイ』, 2002, 岩波書店, 東京, 川村湊, 앞의 글, p.348에서 재인용.
30) 위의 글, p.346.

이상의 일상적인 정치행위보다 좀 더 세밀한 독법이 필요한 것은 식민지배에 참여한 이들의 자기반성이다. 「족보」의 주인공 '나'는 일제의 식민지 정책, 그 중에서도 창씨개명에 참여하면서 끊임없이 그 부당성을 지적한다. 태평양전쟁 당시 징용을 피하는 방법의 하나로 경기도청 총력 1과에 취직한 작중 주인물 '나'는 총독부 당국이 제시한 내선일체(內鮮一體)의 진상과 그 비밀 및 불합리성을 몸소 체험한다. 그는 성만은 바꿀 수 없다고 완강히 버티는 설진영과 어떻게든지 창씨개명을 시키고자 온갖 술수를 다하는 당국 사이에서 극심한 방황에 시달린다. 결국 친일파인 설진영이 일본의 탄압에 못 이겨 창씨개명을 하고 자살을 하게 되는데, 이 일을 계기로 나는 '그들과의 공모관계'를 청산하고 스스로 징용에 끌려가게 된다.

작가는 다니의 행위가 의식적인 억압이 아니라 징용을 피하기 위한 어쩔 수 없는 행동이기 때문에 의식적으로 억압을 하는 인물들과 구분해야 한다고 주장한다. 그런데 이러한 태도야말로 식민지 지배자와 '시정의 일본인'을 구분하여 식민 지배의 모든 책임을 소수의 식민지배자에게 돌리고자 하는 전후 일본인의 무의식을 반영한 것이다.

> 그 무렵 나는 징용을 피하려는 비겁한 생각에서 도청의 한 자리에 취직하여 있었다. 징병 검사는 제二을(乙)이었기 때문에 소집 영장과는 인연이 멀었지만, 이 비상시에 시시한 유화나부랑이나 그리고 있다고 해서, 징용에 뽑혀 갈 위험이 다분히 많았던 것이다.(「족보」, p.101)

인용문에서 보듯 화자 나(다니)는 근로봉사에 참여했을 때 겪은 육체적 고통과 인격 모독에 대한 경험 때문에 "이 이상 더 군인에게 혹

---

31) 위의 글, p.249.

사를 당하는 것은 참을 수 없다"(「족보」, p.104)며 총독부에 근무하고 있는 매형에게 부탁하여 도청에 취직한다.

경기도청에 근무하게 된 그는 식민지 전시 체제에 곧바로 적응하지 못한다. 과원들 대부분이 국민복으로 출근하는 데도 그만 유독 '신사복'으로 출근하고 출세욕에 눈먼 과원들의 행위를 비웃기까지 한다. 그런 그에게 창씨개명 명령이 떨어진다. 그는 당국이 요구하는 원칙대로 사업을 시행한다. 다니는 처음에는 창씨개명을 "종래 부당한 차별 대우를 받던 한국인을 위한 일종의 은전이라고까지 생각"하며 자신이 하는 일을 "보람있는 일"(「족보」, p.108)로 여긴다. 하지만 곧바로 창씨개명 속에 숨겨진 당국의 음모를 알고는 혼란에 빠진다.

창씨개명이 조선인 수탈을 위한 정책이란 사실을 알게 된 다니는 자신을 "사형 집행장(狀)에 서명하기를 싫어하는" 법무 대신의 심정으로 어쩔 수 없이 시류에 편승한 인간으로 규정한다. 동시에 그는 다른 동료들처럼 "강제적으로 시행할 생각이 나지 않았"지만 "그렇다고 해서 별 다른 수도 없었다"며 스스로의 행위를 변명한다. 그러면서 또한 "당시 내가 무척 가지고 싶었던 것은, 아틀리에도 프랑스제(製) 물감도 아니고, 내 직무에 대한 타성"이라며 자신이 직장을 그만두면 남이 자신을 위해 징용을 가는 것도 아닌데, 자신이 왜 당국이 저지른 일로 괴로워해야 하냐고 반문한다. 그는 폭풍우를 피하려고 바위 밑에 숨어든 등산객이 비겁자가 아니듯 전쟁을 싫어했던 자신이 전쟁을 피해 창씨개명을 종용한 것 역시 비겁한 것이 아니라고 스스로를 위로한다.

그러나 이 같은 자기위로와 합리화에도 불구하고 그는 조선인 여성 설옥순으로 인해 회의와 자기모멸감에 빠져든다. 그 모멸감과 회의가 크면 클수록 그는 "분류에 휩쓸린 낙엽은 다만 도도한 흐름에 밀려서 떠내려 갈 따름, 걸음을 멈추고 생각에 잠기거나, 뒤를 돌아볼 마음의 여유가 없었다"며 스스로를 다잡거나 "내게만 특별한 죄가 있는 것은 아니었다. 나는 총력 1과에 근무하며 과장의 명령으로 움직이고 있을 따름이다"며 책임을 자신에게 부당한 명령을 내린 식민당국으로 돌린다.

> 나는 이마의 땀을 훔치면서 사태를 지나치게 악화시키지 않는 게 유리하다는 것을 애매한 말투로 설명했다. 그러나 과장에게 적당한 약을 쓰는 게 좋으리라는 말은 도저히 입 밖에 낼 수가 없었다. 다만 가장 적은 피해만으로 이 고비를 넘겨주었으면 하는 것이 거짓 없는 생각이었다.(「족보」, p.137)

식민체제를 인정하게 된 다니는 자신 역시 식민체제의 희생양이지만, 설진영을 위해 어떻게든 그가 다치지 않고 사태를 원활하게 수습하려 한다. 그는 설진영이 다치지 않고 창씨개명 문제를 해결할 수 있는 유일한 방법이 담당자들에게 뇌물을 바치는 것이라고 생각한다. 그는 탐욕에 눈먼 일본인들의 행위를 보면서 뇌물을 바치면 아무런 문제없이 해결될 수 있다는 확신을 하기까지 한다. 그러나 끝내 그 방법을 설진영에게 말하지 않는데, 자신이 "뇌물을 탐내고 있는 듯이 오해받는 것이 싫었"(「족보」, p.141)기 때문이었다. 다니는 뇌물이나 탐하는 인물로 보이지 않을까 하는 두려움과 부정적인 방식으로 식민지를 지배하는 집단에 동참하고 싶지 않다는 자존심 때문에 설진영을 살릴 수 있는 마지막 기회를 포기한다.

결국 다니는 어떻게든 창씨개명을 시키려고 하는 과장을 비롯한 정책자들과 부득불 그것을 거부하고야 말겠다는 설진영 사이에서

"비정한 인간이 되지 못하고, 반대로 심약한 나 자신을 그대로 상대방 앞에서 드러내고" 마는 "울고 싶도록"(「족보」, p.138) 가련한 신세로 전락한다. 이 과정에서 그는 스스로를 사회라는 커다란 시스템에 짓밟힌 희생자로 규정한다. 설진영의 죽음을 계기로 직장을 그만둔 그는 징병 당하는 기차 안에서 "무슨 속죄와 같은 느낌에서, 오히려 시원하다는 느낌조차"(「족보」, p.174) 갖고 전장으로 떠난다.

그런데 이 같은 다니의 태도는 일제의 조선 강점이 분명한 잘못이지만 그에 가담한 자신 역시 식민체제의 희생양이기에 어쩔 수 없었다는 성급한 자기 합리화로 귀결된다. 작품이 후반부로 갈수록 작중인물의 내면이 거칠고 직설적으로 표출되어 긴장감을 떨어뜨리는 것도 성급한 자기 합리화가 낳은 어쩔 수 없는 결과라 할 수 있다.

4) 폭도와 악동으로서의 전후 한국(재일조선인)의 이미지

가지야마의 대부분 작품이 일제 강점기를 다룬데 비해 「さらば京城(안녕, 경성)」과 「나는 반도인」은 전후 한국과 일본을 다루고 있다.

「さらば京城(안녕, 경성)」은 일제 강점기 서울에서 태어나 중학시절을 보낸 후 패전으로 일본에 돌아간 오다 야스꼬(小田康子)가 26년만인 1971년 서울을 방문하고 느낀 점을 기록한 짤막한 소설이다. 오다 야스꼬(小田康子)는 '서울에 다시 한번 가고 싶다'는 것을 오랫동안 꿈꿔온 인물이다. 그녀가 서울에 가고 싶어 하는 이유는 어린 시절 자신이 자랐던 서울에 대한 그리움과 처음으로 연민을 느꼈던 한 인물의 행방을 알고 싶어서였다. 그녀는 조선인 아버지와 일본인 어머니 사이에서 태어난 혼혈아 기노시타 토미오(木下富雄)의 행방에 관심을 갖는다. 그녀가 토미오에게 관심을 갖게 된 것은 내선일체의 실현으

로 생각했던 토미오가 조선과 일본 양쪽으로부터 배척받으면서 자신을 박쥐로 표현한 것에 대한 안타까움에서였다.

한국에 도착한 그녀는 식민지를 체험한 대부분의 일본 관광객들처럼 미쓰코시(三越)백화점과 화신백화점, 중앙우편국과 문구점 등이 그대로 있는 것을 보고는 "아아, 돌아왔다!"[32]라며 서울에 돌아온 것을 실감한다. '돌아왔다'라는 안도감은 자연스럽게 떠나갈 때의 기억을 상기시킨다.

> 아마도 친일파의 부호는 폭도에 습격당했다……라는 소문을 들었고, 박정선은 모습을 감췄던 것이다.
> 사실, 박의 집이 이사했기 때문에 10일쯤에 집단강도가 이웃집을 습격하여 집을 지키고 있던 19세와 38세의 하인을, 값진 가재도구가 없었던 분풀이로 강간하고 가버렸기 때문에 패전 후, 고우꼬는 기노시타 후지오(木下富雄)의 소식을 전혀 알지 못했다.(『さらば京城』, pp.206 -207)

토미오와 소식이 끊긴 이유를 설명한 위 인용문에서 그녀는 한국인을 강간과 폭도, 강도 등 집단광기로 기억한다. 그런데 이러한 한국인의 이미지는 토미오가 끝내 한국전쟁 당시 일본의 스파이라는 혐의로 고문을 당하고 북한 공산군에 의해 처형당했다는 소식을 전해 듣고는 더욱 강화된다. 그녀는 혈연에 결박되어 혼혈인이란 이유만으로 해방 후 온갖 냉대를 당했던 토미오가 결국 처형당한 한국의 현실 앞에 고향 서울에 대한 애정보다는 분노를 느낀다. 그녀는 여행

---

32) 梶山季之,「さらば京城」, 川村湊 編,『李朝殘影 : 梶山季之 朝鮮小說集』, 앞의 책, p.209.

일정이 남아 있음에도 서둘러 서울을 떠나는데, 떠나는 그녀 눈에 비친 것은 "카키색 제복을 입은 한국인병사의 모습"(「さらば京城」, p.211)이었다.

서울에 대한 애정을 가졌던 일본 여성이 일본인 혼혈아를 감싸지 못한 한국 땅에 이별을 고한다는 이 작품은 전후 한국을 바라보는 작가의 시선의 일단을 보여준다. 전후 한국인에 대한 작가의 시선이 뚜렷이 나타난 작품이 「나는 반도인」이다.

'김희로' 사건을 모델로 한 이 소설에서 가지야마는 일본인의 부당한 차별대우와 폭력에 시달리던 재일조선인 김희로가 폭력배 마스다와 그 부하를 사살하고 스마다꼬의 한 여관에서 투숙객들을 인질로 잡고 농성한 때부터 체포당하는 순간까지를 다큐멘타리 식으로 기술한다. 소설로선 피상적이지만 재일조선인의 삶을 통해 일본에서 재일조선인으로서 살아간다는 것의 의미를 추적하고 있어 주목된다.

그러나 이 작품은 '재일조선인'에 대한 차별을 공론화 했다는 긍정성에도 불구하고 많은 문제점을 내포하고 있다. 작가는 김희로의 입을 통해 재일조선인들이 얼마만큼 일본사회에서 차별받았는가 하는 점을 폭로하고 있다. 하지만 정작 차별의 원인으로 파괴적이고 무뢰한 재일조선인의 행위를 제시하고 있어 문제라 하지 않을 수 없다.

전후 일본인들은 자신들의 처지를 이해하지 않으려는 재일조선인들을 '악당'과 '무법'으로 이미지화 하여 차별하는데, 김희로 역시 이러한 사회적 분위기로부터 자유로울 수 없었다.

김희로가 일본에서 재일조선인이란 이유만으로 받았던 각종 차별은 눈물겹기까지 하다. 소학교 시절부터 동료들로부터 '쬬오센징'이라며 놀림을 받았고, 그것 때문에 학교에 흥미를 느끼지 못한다. 게다가 그는 걸핏하면 일본인 경찰로부터 범죄자 취급을 받을 뿐만 아니라, 동생의 경우처럼 능력이 있어도 취업을 못한다. 이러한 차별은 그로 하여금 조선인에게 필요한 것은 '완력'이란 인식을 심어준다. 완력 신봉자의 이미지에 배고픔 때문에 어쩔 수 없이 했던 도둑질과 자신에게 헌신했던 일본 여성에게 세 번씩이나 아픔을 줬던 행위가 덧붙여짐으로써 김희로는 일본인들의 입장에서 결코 호의적일 수 없는 인물로 형상화 된다. 비록 작가에 의해 김희로의 인생 여정을 낱낱이 소개되면서 얼마간 그에 대한 동정심을 유발하고 있지만 재일조선인에 대한 부정적인 시선이 교정되는 것은 아니다.

> 현 경찰 본부장이 텔레비전을 통해 내게 사과의 말을 하고, 자수하라고 했다. 나는 대단히 만족했다.— 동포여, 어머니여, 동생들이어! 이제 나는 영웅이다! 친척들의 눈의 가시였던 내가, 자, 어떠냐! 일본의 매스콤의 인기를 독차지하고 매스콤으로 하여금 김희로의 이름을 수십 번 반복시키고, 그 뿐만이 아니라, 한국 민족의 차별 대우에 커다란 반성의 경종을 힘차게 울리고 있다.(「나는 반도인」, p.263)

가지야마는 일본인들에게 재일조선인 차별 문제를 심각하게 고민하게 했던 '김희로 사건'을 형상화하여 일본인의 재일조선인 차별을 고발한다. 그러나 인용문에서 보듯 그는 자신의 행위를 "60만 재일동포를 위한" 투쟁으로 규정짓고 자신의 말이 텔레비전을 통해 방송되자, 자아도취에 빠지는 김희로의 모습을 통해 재일조선인의 부정적 이미지를 재생산한다.

결국 이 작품은 김희로를 과대망상증 환자—자신과 사랑했던 일본 여성은 결코 자신을 미워하지 않았다—로 표상화함으로써 재일조선인이 얼마나 위험하고 폭력적인 것인가를 반복 재생하고 있는 셈이다.

4. 맺음말

한 국가에 대한 이미지는 비록 민족적인 멸시나 문화적인 편견을 갖고 있지만 누군가의 심리적 현실성을 대표하는 경험의 산물이란 점에서 중요한 의미를 지닌다. 즉 타자에 대한 이미지는 그것을 구성하는 주체에 의해 왜곡되지만, 동시에 타자를 그렇게 구성해야만 하는 주체의 심리적 밑바탕을 정직하게 보여준다. 그러므로 전후 일본인들에 의해 '불결' '교활' '증오' '방약무인' '악당' '추악' 등으로 이미지화된 한국(인)의 모습은 당시 일본인들의 심리적 현실성을 가감 없이 보여주는 거울이라고도 할 수 있다.

일제 강점하의 서울에서 태어난 가지야마는 일제의 조선 강점 정책에 대해 비판적일뿐만 아니라, 조선 문화에 대해 우호적인 시선을 갖고 있다. 그러나 그의 작품 속에는 식민지를 바라보는 제국의 시선이 녹아 있다. 그는 조선의 풍경과 역사, 인물 및 풍속을 일본인의 시선으로 분류・평가함으로써 일제의 의해 자행된 조선 강점의 책임을 면하려 한다. 가지야마의 조선을 다룬 작품 중 몇몇이 소설적 긴장미를 잃고 통속소설로 전락한 것도 섣부른 자기 합리화를 꾀한 작가의 태도에서 비롯되었다고 할 수 있다.

가지야마 문학에 나타난 한국에 대한 표상을 정리하면 다음과 같다.

첫째, 전근대적인 풍경에 대한 묘사를 통해 조선을 전근대적이고 야만에 가까운 공간으로 이미지화하거나 원체험 공간으로 표상한다. 이 같은 방식을 통해 작가는 일제의 강점을 야만을 근대화시킨 행위로 은폐하거나 그리운 공간으로 돌아가고 싶다는 과거 식민주의자들의 무의식을 보여준다.

둘째, 보호자 일본인(남성)과 피보호자 조선인(여성)이란 인물 설정을 통해 종주국과 식민지인 사이에 발생하는 다양한 갈등들을 남녀 간의 문제로 치환하여 해결하려 한다. 가지야마의 소설에 등장하는 조선인 여성은 시종일관 일본인 남성 주체에 의해 묘사되어지는 인물로만 존재하는데, 이것은 정복자로서의 남성성을 내세워 식민지를 여성화하는 전형적인 식민주의적 글쓰기 방식이다.

셋째, 식민지 지배 주체에 대한 공격을 통해 일제 강점에 대한 책임 문제를 희석시킨다. 가지야마는 「족보」나 「이조잔영」 등의 작품을 통해 일제 강점을 강하게 비판한다. 그런데 일제의 조선 강점이 분명 잘못된 것이라는 이러한 비판의 이면에는 거기에 가담한 자신 역시 식민체제의 희생양이기에 어쩔 수 없었다는 성급한 자기 합리화가 내재되어 있다. 그는 식민주체와 의식적인 거리두기를 통해 자신을 식민주체로부터 분리하고자 한다.

넷째, 재일조선인에 대한 부정적 이미지를 통해 전후에도 한국(인)에 대한 부정적인 이미지를 재생산 한다.

이상의 논의를 통해 우리는 일본인 작가에 의해 창작된 작품이 비록 한국에 우호적이거나 일제의 식민지 비판을 담고 있다고 하더라도 긍정적인 평가로만 일관하기에는 부족함이 있다는 사실을 발견할 수 있었다.

시바 료타로(司馬遼太郎)의 한국, 한국인상 고찰
- 『한나라 기행』(街道をゆく②『韓のくに紀行』)을 중심으로

김 민 아

序

　일본의 국민작가라 할 수 있는 시바 료타로(1923-1996)는 한국에 많은 관심을 갖고 있던 작가이다. 41권으로 구성되어 있는 '가도를 가다(街道をゆく)' 시리즈의 제2권『한나라 기행』에서 보여지는 한국 역사에 대한 깊은 관심과 인간적인 시선은 그가 조선인이 많이 살고 있었던 오사카에서 태어나고 자랐다는 사실과도 깊은 관계가 있다고 말할 수 있다. 시바 료타로 본인도 잡지「일본 속의 조선문화」에 게재된 한 심포지움 자리에서 자신이 조선이라는 나라에 깊은 관심을 갖게 된 유래를 말한 적이 있다.[1] 시바는 자신이 살았던 오사카 시의 동부 지역에 조선인들이 많이 살고 있어서 조선인 친구도 생겼고, 대

---
1) 시바 료타로, 박이엽 옮김,『한나라 기행』, 학고재, 1998, pp.243-244 참조.

학에서 몽골어를 전공하면서 우랄 알타이 어계 속에 만주어, 일본어와 함께 조선어도 있다는 것을 알게 되면서 조선에 관심을 가지게 되어 조선을 연구하게 되었다고 밝힌 바가 있다.

주변 환경에서 비롯된 시바의 조선 역사에 대한 관심은 한일관계가 냉엄했던 당시(1971년)에 한국 여행을 감행케 했는데, 그는 자신이 한국을 여행하는 것은 「일본인의 선조 나라에 가기위함」2)이고, 「남의 나라의 정치 정세를 시찰하는 것은 내 여행 목적에는 없다. 한이니 왜니 하는 것은 무엇인지 그 원형을 알고자 함이다」3)라고 했다.

시바의 한국 여행기는 가야 여행, 신라 여행, 백제 여행으로 되어 있고, '조선인'이라는 명칭을 사용하고 있다. 한국인, 한인, 한민족 등의 용어도 있으나, 편의상 조선인이라고 기술하고 정치적 성향은 배제하고 쓰는 것임을 밝혀두고 있다.

한국에 대한 해박한 역사적 지식과 날카로운 통찰력을 바탕으로 쓰여진 『한나라 기행』은 한일관계사의 입문서와도 같은 역할을 하며 실제 일본인들의 전후 한국인상 형성에 큰 영향을 끼쳤다고 볼 수 있다.

일본의 국민작가로서 한국과 한국인에 대한 인상을 정립시켰다고 할 수 있는 『한나라 기행』이 과연 그의 말처럼 나라와 민족의 차별을 뛰어넘고자 하는 것인지, 또한 그가 생각하고 있는 조선의 원형은 무엇인지에 대해 살펴보고자 한다.

---

2) 日本人の先祖の國にゆくのだ。(街道をゆく②『韓のくに紀行』) 朝日新聞社 2005. p.10
3) 私の旅の目的には、他国の政情観察というようなものはない。韓とか倭とかというものはなにかという原型を知りたいというのが、(街道をゆく②『韓のくに紀行』) 朝日新聞社 2005. pp.232-233

1. 한국의 농촌 예찬

　시바 료타로는 그가 군인이었을 당시 관동군으로 보내질 때, 화물 찻간의 작은 창구멍 너머로 조선 까마귀가 날아가는 풍경을 본 것과 민둥산과 민가 지붕들의 두툼한 기왓장에 대한 기억이 한국에 대한 이미지였다고 기술하고 있다. 그와 같은 이미지를 가지고 있었던 그가 한국 여행을 결심한 것은 한국의 원형을 알기 위해서, 좀 더 상세히 말하자면 일본이니 조선이니 하는 나라 이름도 없던 옛적의 태곳적 느낌을 느껴보기 위해서였는데, 그는 그것을 도심이 아닌 한국의 농촌, 그것도 사람들이 별로 가지 않는 곳을 여행지로 선택하여 한국의 원형을 알아내려 하였다.

　그는 김해와 부산, 대구 등의 잘 알려지지 않은 곳들을 찾아다니며 한국의 본질을 파악하려고 함과 동시에 일본과의 연관성과 그 흔적을 찾고자 하고 있다.

　시바 료타로는 자신의 가이드인 '미세스 임'에게 별로 사람들이 가지 않는 농촌으로 안내해 달라고 부탁하고 있는데, 이를 생소해하며 꺼려하는 가이드를 보며 서울 사람들이 농촌을 마치 다른 나라처럼 생각하는 것은 조선왕조의 체제에 따른 전통적인 것이라고 기술하고 있다.

> 서울 사람들이 농촌을 마치 다른 나라처럼 생각하는 것은 조선왕조의 체제에 따른 전통적인 것이다라는 이야기를 어디선가 들은 적이 있다. 물론 일본에서도 에도 토박이는 그들 나름의 독특한 규율문화를 갖고 있어서 그러한 문화가 없는 시골을 우습게 ― 예컨대 하코네 저쪽은 도깨비가 산다느니 ― 여기는데, 서울 사람들은 그 정도가 더욱 심해서 시골에 가는 일조차 거의 없는 모양이다.[4]

한국인이 농촌을 이상할 정도로 기피하고 있는 것도 상세히 묘사하면서, 일본과 관련된 흔적과도 같은 것을 찾고자 하는 의도를 드러내고 있다.

"왜 김해 같은 데를 가시나요?" 하고 미세스 임이 차 속에서 나의 여행 일정표를 보며 물었다. 완전 깡촌이라구요, 한다. 관광객은 누구도 안 찾아요, 라고도 한다. 별다른 이유는 없었다. 앞에서 말한 것과 같이, 이 여행을 떠나기에 앞서 집에서 한국 지도를 펼쳐놓고, 그 곳에 동그라미 표시를 했다. 단지 그래서 그 곳에 갈 뿐이다. 가면 무엇인가가 있을지도 모른다는 막연한 기대만이 목적이라면 목적이다. 단지 말할 수 있는 것은 김해라는 이 지명은 일본인에게 있어서 아테네나 로마와 같은 지명 이상의 중요성을 가지고 기억해두어야만 할 사항에 속한다는 생각이 든다.5)

서울과 농촌을 비교하며 한국인도 잘 느끼지 못했을 한국 농촌의

---

4) ソウルの人が農村をまるで別國を見るようにばかにしているというのは李朝体制による伝統的なものだということをきいたことがあるが、日本だって生っ粋の江戸っ子というのは独特の規律文化をもっていて、そういう文化をもたない田舎をばかに—たとえば箱根からむこうは化物がすんでいるといったように—してきたが、ソウルの人の場合はもっと極端で、地方に出かけることをあまりしないようである。(街道をゆく②『韓のくに紀行』) 朝日新聞社 2005. p.29

5) なぜ金海などにいらっしゃるのですかと、ミセス・イムが車の中で私の旅行日程表をみながらきいた。大田舎ですよ、といった。たれも観光客などゆきませんよ、ともいった。べつに理由はなかった。さきにのべたように、この旅行に出かけるにあたって、自宅で韓国地図をひろげ、そこへ任意のマルを打っておいた。ただそこへゆく。ゆけばなにかあるかもしれないというばくぜんとした期待だけが、目的といえばまあ、この旅の目的である。ただいえることは、この金海という地名は、日本人にとってアテネやローマといった地名以上の重要さをもって記憶しておくべき事項に属するようにおもえる。p.61

강점에 대해 예찬하고 있다.

"농촌은 좋군요"하자, 미세스 임은 고개를 가로 저으며 서울이 좋지요, 한다. 전원에서 아무런 흥취도 느끼지 못하는 것 같았다. 〈중략〉 서울의 도시 문화적인 번창함은 오사카와 별반 다르지 않으나 한국의 농촌은 옛날의 농촌 냄새를 지니고 있다. 〈중략〉 급속한 자본주의적 발전을 이룬 서울과 아직 조선왕조적 정체 속에 있는 농촌 사이에는 5백 년이나 천 년의 간격이 있는 듯하다. 서울에서는 지하철을 설치하는 계획이 진행되고 있다는 데 반해 농촌에는 아직 전등마저 일반화되어 있지 않다. 해가 뜨면 밭을 갈고, 해가 지면 쉰다는 상대 이래의 농경생활이 아직도 면면히 이어지고 있고, 비인공적인 환경과 자연의 순환에 젖어 있는 농민의 모습, 지금까지 내가 만난 어느 농민의 모습에서도 자본주의적 경쟁사회가 생산해내는 저 험악함과 혐오감이 없다. 〈중략〉 한국의 농촌은 유연하다. 조선왕조 5백 년이 아직 계속되고 있는 느낌이다. 〈중략〉 한국의 농촌은 황폐하지 않다. 볼품없는 덩굴풀이 입목의 잎새를 온통 덮어버릴 정도로 볼썽사나운 광경이 한국 농촌에는 없다. 하물며 전답에 잡초가 나 있는 따위의 일은 없고, 손질이 잘되어 윤기가 자르르 흐른다. 화학비료나 제초약도 사용하는 것 같으나, 풀들은 가지런히 뽑혀서 모두 퇴비로 만들어지는 모양으로, 사람 손이 닿은 만큼 전원은 보기도 좋은 법이다. 손질이 잘 되어있는 농촌의 풍정이 왠지 스스로를 만족스러워하는 것 같아서, 전등의 유무 등의 다른 가치기준은 이 농촌 풍정 앞에서는 그 힘을 잃어버리는 것 같다. 조선왕조가 아직 존속되고 있다는 한국 농촌의 이러한 풍정은 강점일 것이다.[6]

---

6) 農村はいいですねというと、彼女はかぶりをふり、ソウルのほうがいいですよ、といった。田園というものになんの興趣も感じないようであった。〈中略〉 ソウルの都市文化的な殷賑は、大阪あたりとほぼ変らない。が、韓国の農村は上代農村のにおいをのこしている。〈中略〉 急速な資本主義的発展をとげたソウルと、なお李

2. 시바의 한국인상

시바 료타로는 인물묘사 또한 뛰어나다. 『한나라 기행』에 등장하는 인물들에 대한 묘사를 보면 그 인물의 대략적인 성격까지도 알 수 있을 것만 같다. 그의 한국인에 대한 묘사를 살펴보면 일반적인 한국인들의 특성을 지적하고 있음과 동시에, 일본인들이 가지고 있는 통상적인 한국인상을 형성시켰다고 볼 수 있다.

> 나는 평소에 늘 조선인은 세계에서 가장 정치논리가 날카로운 민족이라 생각하고 있다. 정치논리란 기묘한 것이어서 날카로우면 날카로울수록 비생산적이 된다. 즉, 불모화해 가는 성질을 갖고 있다.[7]

朝的停滞のなかにある農村とのあいだには、五百年か千年のひらきがあるように思われる。ソウルでは地下鉄をつくる計画がすすめられているというのに、農村では一般に電灯もないのである。日出レバ耕ヤシ日没スレバ憩ウといったふうの上代以来の農村生活がいまも連綿としてつづいており、非人工の環境と自然の循環になずみきっている農民の貌には、いままで出遭ったどの農民も、資本主義的競争社会が生みだすあの険しさやいやしさがない。＜中略＞ 韓国の農村は、悠然としている。李朝五百年が、まだつづいているという感じなのである。＜中略＞ 韓国の農村は荒れていない。安っぽい蔓草が立木の葉をかくすまでにはびこっているというような凶々しい光景は韓国の農村にはない。まして田畑に草がはえているようなことはなく、人手がよくゆきとどいて、いかにもつややかである。化学肥料や除草薬もつかわれているようだが、しかし草はたんねんにむしられており、さらには刈られた草がぬかりなく堆肥にされているようで、かけただけの手間数が、そのぶんだけ田園の照りになっている。そういう照りのなかで、農村のたたずまいが、気分として自足しているという感じで、電灯の有無などという他の価値基準はこの自足の前には力をうしなうような気もする。李朝がいまに連続しているという韓国の農村の、これは強味の面であろう。pp.164-168

7) 私はつねづね、朝鮮人は世界でもっとも政治論理のするどい民族だと思っている。政治論理というのは奇妙なもので、鋭ければ鋭いほど物事を生まなくなり、要するに不毛になってゆく性質のものだが、p.16

시바 료타로(司馬遼太郎)의 한국, 한국인상 고찰 **205**

한국인이란 본래 화를 잘 내는 민족이다.[8]

한국 측은 부산 왜관에 한국인이 출입하는 것도 엄금하였다. 왜관 문 밖에 장문의 훈령문을 게시하였는데, 그 문장에는 당시 한국인의 까다로운 성격과 특유의 맹렬함이 넘쳐 있어, 역사가 지나가 버린 현 시점에서 보면 일종의 유모어가 넘쳐난다. 〈중략〉 한국인은 싸움의 상대방을 매도할 때, 참으로 가열하다.[9]

한국인들에게는 일종의 격렬함이 있는데, 그 격렬함에는 또 코믹한 구석이 있다.[10]

조선민족에게는 위협적인 면이 있다는 생각을 하게 된 것은 이 불국사의 송림에서 들놀이 하는 것을 보고 우타가키의 노랫소리를 듣고, 또 장고의 리듬을 들었을 때였다.[11]

한인들은 소나무 밑에서 더위를 식힐 때, 저고리를 나뭇가지에 걸쳐 놓는다.[12]

조선 왕조 5백 년의 놀랍고 무서운 점은 다른 민족의 원리를 도입해서 자신의 민족을 길들여버린 데에 있다. 조선인이 지니는 관념선행

---

8) 韓国人というのは怒りっぽい民族だが、p.40
9) 韓国側は、釜山の倭館への韓民の出入りも厳禁した。倭館の門外に、長文の訓令文をかかげたが、その文章には、当時の韓国人の気むずかしさと特有の壯気が満ち、歴史がすぎてしまったいまからみれば、一種のユーモアが噴き出ている。〈中略〉韓国人が喧嘩相手をののしるとき、まことに苛烈である。p.45
10) なんだか韓国のひとというのは激しさがあって、激しさにおかしみがある。
11) 朝鮮民族には凄味がある。と、ほとほと思ったのは、この佛國寺の松林で野遊びを見、歌垣の歌声をきき、そして杖鼓のリズムをきいたときであった。p.111
12) 韓人は松の根方で涼をとるとき、上衣を枝にかける。p.123

벽—사실 인식의 냉정함보다도 관념으로 흥분해버리는 것—이라든 가 그로 인해 공론을 좋아하는 경향은 민족 고유의 성격 등은 아니고, 조선왕조 5백 년의 역사가 이 민족에게 가져다 준 크나큰 억지였다고 생각하지 않으면 이해하기 어려울 것 같다.13)

조선인은 표정이나 동작이 결코 부산스럽지는 않지만, 노파는 한껏 웃는 얼굴로 우리들을 맞아주었다.14)

조선인들은 원래 침묵의 시간을 많이 갖는 민족으로 표정을 함부로 일그러뜨리는 일이 없다. 어린이들마저 그랬다.15)

한국인들에게 일본인은 일반적으로 증오의 대상이 아니면 봉이라는 것이 이 바가지 요금료도 알 수 있는 것이다.16)

마치 토목 공사장의 말뚝 박는 기계가 꽝하고 단 한방에 말뚝을 처박듯이 선불입니다, 라고 선언했다. 농촌에서 상대시대의 예스러움을 맛보고 온 나는, 일변하여 가혹한 한국적 세계로 곤두박질 당한 것을 깨달았다. 나는 속으로 내 사랑하는 조선민족이여, 라고 중얼거리며17)

---

13) 李朝五百年の凄さは、その民族を、他民族の原理を導入することによって飼いならしてしまったところにある。朝鮮人のもつ観念先行癖—事実認識の冷静さよりも観念で昂揚すること—やそれがための空論好きという傾向は、民族の固有の性格などというようなものでなく、李朝五百年の歴史がこの民族に対してほどこした大無理というものを考えなければ理解しがたいようにおもえる。p.175
14) 朝鮮人は表情であれ動作であれ、決してチョコマかとしたふるまいはしないが、が、老婆はせいいっぱいの笑顔で私どもを迎えてくれた。p.178
15) 朝鮮人というのは元来沈黙の時間の多い民族で、表情もやたらと崩したりするようなことはない。子供までがそうであった。p.149
16) 日本人は韓国人にとって一般に憎悪の対象であるか、カモであるかしかないことが、この一事でもわかる。p.197

그는 내 손바닥에 놓인 돈을 집어 들고 휙 돌아서서 인사도 없이 방을 나갔다. 조선인들은 일반적으로 공손한 편은 못 된다.[18]

한국인은 논의를 좋아해서, 때때로 격렬하게 논쟁을 하고서도 결국에는 아무런 결정도 못 얻어내는 경우가 많다.[19]

내가 진정을 시켜야 할 정도로 석호 선생은 감정이 격해져 있었으나, 이러한 감정과 표현의 격렬함은 조선의 한문에도 공통적으로 나타나는 현상으로 조선민족에게 극히 흔한 특징이라 할 수 있고 석호 선생 한 사람만의 개성은 아니다.[20]

조선인들의 일반적인 경향은 관념적으로 감정이 격해진다는 것이다. 〈중략〉 조선인들은 어느 시대부터 그렇게 되었는지, 현실보다도 도리어 관념에 의해 격하게 흥분한다.[21]

---

17) 土木機械の杭打ち機械がドスンと杭の頭を打つような調子で、先金ですよと、宣言した。農村で上代の古朴を味わってきた私は、一転して苛烈な韓国的世界に踏みこんだことを知った。ひそかに念仏をとなえ、わが敬愛する朝鮮民族よ、とつぶやきつつ、pp.197-198
18) 彼は私のてのひらから金を巻きあげると、身を翻し、一礼もせずに部屋から出て行った。朝鮮人は一般に慇懃ではない。p.198-199
19) 韓国人は議論ずきで、ときに激烈に論をたたかわせ、結局はなにごともつくりだすことができなかったという例が多い。p.231
20) 私はなだめざるをえないほど夕湖先生は激しきってしまっているのだが、こういう感情と表現の激烈さは朝鮮の漢文にも共通しているように朝鮮民族のごくありふれた特徴というべきもので、かならずしも夕湖先生のみの個性とはいえない。p.257
21) 朝鮮人の通癖として、観念で激情する。〈中略〉朝鮮人はいつの時代からそうなったのか、現実よりも観念で激しく昂奮するのである。p.258

3. 유교적 중국체제 속의 한국

시바 료타로는 한국인들이 중국의 영향을 받아 일찍부터 유교적 관습 속에 살고 있다고 지적하고 있다.

> 조선인들은 일찍부터 유교적 관습 속에 살았기 때문에, 남자가 벌거 벗는 것을 비례와 야만의 극치라고 생각한다. 지금도 일본인들은 많은 술을 마시거나 힘든 노동을 할 때 옷을 훌러덩 벗어부치는데, 조선인들은 이를 보고 말할 수 없는 경멸과 불쾌감, 그리고 어느 정도의 두려움까지도 갖는 모양이다.[22]

중국의 문명을 직접적으로 받아들이고 종주국으로 떠받들었던 조선이 중국인과 같은 성을 쓰는 것에 대해서는 전혀 거부감을 가지지 않으면서, 식민지 시절 일본정부의 창씨개명 정책에만 분개하는 한국인들의 태도를 날카롭게 비꼬고 있다.

> 조선인들이 일본에 대해 지니고 있는 원한 중의 하나가 개성의 문제이다. 전쟁 중에 일본 정부는 조선인에게 개성을 시켜 억지로 일본 성을 갖게 하였다. 이 일만큼 민족적 자존심을 무시한 행위가 없었고, 이것은 지금까지 일본에 대한 원한 중의 하나로 남아 있으며, 나도 가끔 조선인들에게서 이 원한 이야기를 듣는다. 내가 일본인으로 태어났기 때문에 조선인들에게서 이런 이야기를 듣는 것은 괴로운 일이다. 그런데 이 콧대 높은 퉁구스 인종이 자신들의 언어에 따른 고유의 이름을

---

22) 朝鮮人は早くから儒教習慣のなかにあったため、男子の裸体というものを非礼と野蛮の極みだとおもっている。いまでも日本人は大酒をのんだり、労働をしたりするとき、くるりと裸になったりするが、朝鮮人はあれをみて底びえるような軽蔑と不快感と、そして幾分かの恐怖心をもつらしい。pp. 23-24

버리고, 그들에게 있어서 이민족이자 외국인 중국식 이름을 갖기로 한 그 중대한 역사에 대해서는 하등의 감정을 갖고 있지 않다. 중국이 좋아서 중국 이름을 갖기로 하였다라는 말이라도 조선인 누군가의 입에서 나오면 좋으련만, 그런 말도 들은 적이 없다.[23]

조선왕조 5백 년간 중국적 유교 체제의 모범생이었던 조선은 중국의 역대 왕조로부터 동방예의지국이라는 칭찬을 들어온 것처럼, 습속으로서의 유교를 중요시 여겨왔다. 〈중략〉 유교국가란, 자연 그대로의 인간을 인정하지 않는다. 인간은 질서 원리인 예로써 길들여져야 비로소 인간이 된다. 그렇게 되어 있다.[24]

조선은 조선왕조 5백 년뿐만 아니라, 신라 후기나 고려 때부터 이미 동방예의지국이었다. 즉, 중국적 원리 — 예교 — 를 가지고 국가, 사회, 가정체제의 원리로 삼아왔다는 뜻이고, 중국을 유교적 종주국으로 여겨왔다. 즉, 국가로서 예교의 질서를 가지고 있었기 때문에 같은 원리를 가진 중국으로서는 조선은 안전하다라는 느낌이었을 것이 분명

---

23) かれらが日本に対してもっている怨念のひとつに、改姓の問題がある。戦時中、日本政府は朝鮮人に改姓をさせ、むりやりに日本姓を名乗らせた。これほど民族的自尊心を無視したやりかたはなく、いまなお日本に対する怨念のひとつになっており、私もしばしば朝鮮人からこの怨念についてきいた。私はたまたま日本人であるがために、このことを朝鮮人からきくことがつらい。しかしながらこの誇り高きツングース人種が、みずからの言葉による固有の名前をすて、かれらにとって異民族であり外国である中国名を名乗ることにしたという重大な歴史については、かれらはなんの感じももっていない。中国が大好きだったから中国名を名乗ることにした、というようなことでも、朝鮮人のたれかの口からきいてもよさそうなのだが、それもきいたことがない。pp.58-59

24) 李朝五百年間、中国的儒教体制の模範生であった朝鮮は、中国の歴代王朝から、東方礼儀ノ国とほめられつづけてきたように、習俗として礼教を重んじつづけてきた。〈中略〉 儒教国家というものは自然のままの人間というものをみとめない。人間は秩序原理(礼)でもって飼い馴らしてはじめて人間になる。そうなっている。p.138

하다. 종주국인 중국에 대한 예를 흐트리는 것 — 예컨대 침략 — 따위를 조선은 하지 않는다. 조선도 유교 원리를 가지고 중국을 본가로 삼고 있는 한 중국이 쳐들어올 리 없다는 안도감이 있었다. 방위가 어려운 반도국가로서는 이것이 가장 좋은 생존방법이었을 것이다. 그리고 예교라는 절대 원리(특히 조선왕조에서)를 가지고 국내를 순화시켜두면 내란이 일어날 가능성이 적어서 이것만큼 좋은 것은 없었다.[25]

그는 반도국가인 조선이 생존할 수 있었던 것은 중국을 섬겨 그들의 원리인 예교를 국가체제의 원리로 삼아왔기 때문이라는 논리를 펴고 있는데, 이 때문에 중국의 영향을 받은 문명에 대해서는 아무런 저항감이 없는데 반해 아무렇지 않게 옷을 훌렁 벗어부칠 수 있는 비예교적 행위가 용납되는 일본인과 같은 인종은 경계하고 멸시해 마지않는다고 보고 있다. 이와 같은 조선인의 성향은 무엇이든 포악한 일제 30여 년의 지배를 탓하기에 이르렀다고 확대해석하고 있다. 기나긴 조선의 역사에서 불과 30여 년이라는 역사는 조선의 생산력과 조선인의 마음을 정체시키는데 심각한 영향력을 끼쳤다고는 보지 않는다[26]고 서술하고 있으면서도, 글의 끝머리에 가서는 자신은 순수

---

25) 朝鮮は、李朝五百だけでなく、新羅の後期や高麗朝あたりからすでに、東方礼儀ノ国であった。つまり中国的原理 ― 礼教 ― をもって国家・社会・家庭体制の原理としてきた、という意味であり、中国をもって儒教的宗主國としてきた。つまり国家として礼教の秩序をもっているから同原理の中国としては、朝鮮は安全である、という感じだったにちがいない。宗主国である中国への礼をみだす ― たとえば侵略 ― などということは朝鮮はしない。朝鮮もまた、儒教原理をもって中国を本家として立てているかぎり中国が攻めてくることはない、という安心感があった。防衛のむずかしい半島国家としてはこれが最良の生き方であったろう。そして礼教という絶対原理(とくに李朝)で国内を馴化しておくと内乱のおきる可能性がすくなく、これほどいいことはなかった。pp.139-140
26) 韓国の知識人は例によって千枚透しの錐のようにするどい怨恨的発想の政治論理

시바 료타로(司馬遼太郞)의 한국, 한국인상 고찰 **211**

한 여행자일 뿐으로 남의 나라에 대해 왈가왈부하는 불손한 태도는 취할 수 없다는 다소 모순되고 애매모호한 논지를 펴고 있다. 이러한 시바의 한국론은 일본인에게 전후 한국에 대한 인상을 형성시키는데 중요한 역할을 했다고 볼 수 있다.

또한 '남 탓'만 하는 한국인에 대해서도 완곡한 어조로 지적하고 있다.

> 나를 이렇게 만든 것은 저놈이다. 모든 불행과 모든 악은 저놈 탓이다라는 식의 자기자신을 빼버리는 논의는 칼날같이 날카롭고, 또한 백 퍼센트 옳기도 하지만, 날카로움과 옳음이 반드시 생산적인 것은 아니다.[27]

이밖에도 중국의 유교원리를 받아들여 조선왕조의 대부분의 체제를 정비시켰다는 시각은 곳곳에서 드러나고 있다. 즉, 시바 료타로는 한국이라는 나라가 존속할 수 있었던 것은 유교체제에 의해서라고, 다시 말하자면 중국의 영향에 의한 것이라고 말하고 있다.

> 일본의 옛 농촌의 경우 가옥의 크기와 구조가 서로 다르기 때문에 그것들이 풍경으로서의 마을을 구성 할 때 촌락 그 자체가 조형적으로 아름답다. 그러나 조선왕조 5백 년은 인간을 사육하고 길들이는 유교

でもって規定しきってしまうかもしれないが、日帝がいかに暴虐であろうとも —げんにそうだが— しかし長い朝鮮史のなかでその期間はたかが三十余年間であるにすぎない。李朝五百年が、朝鮮の生産力と朝鮮人の心を停滞せしめた影響力のほうがはるかに深刻なようにおもうのだが、p.166

27) 自分をこうしたのはあいつだ、すべての不幸とすべての悪はあいつがもたらしたという式の、自分自信の抜け落ちた議論は白刀のようにするどく、さらには百パーセント正しくもあるが、しかしするどさや正しさがかならずしも物を生み出すものではないのである。pp.166-167

체제였기 때문에, 농촌의 가옥까지 규격화한 것처럼 여겨진다.28)

시바는 대구의 한 호텔 직원의 퉁명스러움과 얼토당토한 바가지요금으로 맛사지를 받은데 대해 거듭해서 불쾌함을 늘어놓고 있는데, 이마저도 한국의 유교적 중국체제와 연관시켜 언급하며 상대적으로 청렴한 일본의 민족성을 강조하고 있다.

> 일본도 중국이나 조선처럼 율령 체제였던 나라와 헤이안 시대에는 체제 그 자체가 부패해 있었다. 〈중략〉 무사의 발흥이라 불리우는 일본 역사상 최대의 토착집단의 출현이 이 바보스러운 율령 체제를 갈기갈기 난도질해버려 가마쿠라 막부라는, 토착자의 이익을 대표하는 체제가 성립함으로써 일본 역사는 아시아적인 것에서 해방되었다. 〈중략〉 우리가 그 불쾌하기 짝이 없던 '대구의 프런트 담당'이 될 운명에서 벗어나게 된 근본 중의 근본은 고유명사로써 말하자면 미나모토노 요리토모에서 비롯되고 있는 것이다.29)

일본은 별개의 체제를 지녀왔다. 예를 들어 에도 시대의 번 관료들은 불쌍하리만치 청렴하였다. 기라고즈케노스케 등이 뇌물을 먹은

---

28) 日本のかつての農村の場合、家屋の大小や造りのちがいが相互にあって、それらが風景としての村を構成する場合、村そのものが造形的にうつくしい。しかしながら李朝五百年というのは儒教体制という人間飼いならしの体制であるために、農村の家屋まで規格化したようにおもえる。p.173
29) 日本でも奈良朝、平安朝といった中国もしくは朝鮮風の律令体制であったころは、体制そのものが汚職だった。＜中略＞ 武士の勃興という呼び方で日本史上の最大の土着団の出現が、このばかばかしい律令体制をずたずたにしてしまい、鎌倉幕府という、土着者の利益を代表する体制ができて日本史はアジア的なものから解放された。＜中略＞ われわれが大邱のフロント系になることからまぬがれたもモトのモトは、固有名詞でいえば源頼朝から発しているのである。p.207

적이 있기는 하지만, 기라가 받은 뇌물은 이른바 막부의 의전과장으로서의 교습료, 혹은 인사치례와 같은 것으로 구 아시아적 체제 속에서 관리가 부정을 저지르는, 체제 그 자체가 오직기구가 되는 것과는 전혀 다른 것이다. 〈중략〉에도 시대에 가난했던 것은 무사들이고, 부자는 상인 또는 땅을 갖고 있는 백성들이었다. 〈중략〉메이지라는 일본의 개화기는 앞 시대의 이러한 제체를 원형으로 하여 성립되었다. 〈중략〉메이지 시대 관리들의 청렴함을 토대로 하여 비로소 메이지의 자본주의가 성립된 것이고, 이것을 다시 한번 바꿔 말하자면, 국가의 개입을 많이 필요로 하는 근대적 산업이라는 것은 관료의 청렴함 없이 성립될 수 없는 것이라고 말할 수 있다.30)

4. 結

뛰어난 역사소설 작가로서 많은 일본인들의 존경과 칭송을 받으며 일본인들의 정신세계에 크나큰 영향을 끼친 시바 료타로는 『한나라 기행』에서 완곡한 어조로 한국을 비판하고 있다. 자신과 조선과의 연관성을 강조하며 객관적인 입장에서 한국의 원형을 알고자 한다는

---

30) 日本は別個の体制できた。たとえば江戸時代の藩官僚たちは気の毒なほどに清潔であった。もっとも吉良上野介などがワイロをとるということがある。しかし吉良的なワイロはいわば幕府の儀典課長としての教授料もしくはあいさつ料であって、旧アジア的体制のなかでの官吏が汚職をするという、体制そのものが汚職機構になっているということとはまったくちがったものである。＜中略＞ 江戸期において貧乏なのは武士で、金持といえば商人や百姓地主であった。＜中略＞ 明治という日本の開花時代は、前時代のこういう体制を原型として成立した。＜中略＞ 明治官吏の清潔さを土台にして、はじめて明治の資本主義が成立したわけであり、これをもうひとつ裏返せば、多分に国家の面倒見を必要とする近代的産業というのは、官僚の清潔さの上にしか成立しえないものだともいえる。pp.209-210

그의 주장과는 달리 기행문 전체에 걸쳐 한국에 대한 비판적인 시각이 존재하고 있다.

일본인과 차별화되는 한국인의 민족성에 대해 유교적 중국체제에서 비롯된 것이라 단언하고, 여전히 중국의 영향권 하에 있으면서도 전혀 수치심을 느끼지 못하고 있는 민족이라 논하고 있다. 그러면서도 불과 30여 년간의 일제 식민지 통치에 대해서는 서슬 퍼렇게 날을 세우는 한국인들을 비판하며, 30여 년간의 일제 통치는 실제 한민족에게 별다른 영향을 끼쳤다고 볼 수 없다는 논리를 내세우고 있다.

또한 시바는 한국의 예교문명을 그리어 조선 왕에 항복했다는 역사적인 인물인 사야가(沙也可), 모하당에 대해 의구심을 품고 그의 실체를 파헤치고 있는데, '그럴 리가 없다'는 의식 하에 조선인이 만들어낸 허구적인 인물임을 증명해보이고 있다. 이 모하당에 많은 부분을 할애하고 있기 때문에 기행문의 취지까지도 퇴색하게 하고 있다.

그가 표면적으로 내세우고 있는 '나라와 민족의 차별을 뛰어넘어' '조선의 원형'을 알고자한다는 의도보다도 오히려 내재되어 있는 조선에 대한 비판이 부각되고 있다고 볼 수 있는데, 완곡한 어조와 부분 부분 언급되고 있는 일본에 대한 어설픈 비판이 시바의 표면적인 목적을 성립시키고 있다고 말할 수 있다.

해박한 역사적 지식과 날카로운 통찰력, 그리고 능숙한 문장솜씨를 바탕으로 쓰여진 『한나라 기행』은 지극히 일본인적인 시각에서 성립된 것으로서, '조선의 원형'을 알고자하기 보다는 일본인이 생각하고 있는 조선의 원형에 끼워 맞춘 한국상을 정립시켰다고 할 수 있다. 이와 같이 시바에 의해 정립된 한국과 한국인상은 전후 일본인들의 한국상 성립에 지대한 영향을 끼쳤고, 현재에 이르고 있다고 말할 수 있을 것이다.

제3부

내국인 주체와 외국인 타자의 이미지

해방기 희곡에 나타난 민족과 인종의 표상 이미지

박 명 진

1. 서론

　해방기 문학의 주요 테제로는 일제 잔재의 청산, 새로운 국가의 건설, 봉건적인 유습의 타파 등을 들 수 있다. 그러나 일제 말기에 이르러 우익과 좌익 모두 친일 행위로부터 자유로울 수 없었기 때문에, 해방기의 중심적인 논의는 새로운 국가 건설에 집중되는 경향도 띠게 된다. 적지 않은 작가들이 친일 행위에 관련된 과거사를 집중적으로 파헤치기보다는 국가의 시급한 당면과제로서의 새로운 국가 건설에의 전망 제시에 관심을 쏟는다. 이에 따라 해방기에 창작된 작품들에 대한 독해에는 매우 세심한 주의가 필요하게 된다. 왜냐하면 새로운 국가 건설에 있어서 헤게모니를 장악하고자 하는 투쟁 국면에서 식민지 시기의 과거사를 자신의 정치적 목적에 맞게 재구성할 개연성이 있기 때문이다.

이 글은 해방기에 창작된 희곡을 중심으로 텍스트 내에서 구현되고 있는 민족과 인종의 표상 이미지를 살펴보고자 한다. 여기에서는 모두 식민지 말기, 또는 해방 직전의 시기를 다루고 있는 희곡에 국한하여 논의하겠다. 이 글에서 대상으로 삼고 있는 희곡 텍스트는 박영호의「겨레」, 이기영의「해방」, 김진수의「제국 일본의 마지막 날」등 세편이다. 이 작품들은 일제 말기를 배경으로 하고 있는데, 민족과 인종에 대한 나름대로의 견해와 입장을 펼쳐 보이고 있다. 이 작품들은 제국주의와 식민체제의 상황 속에서 특정한 신념으로 행동하고 있는 조선인과 일본인에 대해 직간접적인 평설(評說)을 전개한다.

　주체는 타자를 배타적으로 구성해내지 않고서는 자신의 정체성을 확립할 수 없다. 해방기는 식민지 시기 왜곡된 객체로서밖에 삶을 영위할 수 없었던 조선인이 주체로서 자신을 바라볼 수 있게 된 단절적 국면이었다. 그런 만큼 해방기에 급작스럽게 이루어진 주체와 객체의 자리바꿈은 복잡한 욕망을 내포할 수밖에 없다. 이 시기에 식민지 체제 하의 조선인과 일본인을 현재로 소환하여 이미지화하는 것은 현재의 자기 정체성을 확립하는 작업에 동원될 수밖에 없다. 그런 의미에서, 이 글에서 다루고자 하는 희곡들은 기억을 통해 과거를 소환함으로써 어떻게 자신의 정체성을 확립하고자 하는가를 중심으로 접근될 필요가 있다. 거칠게 말하자면, 세 편의 희곡들은 '민족 담론'의 차원이 아니라 '국가 담론'의 차원에서 조선민족과 일본민족을 소환하고 있다. 또는 역사성을 담지하고 있는 민족이 아니라 획일화되고 상식화된 '상투어'나 '관용어'로서의 '민족'이 소구되고 있다. 이 글은 세 편의 희곡이 식민지 말기에 대한 기억을 소환하여 현재화하고 있는지, 그리고 소환된 기억 속에서 조선민족과 일본민족이 재현되고 있는지에 대해 고찰해보고자 한다.

2. 민족에서 계급으로 가는 길 : 박영호의 「겨레」

해방기의 문학은 우익과 좌익의 구분 없이 공통적으로 새로운 국가 건설에 대한 고민을 담고 있다. 특히 새 국가 건설을 위해서는 일제 식민지의 잔재를 청산해야 한다는 데에는 일치하고 있었다. 이에 따라 청산해야 할 '식민지性'이 우선적으로 정리될 필요가 있었다. 부정하거나 타파해야 할 '식민지性'의 정체가 파악되지 않고서는 새 국가의 기본 강령이 만들어질 수 없었기 때문이다.

박영호의 「겨레」는 식민지 잔재 청산 문제와 함께 새 국가 건설의 테제 정립에 대한 당시 좌익 계열의 국가 의식을 엿볼 수 있는 작품이다. 이 작품은 친일파 아버지와 공산주의자 고모부를 둔 '용구'라는 인물을 중심으로 새 국가 건설에 대한 작가의 주장을 펼쳐 보이고 있다.

> 容九 : 군수(郡守)의 짜님으로서 집에서 쫓겨나서까지 공산주의자(共産主義者)의 안헤가 되신 고모님이나 그와는 반대로 장차 총독부 사무관(事務官)이 될 대학생의 안해가 된 우리 어머니나 적어도 조선여자로서 그런 선각급(先覺級)의 어머니들이라면 자식의 마즈막 한마듸 발언권은 여유를 주어야 올찬슴니까.
>
> (중략)
>
> 容九 : 끗이라니요 어쩌게되는 긋이유 아버질 죽이는 긋이유 본마누라두 잇구 자식두 잇는 이십년 이상이나 자릴 다듬은 남의 살림을 송두리째 두집어논 그 왜년의 가슴에다 칼을 박는 긋이우 어쩌게 허는 긋이예요.[1]

---

[1] 朴英鎬, 「겨레」, (김동권 편, 『현대희곡작품집』 제3권, 서광학술자료사, 1994, p.396) 이하 희곡의 인용 면수는 자료집의 면수를 기재함.

일본 유학생인 용구는 친모의 자살 소식을 듣고 급하게 귀국한다. 용구에게는 그 주변 인물들이 매우 명확한 대립구도로 받아들여진다. 즉 한쪽에는 아버지와 일본인 후처(後妻)가 있고 반대편에는 고모와 고모부가 있다. 용구의 아버지는 총독부 사무관에까지 오를 정도로 적극적인 친일 인사이고, 본처를 버리고 일본 여성과 재혼할 정도로 파렴치한 가장이다. 특히 '왜년'은 "본마누라두 잇구 자식두 잇는 이십년 이상이나 자릴 다듬은 남의 살림을 송두리째 두집어논" 장본인이기 때문에 가정 파괴의 직접적인 원인 제공자가 된다. 결국 친일파 아버지와 일본 후처는 용구의 어머니를 자살로 모는 간접 살인자로 낙인찍힌다. 반면에 용구의 고모는 군수의 딸로 태어났음에도 불구하고 공산주의자와 결혼을 한 용기 있는 여성이다. 여기에서 작가 박영호는 '일제 식민주의'의 대타항으로 공산주의를 제시하고 있음을 알 수 있다.

용구는 경찰부장, 도지사, 참여관 등을 하기 위해 친일 행위를 서슴지 않았으며, 결국에는 조강지처까지 버리고 일본여자와 결합한 아버지의 죄과를 신문에 밝히고 싶어 한다. 이에 사촌형인 창수와 고모가 용구의 결심을 나무란다. 그렇다고 해서 창수와 고모가 일본 제국주의 정책에 동의하거나 독립의 당위성을 부정하는 것은 아니다. 작가는 창수와 고모의 냉소적인 대사를 통해 제국주의의 부당성을 우회적으로 비판하고 있다.

容九 : 외 그래요. 경찰부장이 되려고 도지사가 되려고 참여관이 되려고 조선집을 일본집으로 고치고 말도 왜말 먹는 것 입는 것써정 왜식 결국 가서는 넉시 올는대로 올나서 본마누라써정 내여쫓고 왜년허구 조선신궁에서 하나무꼬하나요메(花婚

　　　　　花嫁)가 된 그자의 죄악을 세상에 쏘다놋는게 얼마나 유쾌한
　　　　　복수요.
　　　昌壽 : 어썬게 복수라는거냐 그것이 자랑이지 죄악이 되니
　　　容九 : 머 자랑이라구요? 외요?
　　　昌壽 : 넌 통 한다는 소리가 세상하군 담을 싸구나. 황민화(皇民化)
　　　　　라면 무조건인 줄 몰으니 일개 조선여자 하나쯤 목을 매엿다
　　　　　구 코허리나 시큰헐 줄 알어. 인제 전장이 급해저 봐라. 조선
　　　　　여편넬 모조리 목을 매서라두 황민화 운동을 위해서는 요로
　　　　　시 이기나시(異議無)할 째가 불원헌데 외 이런 정신 업는 소
　　　　　릴 허구 잇니. 그러찬어요 어머니.
　　　人珠 : 그러타쑨이냐. 나라두 쌔앗는 놈들인데 조선 여편네 하나 목
　　　　　매는 것쯤 대수겟냐.
　　　昌洙 : 그러문요. 사실은 써들어봣자 황국신민의 선각자의 가정이
　　　　　라구 자랑이 되구 벼슬이 되구 돈이 되는 거야.2)

　여기에서 창수와 인주는 역설적인 방식으로 일제 말기의 시대적 광기(狂氣)를 조롱하고 있다. 이처럼 당대 현실에 대해 비아냥거리는 방식으로 대응하는 것에는, 식민 체제에 적극적으로 대처하지 못한 작가의 죄책감이 개입된 것으로 볼 수 있다. 해방된 시기에 창작된 작품임에도 불구하고, 이 작품은 용구와 창수를 통해 적극적이고 진취적인 반(反)식민지 운동에 참여하지 않기 때문이다. 이러한 소극적인 민족의식은 작가 자신이 일제 말기에 식민 정책에 동조했었다는 사실과 관계가 있다고 볼 수 있다.

---

2) 朴英鎬, 「겨레」, p.397.

우리 劇團에「現代劇場」의 誕生은 한 개의 좋은 刺戟이다. 柳致眞, 徐恒錫, 李軒求, 咸大勳, 諸氏를 筆頭로, (중략) 마치 藝苑全般의 大同團結로 보혀진다. 이런 各樣 各態의 人物들이 그처럼 손쉽게 網羅될 義務가 어디 있었든가를 反問하고 싶도록 奇異했다. 結成會席上에서 熱意있는 祝辭를 한 鄭寅燮氏의 말과 같이 이 奇異에 가까운 團結은「一億一心化」란 一言으로 歸結될 것이다. 이들은 國策을 一路 標式으로 삼아 東亞共榮圈確立에 翼贊[3]한다는 發會趣旨를 보드라도 얼마나 當當한 發足이랴.[4]

친일 극단인 '현대극장'의 발족을 '대동아공영권 수립'을 위한 당당한 사건으로 발언했던 박영호의 과거 입장을 상기해 본다면, 작가가 텍스트 속에서 적극적이고 투쟁적인 反日 노선을 그려내기는 어려웠다. 따라서 이 작품은 식민지 시기 조선민족의 행적에 대한 반성이나 비판에 목적을 두지 않는다. 오히려 작가는 식민지 시기의 처참했던 과거사를 떠올리며 해방기 새로운 국가 건설에 있어서의 새로운 사상의 도입이 필요하다는 논리적 전개를 감행한다. 조선민족의 황국신민화에 동참했던 작가가 해방기에 선택할 수 있는 노선은 민족과 인종의 갈등을 뛰어넘은 '계급'이었던 것이다.

이 작품을 독해하기 위해서는 이 작품의 창작 시기가 해방기였다

---

[3] "翼贊이란, 힘을 합쳐 천자(天子), 즉 천황(天皇)을 돕는다는 뜻이다. 다이쇼익찬회(大正翼贊會)는 1940년 10월 12일에 고노에(近衛) 내각을 위해 설립된 것으로, 신체제 운동 하에서 전시 체제를 새롭게 전환한 것이다. 정당, 노동조합 등을 포함한 모든 자립적인 조직을 해산시키고 익찬회 산하로 조직화하여, 지역, 경제 전반에 걸쳐 지도, 통제되는 체제를 말한다."
우에노 치즈코,『내셔널리즘과 젠더』, 이선이 옮김, 박종철출판사, 1999, p.24, 옮긴이 주석 16) 참조.

[4] 朴英鎬,「藝術性과 國民劇」,『文章』25집, 1941.4. (양승국 편,『한국근대 연극영화 비평자료집(1941.4-1944.11)』, 연극과 인간, 2006, pp.1-2에서 재인용.)

는 사실을 감안할 필요가 있다. 해방과 더불어 '제국주의자/피식민지인'의 민족 갈등이 해소된 상태에서, 이 작품 속에 등장하는 반일감정은 '독립 투쟁'과는 별개의 운동, 다시 말해 프롤레타리아 국가 건설을 위한 전망 위에서 해석되어야 하기 때문이다. 따라서 다음과 같은 대사는 해방 이후 새 국가 건설의 방향이 어떻게 구축되어야 할 것인가에 대한 작가의 주장으로 볼 수 있는 것이다.

> 과거에 대한 특정한 표현이 어디까지 '진실'인가 ─ 절대적이고 궁극적인 리얼리티에 어디까지 육박해 있는가 ─ 를 논의하기보다는, 사람들이 과거의 의미를 창조하는 가운데 보여주는 '진지함'을 검토하고 평가하는 쪽이 유익하지 않을까. 이러한 관점에서 보면 역사 지식의 전달이란 역사적 사건, 그 사건의 기록이나 표현에 종사하는 사람들, 그리고 그 표현을 보고 듣고 읽는 사람들, 이 세 요소가 맺는 관계의 연속으로 볼 수 있다. '역사에 대한 진지함'이란 이러한 관계의 연쇄를 이해하려는 노력의 일환이다. 과거의 서술이나 이미지를 우리에게 전해 주는 매개자들을 힘닿는 데까지 추적하고, 우리가 그것들에 반응을 보이는 이유를 이해하려는 노력 말이다. 그러한 노력을 계속하다 보면 우리가 수용하는 과거의 이야기나 이미지가 그것을 전달하는 사람들의 사상이나 관심에 의해, 그것을 전달하는 매체의 성격에 의해, 그리고 내가 현재 놓인 위치에 의해 규정을 받는다는 인식에 직면한다.5)

따라서 우리는 박영호의 「해방」을 독해할 때 역사에 대한 작가의 '진지함'에 대해 심문(審問)할 필요를 느낀다. 주지하다시피 극(劇)장르는 다른 장르에 비해 감상자에 대한 영향력이 보다 직접적이고 자

---

5) 테사 모리스-스즈키, 『우리 안의 과거』, 김경원 옮김, 휴머니스트, 2006, pp.46-47.

극적이다. 그것은 극장르가 특정한 시간에 특정한 장소에서 배우와 관객이 서로 마주보면서 의사소통을 행하고 있기 때문에 가능하다. 시와 소설을 읽는 독자처럼 '문자'라는 기호를 매개체로 작가와의 소통을 행하는 것이 아니라, 관객은 배우의 음성과 몸짓을 현장에서 직접 체험하는 소통 방식을 택할 수밖에 없다. 해방기에 새로운 국가 건설을 도모하는 자리에서 박영호의 사회주의적 국가관은 극장르의 방식을 통해 직접적이고 자극적인 영향력을 도모하려 한다. 이에 따라 「해방」에 등장하는 인물들은 평면적이고 충동적인 성격을 띠고 있으며, 내적인 번민이나 성찰에 몰입하거나 격렬한 갈등 국면을 조장하지도 못한다.

> 昌洙 : 지금 어머니가 흘리시는 그 눈물이 무슨 눈물예요. 누굴 위한 눈물예요. 아버지가 그 그지탈을 쓰고 가족을 버리고 도망군이 되엿담니까. 우리가 울어줘야 헐사람들이 누구예요. 어떤 계급(階級)이냐 말씀예요. 불쌍한 농사꾼의 피를 극는 지주놈들예요. 친일파(親日派) 민족반역자(民族叛逆者)들입니까. 아니지요. 어머니, 노동자 농민 손수 쌀을 맨들고 기게를 돌리고 물고길 잡고 산판을 갈고 석탄을 캐고 가죽을 맨들고 석냥을 종이를 기름을 맨드는 푸로레타리아 이런 불쌍한 사람을 써나서 우리가 울어줄 계급(階級)이 누굽니까. 그럿찬습니까, 어머니.6)

작가가 창수의 입을 통해 주장하고 싶었던 것은, 우리 민족이 최우선적으로 고려해야 할 것이 '계급의식에 기초한 새 국가'라는 것이다.

---

6) 박영호, 「겨레」, p.405.

따라서 이 작품 속에는 일제 잔재 청산 문제에 대한 진지하고 본격적인 고민은 끼어들 여지가 없다. 이것은 '최종심급'으로서의 '계급의식'이 해방기 좌익 작가들의 급선무였음을 말해준다. 이에 따라 식민지 시기는 '억압 민족/피억압 민족'의 갈등 구조보다는 '부르주아/프롤레타리아'의 계급 갈등 구조로 해석될 수밖에 없다. 여기에서 '억압 민족'으로서의 일본 인종과 조선의 부르주아 계급은 동일한 범주로 합일된다. 결국 이 작품의 제목 「겨레」는 통상적인 의미에서의 '민족, 인종' 개념을 빗나가게 된다. '불쌍한 프롤레타리아 계급'과 이 계급을 위해 울어줄 계급이야말로 온전한 의미의 '겨레'가 될 것이기 때문이다.

> 푸로레타리아 文化이기 때문에 어떤 反動的인 文化보다도 그 民族의 文化的 特殊性을 正確하게 살리고 包攝하는 것이다. 그러므로 朝鮮이 世界 프로레타리아 階級에 一員이 되는 것은 生活로서의 參加라기보다 살림으로서의 參加일 것이다. (중략) 네것이 안이고 내것이 안인 演劇은 곧 朝鮮人民의 演劇이요 똑바로 말해서 基本階級의 하나인 無産階級의 演劇인 것이다. 이것이 우리가 追求해야 할 朝鮮人의 살림의 原則이오 內容이다.[7]

위의 인용문 속에 있는 "演劇은 곧 朝鮮人民의 演劇이요 똑바로 말해서 基本階級의 하나인 無産階級의 演劇"이라는 표현은 그대로 희곡 「겨레」의 기본 입장과 일맥상통하고 있다. 말하자면 「겨레」에서 집중적으로 비판의 대상이 되고 있는 용구의 아버지의 친일 행위

---

7) 朴英鎬, 「살림으로서의 演劇」, 『文化通信』 7, 1946.1. (양승국, 『한국근대연극영화비평자료집 18』, 연극과인간, 2006, pp.117-120)

는 해방 이후 새 국가 건설을 위해 인용되는 자료로서만 가치를 획득한다. 여기에서 '민족 또는 인종'은 '계급'이라는 최종심급으로 흡수되며 침략 주체로서의 일본 민족은 지배계급으로서의 부르주아 계급으로 치환된다. 박영호의 정치적 행보는 일제 말기 대동아공영권에의 적극적인 동참에서 해방기 사회주의 국가 건설로 굴절된다. 그의 작품「겨레」에서 민족에 대한 작가의 분열증적 인식 지도를 발견할 수 있는 것은 그의 가벼운 정치적 행보에서 그 원인을 찾아볼 수 있을 것이다.

3. 식민지 젠더의 인종학 : 이기영의 「해방」

이기영의 희곡「해방」은 일제 치하 감옥을 배경으로 한 작품이다. 당연히 이 작품의 갈등 구조는 수감된 자와 감시하는 자의 관계를 기초로 하고 있다. 여기에서 수감된 자는 피식민지 국민으로서의 조선인을 대표하고, 감시하는 자는 일본 제국주의의 공권력을 상징한다. 그런데 이 작품은 조선인 여성 수감자를 주요 인물로 배치함으로써 복잡한 인물 관계를 형성한다. 주목할 만한 것은 이 작품에서 수감자들의 피식민지인으로서의 굴욕감은 '춘자'의 운명이라는 최종심급으로 환원된다는 것이다. 이때 '춘자'의 존재는 훼손되고 왜곡된 민족 자존감을 대표하게 된다.

> 鄭 : 이 사람들, 저런 現實을 눈앞에서 보면서 임자들은 담배꽁초 한 개로 해서 싸홈질을 해야 옳은가 … 저 女子야말로 무슨 罪가 있어서 이 밤중에 무서운 刑罰을 바드며 가바란 놈한테 가

진 능욕을 당하느냐 말야 … 山꼴에서 자라난 가난한 農村處
女가 都會地의 倭놈의 靑樓로 속아 팔려와서 處女의 貞操를
빼앗기는 그날부터 人肉市場에서 女子로서는 참아 당하지 못
할-뭇 男子의 獸慾을 채워주는 道具가 되엿지만 抱主의 虐待
와 가진 凌辱을 바다오다가 참을래야 참을 수가 없어서 마침
내 죽기를 무릅쓰고 逃亡질을 처서 그리운 故鄕으로 父母를
차저 가다가 붓들려서 또다시 왜놈 巡査한테 저 지경을 當하
지 안소. 그런 生覺을 하면 치가 떨려서 倭놈이라면 간을 내어
씹어도 시원치 안을 만큼-우리 朝鮮과는 不俱戴天의 怨讐가
않이겟소. 그런데 이 地方만 보더라도 數千名이 살고 있는 우
리 同胞가 不過 두세놈의 倭놈한테 쥐여서 꼼작을 못하고 죽
은 목슴이 되었으니 世上에 이보다 더 寒心한 일이 어디 있으
며 그게 무슨 까닭인지 알기나 하겠소. 아-.[8]

존경받고 있는 죄수 '정'은 간수가 버린 담배꽁초 때문에 싸우고 있
는 죄수들을 나무라면서 옆방에 갇혀 있는 춘자의 처지를 통해 민족
의 현실을 깨우쳐준다. 춘자는 피식민지인으로서의 조선 민족을 대
표한다. '정'의 대사가 핍박받는 조선 여성에 대한 휴머니즘적 세계관
을 지니고 있다고 보는 것은 무리이다. 왜냐하면 이미 '정'의 세계관
속에서 춘자라는 존재는 탈성화(脫性化)된 상징 기호에 불과하기 때
문이다. 말하자면, 춘자의 젠더는 민족 담론에 의해 소비되어 버리
고, 원수에게 복수해야만 하는 단일한 주체로서의 '민족' 관념이라는
잉여가치만이 남게 된다.

---

8) 李箕永, 「解放」. (김동권 편, 『현대희곡작품집』 제4권, 서광학술자료사, 1994, p.441)

민족 수난사를 여성 수난사로 구성하는 이야기 방식에는 민족과 외세라는 대립항은 잠재적으로 여성적인 것과 남성적인 것의 대립적(지배/피지배) 관계를 재생산하는 구조를 취한다. 따라서 나약해지고 더럽혀진 민족의 주체성을 순결하게 정화하고 재생하려는 욕망에 의해 구성되는 이러한 서사의 이면에는 여성적인 것을 남성적 세계에 의해 전유하고 지배하고자 하는 모순적인 욕망이 내재하게 된다. 즉 민족 수난사로서 여성 수난사의 이야기 구조는 단지 여성에 대한 남성적 이데올로기를 내포한다기보다 여성/남성, 민족/외세라는 이분법적 대립항 속에서 모든 이질적인 것들에 대한 순결주의적 강박을 드러내는 것이다.9)

박영호의「해방」에서는 조선민족과 일본민족의 식민주의적 불평등 관계는 순결성을 훼손당하는 여성과 이 여성의 정조를 강탈하는 남성이라는 젠더 정치학으로 대체된다. 따라서 다음과 같은 '鄭'의 장광설은 본질주의적 민족주의의 순결 신화로 읽혀질 수밖에 없다.

鄭 : (瞑想을 하면서 獨白하듯이) 그러나 五千年의 歷史를 남기고 聖스러운 檀君 한배님을 祖上으로 모신 우리 배달 民族이 決코 滅亡하지는 안켓지－果然 옛날의 우리 朝鮮으로 마처럼 훌륭한 文明을 하엿스며 偉大한 人物이 이 江山에서 나섯는가. 그래서 우리 朝鮮은 東方禮義之國이라고 中國 사람에게 稱讚을 밧게까지 되엇스며 … 그러던 朝鮮이 三十六年 前에 倭놈에게 나라를 빼앗긴 것은 그놈들이 不時에 强盜질을 해서 强弱이 不同으로 어찌할 수 없었든 것이지만 그때 우리 政府는

---

9) 권명아,「수난사 이야기로 다시 만들어진 민족 이야기」, 김철・신형기 외,『문학 속의 파시즘』, 삼인, 2001, p.302.

時代의 變遷을 모르고 서로 勢다툼을 하기에 餘暇가 없었고 大衆은 蒙昧하기 짝이 없어서 어느 鬼神이 잡어가는 줄도 모르다가 合邦이 되지 안엇소.10)

이 작품에서 등장인물 '鄭'은 극중 사건을 관찰하고 해석하며 평설(評說)하는 초월적 주체 역할을 담당한다. 그는 극중 인물들이 처한 현실과 이에 대한 내면의 반응에 대해 계몽적인 대사를 통해 교화하고자 한다. 그가 지니고 있는 민족의식은 지극히 상식적이고 교조적이다. 위의 대사에서 엿볼 수 있듯이, 그에게 한민족이란 5000년의 역사를 지닌 배달 민족이고, 훌륭한 문명과 위인을 지닌 동방예의지국이다. 이처럼 본질적인 민족관을 지니고 있기 때문에 빛나는 민족 전통을 훼손시킨 일본 제국주의가 원수로 다가설 수밖에 없다. 여기에서 주목할 지점은 '鄭'의 시각은 조선민족과 일본민족을 절대적이고 배타적인 단일 주체로 인식하고 있다는 점이다.

우리가 간과해서는 안 되는 것은 어떤 민족이든 인간의 보편적인 성향과 기질을 가지고 있다는 점이다. 환경에 따라서 그 성향과 기질 가운데 더 자주 표현되고 또는 더 중시되는 것이 다를 뿐이며, 경우에 따라서 동일한 사람도 다양한 문화적 요소를 동원하는 전략적 반응을 한다는 것이다. 그러므로 어떤 종족이나 민족에 특유하거나 고유한 것으로 보는 대신에, 왜 그들이 어떤 조건에서 그러한 특징을 스스로 강조하거나 또는 타자에 의하여 그렇게 낙인찍히는 것일까를 논해야 한다.11)

---

10) 李箕永, 「解放」, p.442.
11) 김광억 외, 『종족과 민족』, 아카넷, 2005, p.37.

그렇다면 작가는 보편성과 특수성을 지니고 있는 조선민족과 일본 민족이 어떤 방식으로 차별화되고 있는지, 그리고 그 차별화의 원인과 궁극적인 효과가 무엇인지에 대해 좀더 과학적이고 분석적인 접근을 시도했어야 한다. 그런 의미에서 이 작품에 춘자가 등장하는 것은 지나치게 자의적이고 상투적인 민족의식의 주장에서 기인하는 것이라 볼 수 있을 것이다. 이 작품에서 매춘부 '춘자'를 무리하게 등장시킨 것은 이러한 작가적 의도를 부각시키기 위해서였다. 일본 제국주의의 꾐에 의해 매춘을 강요당하게 된 춘자의 처지야말로 식민지 시기를 통해 빛나는 전통과 자긍심을 훼손당한 민족의 수치스러운 처지와 동일할 것이기 때문이다. 따라서 훼손당한 자존심을 회복하기 위해서는 일차적인 가해자에 대한 복수가 필수적이었던 것이다.

> 金海 : (힘 업는 소리로) 先生님. 이놈도 倭놈이지만 저 같은 同胞로서의 나뿐 朝鮮놈이 죽일 놈들이라고 봅니다. 우선 우리 일만 하더라도 그러치 않습니까? 감쪽같이 山中에 잘 숨어 있는 것을 글세 아리고 쓰릴 것이 뭐 잇다고 기어히 일러바칩니까? 그래서 이러케 先生님이나 제가 將次 懲役사리를 하게 되엿스니 … 그리 생각을 하면 치가 떨립니다. 先生님 내가 살어나가기만 하면 그놈들 원수를 잡겟서요.[12]

그러나 위의 '金海'의 대사를 통해 나타나는 복수심은 이 작품의 전체 사건 전개에 있어서 중심적인 역할을 수행하지 못한다. 아무래도 무대배경인 감옥에서의 긴장감과 갈등 유발 요인은 춘자의 등장으로 가능해지는 것이다. 왜냐하면 춘자와 간수, 그리고 이들이 있는 감옥

---

12) 李箕永, 「解放」, pp.444-445.

은 모두 식민지 치하의 현실을 은유하고 있으며, 주요한 갈등 구조는 춘자를 중심으로 전개되기 때문이다. 춘자는 순결성과 모성을 강제로 착취당한 존재이며, 간수는 나약한 춘자를 겁탈하고 순결성을 훼손시킨 가해자이며, 감옥은 이러한 폭력적이고 야만적인 관계가 집결된 장소라 할 수 있다.

 '鄭'은 이러한 '감옥'에 내포된 식민지성의 알레고리를 정확하게 간파하고 조선민족으로서의 바람직한 행동 강령을 계몽한다. 이를테면 이들에게 감옥은 일본 제국주의 침략의 상징 공간으로 작동하면서 동시에 조선민중을 하나로 뭉치게 하고 계몽시킬 수 있는 근대적 공간으로 작동하기도 한다. 그러나 '鄭'을 메가폰형 인물로 제시하면서 조선민족의 계몽을 전파하는 상황 설정은 다분히 상상적인 단계에 머물고 있다. 왜냐하면 근대감옥, 특히 일제 식민지 치하에서의 감옥 내 규율의 가장 기본적인 사항 중의 하나가 소통 행위의 금지였기 때문이다. 이들은 일방적인 소통 관계만을 강요받았고, 단체 의견을 결집하는 토론의 장은 허용되지 않았다.13) 따라서 작품에서처럼 '鄭'을 중심으로 하여 조선민족이 처한 현실과 장차 조선민족으로서 실행해야 할 사업 등에 대해 계몽하거나 토의할 수 있는 권리와 여건은 전혀 주어지지 않았다.

　　정보 교환과 소통을 우선적으로 막아야 할 대상은 사상범 집단과 구치감 내 피의자 집단이었다. 재판 과정이 아직 진행 중인 피의자간의 의논을 막아야 했고 무엇보다도 사상범간의 의사소통과 사상범이 일반 수감자를 대상으로 하는 사상적 전파를 차단해야 했다. 관리자들은

---

13) 이종민, 「감옥 내 수형자 통제를 통해 본 식민지 규율 체계」, 연세대학교 국학연구원 편, 『일제의 식민지배와 일상생활』, 혜안, 2004, p.475.

이들의 의사소통을 감시하고 제재하는 것뿐만 아니라, 함정을 만들어 유인한 다음 가혹하게 징벌하였다.14)

그렇기 때문에 이 작품에서 '鄭'의 존재는 중요한 의미를 띠지 못한다. 이보다는 매춘부 춘자의 존재가 훨씬 유의미하게 다가온다. '鄭'이 局外者的 시선으로 식민지 체제에 관계할 수밖에 없는 존재라면, 춘자는 식민지 체제의 폭력성 그 자체를 온몸으로 體化하고 있는 당사자이다. 춘자는 중개업자의 꾀임에 빠져 매춘을 하게 된 개별적인 여성이라기보다는 핍박받는 조선의 민중을 대표하고 있다.

> 春子 : 아무리 죽일 罪人이라두 사정을 좀 봐줘야지 그래 병이 낫대도 藥은 않주고 누구를 되려 놀리러만 드니 … 내가 당신의 놀림깜이요 원숭이요? 당신도 사람이지. (싸지려 덤빈다.)
> 蒲 : 배 아푸다는 년이 이러케 말을 잘 하냐? 네깐년이 무슨 사람인가 즘성 한가지지.
> 春子 : 뭐시 어째? 내가 즘성이면 넌 뭐야? 靑樓에 팔린 몸이 되엇지만 … 그래서 내 몸을 망치고 이 신세가 되엇지만 그래도 사람이다. 내가 무슨 罪 있다고 이 속에 가두느냐? 잔말이나 말아. 우리집도 가난한 농민이엇기 때문에 한 푼이라도 돈을 버러서 집안 살림을 보태잔 노릇이 都會地로 나가면 工場버리가 좋다기에 동모들과 함께 나왓더니만 毒蛇같은 仲介業者한테 속아서 고만 鬼神도 모르게 靑樓에 팔린 몸이 된 줄 알엇을 때! 아 그때 나는 自決이라도 해서 죽고 싶엇다.15)

---

14) 위의 글, pp.475-476.
15) 李箕永, 「解放」, p.456.

이 작품에서 춘자의 고단했던 인생 역정은 그대로 식민지 치하 조선인의 역사를 말해주고 있다. 중개업자에게 속아 매춘을 강요당하게 된 사연은 조선이 일본의 간교한 술수에 넘어가 국권을 잃게 된 역사를 떠올리게 한다. 간수는 춘자를 조롱하고 욕보이고 그녀에게 폭력까지 행사한다. 간수로부터 "네깐년이 무슨 사람인가 즘성 한가지"라고 무시당하는 춘자의 처지는 제국주의의 일반적인 폭력성을 보여주고 있으며 이와 함께 피식민지를 여성화하려는 제국주의의 이데올로기 경향을 보여준다.

> 鄭 : 우리는 지금부터 거리로 가서 다같이 기쁘게 萬歲를 부릅시다. 그리고 다 같은 倭놈의 怨讐를 가픕시다. 三十六年 동안 우리 朝鮮民族-그 中에도 勤勞大衆의 피를 빠라먹던 倭놈들을 모조리 쪼춥시다. (一同 拍手) 우리나라 疆土 안에는 日本精神이 한 點도 없이 소탕합시다. 그러나 여러분은 깊히 생각하십시오. 우리는 다만 群衆心理에 휩싸히여서 一時的 흥분으로 날뛰기만 해서는 않됩니다. 倭놈만 죽이는 게 目的이 아닙니다. 우리나라가 亡한 原因을 잘 깨달어서 더구나 제각기 自己 反省과 批判이 있어야 할 줄 압니다. 그래서 獨立國의 體面을 세울 만한-世界 어느 나라 國民에 比해서라도 遜色이 없을 만큼 文明民族이 되어야 합니다.[16]

"世界 어느 나라 國民에 比해서라도 遜色이 없을 만큼 文明民族"이 되어야만 한다는 태도는 공허한 주장으로 귀착될 위험이 다분하고, 나아가 일본 제국주의의 식민 지배 속성에 대한 변형된 모방으로

---

16) 李箕永, 「解放」, p.464.

진행할 여지까지 남겨두고 있는 것이다. 왜냐하면 일본이 식민지 통치를 감행했던 이유 중의 하나가 바로 일본 민족으로 하여금 "世界 어느 나라 國民에 比해서라도 遜色이 없을 만큼 文明民族"으로 우뚝 서고 싶은 욕망이 있었기 때문이다. 따라서 다음과 같은 후쿠자와의 文明論과의 차별성을 명확하게 하지 않은 상태에서 추구하려는 문명화는 제국주의의 내적 욕망을 모방할 수 있는 위험에 노출될 수 있다.

오늘을 도모하려 할 경우 우리 일본은 인접한 나라의 開明을 기다렸다가 함께 아시아를 부흥시키는 것은 不可하다. 그렇게 하기보다는 오히려 저들 무리에서 벗어나 서양의 문명국들과 진퇴를 함께하고, 저 支那와 朝鮮을 대하는 방법 또한 이웃 나라라는 이유로 특별한 사정을 보아서는 안 되며, 바로 서양인이 그들을 대하는 방식을 따라서 처분해야 할 따름이다.[17]

위의 대사를 보면 식민지 치하의 굴욕은 무엇보다도 '勤勞大衆'이 가장 많이 당했던 것으로 표현되고 있다. 이는 곧 조선민족의 대표자로 '근로대중'을 내세우고 하는 작가의 정치적 경향을 말해주는 것이다. 여기에서 '조선민족'은 '근로대중'과 이음동의어가 되며, 일본민족과 조선민족의 불평등한 관계는 부르주아와 프롤레타리아의 착취관계로 치환된다. 문제는 작가가 '조선민족'이나 '근로대중'이라는 대상을 단일하고 자명하고 본질적인 주체로 설정하고 있다는 것이다. 식민과 피식민 사이의 복잡한 길항 관계를 섬세하고 구체적으로 분석하지 않은 상태에서는 즉발적인 복수심으로밖에는 대응이 되지 않

---

[17] 후쿠자와 유키치(福澤諭吉), 1885.3.16. (니시카와 나가오, 『국경을 넘는 방법』, 한경구·이목 옮김, 일조각, 2006, p.208에서 재인용.)

는다. 제국주의적 폭력성, 식민성, 근대성 등에 대한 본질적인 성찰이 수행되지 않고는 이러한 패러다임의 한계에서 벗어나기 힘든 것이다.

4. 낭만적 사랑과 식민지性 : 김진수의「제국 일본 마지막 날」

이 작품은 작가의 실제 체험을 바탕으로 한 희곡이다.18) 그런 만큼 일제 말기 노력 동원 현장의 실상이 구체적이고 현실적으로 재현되었다고 볼 수 있다. 이 작품의 주요한 기본 모티브는 '폭력'과 '애정'이다. 日本部隊 雇員인 '간노'라는 캐릭터는 일본 제국주의를 상징하는 인물로 등장한다. 그는 노동하는 사람들을 비인간적으로 대우하고 인종 차별적인 언행도 서슴지 않는다.

> 간노 :「허리가 아프다」-「배가 고프다」-(봉사대원들을 노리면서) 누가 그런 건방진 소리를 한단 말이야. 조선놈들은 할 수 없는 놈들이거든-하고 내 말대루 일어나 할 것이지 건방지게 불평이 무슨 불평이야. (근수에게) 너는 그런 불평분자를 알지?
> 근수 : 저를 빼구는 모다 불평분잡지요. 저는 꿈에라도 부대의 불평을 말해 본 일은 없으니까요.

---

18) 金鎭壽,「後記」,『金鎭壽 戲曲選集』, 성문각, 1959, p.313. "「제국(帝國) 일본(日本)의 마지막 날」은 八一五 紀念行事를 위해서 쓴 것으로 내가 어떤 중학교에 있을 때 卒業班 勤勞奉仕隊를 인솔하고 어떤 日本部隊에 가서 실지로 경험한 바를 現地報告形式으로 구성해 본 산 기록의 作品이다. 따라서 여기에 나오는 사람들은 部隊 將校나 軍屬들이나 모두 그 때의 日本部隊의 실제의 사람들이고 성격과 행동까지도 사실 그대로다."

간노 : 모다 불평을 말한다 - 이놈들 두고 보자.

이때 야에가시 나타난다.
근수는 야에가시를 보자 일터로 들어간다.
간노는 야에가시에게 경례를 한다.

야에가시 : (간노에게) 어떤가? 조오센진 봉사대의 작업 성적이?
간노 : 좋지 못한뎁쇼.
야에가시 : 그래도 만주 노무자 같은 것보다야 낫겠지? 역사가 있는 것들이니까.
간노 : 천만에요. 저도 그만 했으면 황국신민이 다 된 줄 알았읍지오만 웬걸요. 당초에 틀려먹었어요. 조선놈들이란 말이 어떻게 많은지 - 이 사람도 그놈들에게는 말문이 맥힌단 말이거든요. 그뿐인가요. 모두가 불평분자라는 데는 딱 질색이란 말이거든요. 일을 너무 과하게 시킨다는 등, 음식물이 나쁘다는 등 - 어쩔 수 없는 놈들이예요.[19]

위의 간노와 야에가시의 대화는 제국주의자들의 일반적이고 보편적인 인종의식을 보여주고 있다. 특히 日本軍 見習士官 신분인 야에가시의 입장보다는 간노의 입장이 보다 왜곡되어 있고 악의적이다. 적어도 야에가시는 제국주의자의 시선을 지니고 있다 하더라도 조선의 노무자를 '역사가 있는 것들'이라는 이유 때문에 만주 노무자보다 우월하게 보고 있다. 그러나 간노는 만주 노무자나 조선 노무자를 구분하지 않고 동일하게 폄하하고 있다. "조선놈들을 할 수 없는 놈들"

---

19) 金鎭壽, 「帝國 日本의 마지막 날」, (김동권 편, 『현대희곡작품집』 제2권, 서광학술자료사, 1994, p.26) 이 작품은 김진수의 희곡집(金鎭壽 戱曲選集≫, 성문각, 1959.)에도 실려 있다. 이 글에서는 영인본 자료집에 실린 텍스트를 인용한다.

이나 "모두가 불평분자"와 같은 표현은 제국주의 침략을 합리화하기 위한 인종 차별에 대한 대표적인 예이다.

이때 간노의 인종 의식 속에는 '황국신민/조선놈들'이라는 이항대립적 고정관념이 깔려 있다. 게다가 간노가 보기에 조선인은 아무리 노력해도 '황국신민'이 될 자격을 갖추지 못한 열등한 인종으로 받아들여진다.

① 방종, 사치, 낭비, 射倖, 표면적, 부화뇌동, 모방성, 無元氣, 懦怯, 灰色, 保身術, 이기적, 진정성 부재, 실행력의 결핍, 感激性, 依賴心, 恩義感의 부재, 독립심 부재, 감각의 둔함, 자살.20)
② 부정직, 불성실, 사상 복잡, 人心의 기미를 살핌, 파악과 조종이 교묘, 동정심 결여, 자기에게 이익 되지 않으면 남에게 친절을 다하지 않음, 타산적, 강자에 아첨하거나 영합하고 약자는 고려치 않음, 감사・보은의 念 희박, 忠君愛國・희생봉공 결여, 의무 관념과 책임관념 박약, 영원에 대한 생각이 없고 一時的・姑息的, 단결심 결핍, 會內 會를 만들어 상호 암투, 陰氣, 策謀的, 허세적, 겸양의 미덕이 적고 오만, 公私 혼돈, 紀綱紊亂의 풍습, 敬信의 念 희박, 오로지 儒敎에 심취하여 형식을 쫓음, 신앙심 없고 정신적 道義 관념 결여, 對者의 성격, 신념을 알려고 노력, 비밀을 과장하고 누설하기 좋아함, 의논을 좋아하는 性癖, 疑惑感 있고 시기심 强(유언비어).21)

①은 조선총독부가 1927년 3월에 조선인의 성정(性情)에 관한 조사를 모아 만든 비밀자료「朝鮮人の思想と性格」(조사자료 제20집) 중 제

---

20) 南宮鎭,『近代日本と朝鮮人像の形成』, 勉誠出版(東京), 2002, pp.96-97.
21) 변은진, 앞의 글, p.213.

2편 「朝鮮人の性情」의 내용이다. 그리고 ②는 이 시기 '조선군사령부'에서 조선인의 성격에 대해 언급한 내용이다. 모두 조선인에 대해서 지극히 악의적이고 편파적인 평가에 치중되어 있다. 작품 속에서 간노가 조선인 노무자에 대해 갖는 편견은 당시 조선총독부나 조선군사령부와 같은 집단이 지니고 있었던 기본 입장과 차이가 없다.

한편, '폭력' 사이를 관통하며 사건을 진전시키는 또 하나의 힘은 남녀관계이다. 재미있는 사실은 이 작품에서 애정은 조선 남성과 일본 여성 사이에서 이루어지고 있다는 것이다. 다수의 조선인 노무자와 일본 여군 사이에서 벌이지고 있는 남녀 관계는 식민지 말기의 상황으로서는 매우 낯선 풍경으로 다가온다.

> 영석 : 아가씨 노하셨소? (손목을 잡아 이끌며) 사람은 다 같답니다.
> 여군A : (손목을 뿌리치며) 이것이 왜 이래. 미쳤나? 내가 누군 줄 알구 함부로 덤비는 거야. (모자를 가리키며) 이것을 보지 못해! 나는 대일본제국의 군인이야. 내 앞에서 잘못했다고 빌어.
> 영석 : 이걸 어쩌나. 마쯔시다상은 부대 여자들의 손목을 좀 쥐어 봐두 괜찮다구 그랬는데ㅡ. 손목이 그렇게 비싸? 빌기는 어떻게 빌란 말이야? 기어코 빌어야 해?
> 여군A : 나는 몰라. (바쁘게 퇴장한다.)
>
> 봉사대원들 웃는다.
>
> 문일 : (영석에게) 손목 맛이 어때?
> 영석 : 말 말어. 일본 계집은 상당하다더니 막 노가다판이야. 손목 한 번 잡았다가 똥을 쌌어.22)

위의 장면만 본다면 이 작품의 배경이 식민지 말기의 '戰時 勞動力 動員' 현장이라고 알기 힘들 정도이다. 작가가 직접 체험했던 과거를 기억해내어 재구성했다고는 해도 위와 같은 장면은 다른 방식의 독해를 가능하게 해준다. 즉 작가는 과거 체험의 재구성을 통해 식민지 말기의 노동력 동원 현장이 비교적 자유롭고 낭만적이었음을 말해주고 있다. 특히 동원된 조선인 노무자들이 일본인 현역 여군(女軍)을 상대로 성적 희롱을 한다는 위와 같은 장면 설정은, 비록 그 사실이 작가의 실제 체험에서 나왔다 하더라도, 식민지 말기 노동력 동원 현장에 대한 일반적인 상식으로부터 크게 벗어난다. 일제 말기 노동력 동원에 학생들을 인솔하고 참가했던 교사 김진수의 낭만적인 과거 회상은 당시 함경도 지방에서 초등학교 교사로 있었던 김남식의 통탄에 잠긴 회상과 날카롭게 갈라선다.

> 동네에서 노무자로 징용으로 나가거나 또는 군대에 징병으로 나가는 사람도 많고 그래서 집집마다 모두 일손이 모자라고 …, 따라서 공부하는 1교시, 2교시 수업시간인데도 관계없이 그냥 가서 10리쯤 돼도 김매 주어야 할 때가 많아요. 그런 요청이 있으면, 아이들을 데리고 가서 김매고 …. 아, 그리고 저 송탄유, 비행기에 특별히 쓰는 윤활유가 부족하니까 솔에서 나오는 기름 같은 것으로 대용할 수 있다고 하니까, 주로 산촌에선 낫이나 적당한 기구를 갖고 산에 가서 그걸 캐다 바치기도 했어요. … 기간이 있어서 가르치기도 했겠지만, 주로 그런 노력동원에 나갔지요.[23]

---

22) 金鎭壽, 「帝國 日本의 마지막 날」, pp.47-48.
23) 김남식, 「쓰레기를 주우며, 시대의 넝마를 주우며(2)」, 씨올교육을 배우는 모임, 『씨올교육』 둘째호, 1992.8, p.23. (이치석, 『전쟁과 학교』, 삼인, 2005, p.100에서 재인용.)

따라서 문제는 작품의 갈등 구축에 있어 작가가 '간노'에게서 받은 민족적인 수치심을 일본인 여군을 통해 해소시키고자 한다는 것이다. 이는 김진수가 당시 식민지 정책에 대한 정확하고 비판적인 분석을 가하고 있지 못하다는 근거가 된다. 이 작품 속에서는 조선인에 대한 맹목적인 멸시감을 나타내는 일본인과 함께 조선인에게 친절을 베풀거나 애정을 품고 있는 일본인이 함께 등장한다.

①
야에가시 : 조선놈들이 그렇게 말썽을 부릴 줄은 몰랐는데-삼십여년 동안이나 우리가 조선놈들에게 뭣을 했단 말이야? 그런 만큼 자네는 놈들의 감독을 철저히 하란 말이야.[24]

②
노무자 A,B 들것을 들고 그들의 앞으로 지나가려 한다.

여군A : (마쯔오에게 노무자를 가리키며) 저게 뭐예요?
마쯔오 : … (보기만 한다.)
여군B : (그냥 지나가려는 노무자에게) 그게 무엇이냐? (마쯔오에게) 부대의 물건을 빼내는 게 아니예요? 저런 노무자는 모두 도적놈이예요.[25]

③
창일 : 히로시마에는 이런 엿이 없지요?
고오노 : 엿이 다 뭐예요.
창일 : 맛이 어떤가 먹어봐요. (엿을 간호부에게 준다.)

---

24) 金鎭壽,「帝國 日本의 마지막 날」, p.27.
25) 金鎭壽,「帝國 日本의 마지막 날」, p.29.

고오노는 마지못해 엿을 받는다.

창일 : 맛을 좀 보세요.
고오노 : (엿을 입에 넣으며) 맛이 좋아요.
창일 : 촌 노인이 만든 엿이 무슨 맛이 있겠소. (말을 하며 엿을 먹는다.)
고오노 : (엿을 먹으며) 조선 어머니들은 끔찍이 인정이 있는가 봐.26)

①과 ②를 보면, 제국주의자로서의 일본인이 어떻게 조선인을 인식하고 있는지 알 수 있다. 이들에게 조선인은 삼십여 년 동안이나 도움을 주었는데도 전혀 그 은혜를 모르는 족속이고, 틈만 나면 물건을 훔쳐가는 도적놈들일 뿐이다. 한편 ③에서 일본인 간호사 고오노는 간노에게 맞아 부상당한 창일을 위해 정성껏 간호하고 위로한다. 물론 일본인 중에도 나쁜 일본인과 좋은 일본인이 존재하리라는 것은 당연한 일이다. 그러나 간노를 포함한 일본인의 인종 편견적 세계관이나 행위는 몇몇의 친절한 일본 여성에 의해서 희석화될 수 있는 개별 조건은 아니다. 왜냐하면 간노로 대표되는 일본의 공권력은 개인적인 성향이나 태도를 떠나 '식민지 체제'를 대신하고 있기 때문이다. 따라서 다음과 같이 일본 여성의 입을 통해 조선 노무자의 미덕을 찬양하는 장면은 작위적으로 보인다. 왜냐하면 조선인에 대한 마쯔시다의 호감은 선과 악을 공유하고 있는 일본인의 속성이라기보다는 일본인으로부터 그런 대접을 받고 싶었던 조선인의 욕구 충족으로 보이기 때문이다.

---

26) 金鎭壽, 「帝國 日本의 마지막 날」, p.33.

마쯔시다 : 봉사대라고 언제나 소나 말같이 취급하지만 — 여기 있는 봉사대야말로 누구보다도 선량한 사람들이라는 것을 알아야 해. 일을 죽도록 시키면서두 노무계 책임자로서 이 사람들에게 어떤 대우를 했어? 양심이 있는 일본 사람이라면 이 사람들 앞으로 나오는 지까다비(신발) 작업복을 가로채서 야미로 팔아먹는 도적놈이 누구야? 그렇기 때문에 이 사람들은 헐벗고, 맨발로 다니다 못해 부대의 물건을 훔쳐서 신발을 기어 신으려고까지 했다지 않어? 이 순진한 사람들을 누가 도적놈을 만들었단 말이야? 그리구두 이 사람들이 나쁘다구!27)

1940년대 '국민총력조선연맹'의 사무국 총장이었던 카와키시(川岸文三郎)은 국민총력 운동이 "관민과 함께 직업과 관계없이 일본인, 조선인과 구별 없이 유산자도 무산자도 남자도 여자도 모두 국가를 위해 각자의 직업에서 職域奉公 그리고 一億一心이 되어 국가국민의 총력을 발휘하려는 실천운동"이 되어야 한다고 역설했다.28) 그러나 카와키시가 천명한 노동의 평등성은 당시 노동 현실과는 거리가 멀었다. 왜냐하면 일제의 이러한 노동 정책은 "후진적인 조선인의 노동 멸시관을 타파하고 선진적인 일본인의 指導를 통해 가능"하다고 전제하고 있기 때문에 결코 노동 현장에서의 평등성은 보장될 수 없었다. 선재원이 지적한 것처럼, 이는 총력전 체제 또는 전시노동력 동원 체제에 있어서 식민지 노동자를 결코 자율적이거나 주체적인 행위자로 인식하지 않았으며, 나아가 식민지 본국인에 의한 피식민지

---

27) 金鎭壽, 「帝國 日本의 마지막 날」, p.45.
28) 선재원, 「전시노동력동원과 노동자 생활」, 방기중 편, 『일제 파시즘 지배정책과 민중생활』, 혜안, 2004, p.459에서 재인용.

인의 통제와 관리라는 양면적인 정책이 강행되었음을 말해주는 것이다.29) 그런 의미에서 김진수의 희곡은 당대 현실의 전시노동력 동원체제에 대한 근본적인 분석과 비판까지는 미치지 못한다.

사악한 일본인과 친절한 일본인을 대치시킨 것은 이 작품의 결말부를 위한 것으로 볼 수 있다. 작가는 조선인 춘수와 일본인 마쯔모도의 순수한 연정(戀情)을 통해 일제 식민지 체제의 모든 고통과 수치심을 복원하고자 한다.

> 마쯔모도 : (봉사대원들에게) 이보세요. 당신들은 빨리 도망을 하세요.
> 춘수 : (마쯔모도에게) 마쯔모도상 고마워요. 영창문을 열어줘서—.
>
> 다른 봉사대원들은 슬슬 피한다. 춘수와 마쯔모도만이 남는다.
>
> 마쯔모도 : 영창에서 얼마나 고생을 했어요?
> 춘수 : 영창 속에서도 나는 마쯔모도상의 생각을 했어요. 원망스럽기도 하고 보고 싶기도 했어요.
> 마쯔모도 : 원망스러웠겠지요. 하모니까상을 영창 속에 갇히게 한 건 나니까요. 실컷 나를 원망하세요. 하모니까상은 언제까지나 나를 원망하시겠지요?
> 춘수 : 마쯔모도상 미안해요.
> 마쯔모도 : 하모니까상 어서 떠나세요. 누가 오기 전에.
> 춘수 : 마쯔모도상. 마쯔모도상은 어쩌겠어요?
> 마쯔모도 : 나야 어떻게 될지?—지금은 정신을 채릴 수가 없어요. (울음의 소리다)—내가 만약 일본 계집이 아니라면 하모니까상을 따라가겠지만—그럴 수도 없구.

---

29) 위의 글, pp.466-471 참조.

춘수 : 마쯔모도상! 나는 마쯔모도상을 잊지 못해요. (추억에 잠긴
　　　다)—한때는 둘이서 재미있는 일도 많았건만—.
마쯔모도 : —하모니까상은 하모니까르 불고 나는 노래를 부르고—
　　　청춘의 단 꿈두 꿨건만—. 그러나 인젠 모두 추억—불탄
　　　자리가 되고 말았어요. 너무나두 빨랐어요. 만나지를 않
　　　든지. 만날려면 좀더 일찍 만나든지—. 할 수 없지요.30)

　위와 같은 결말 구조는 이 작품의 진정한 작의(作意)가 무엇이었는지에 대해 의문을 갖게 한다. 작가는 식민지 체제의 종말이 닥쳐온 시점에서 감상적인 남녀 간의 애정 문제에 집착함으로써 주제의 혼란을 가져온다. 따라서 이 작품이 "해방의 기쁨을 구체적으로 전개하기보다는 해방 전에 겪었던 근로봉사대원들의 고난을 극화함으로써 해방의 중요성을 그리고자 했"31)다는 평가는 재고될 필요가 있다. 이 작품의 결말 구조는 식민지 체제가 마쯔모도와 춘수 사이의 '청춘의 단 꿈'을 좌절시키는 정도의 책임만을 지니고 있다는 식의 무책임하고 비역사적인 시각마저 내포하고 있기 때문이다.

5. 결론

　해방기 식민지 잔재 청산 작업과 새로운 국가 건설 사업은 내적으로 긴밀한 연관성을 지닌 프로젝트였다. 식민지 체제란 조선이라는 '국가'와 조선인이라는 '국민'이 존재할 수 없었던 체제였기 때문에, 해방 이후 새로운 국가 건설을 위해서라도 식민지적 잔재는 말끔하

---

30) 金鎭壽, 「帝國 日本의 마지막 날」, p.53.
31) 이석만, 『해방기 연극 연구』, 태학사, 1996, p.152.

게 청산되어야 했다. 이 시기에 창작된 희곡들 중 일제 식민지시기를 제재로 한 작품들은 거의 모두 일본 제국주의의 만행과 조선 독립 운동의 당위성이나 민족 정체성의 확인에 집중하는 경향이 짙었다.

이 글은 해방기에 창작된 희곡들 중 박영호의 「겨레」, 이기영의 「해방」, 김진수의 「제국 일본의 마지막 날」 세 편을 대상으로 분석하였다. 특히 이 글은 이 세 편의 희곡에서 나타나고 있는 조선과 일본의 민족, 인종 이미지 재현 방식 분석에 초점을 맞추고자 했다. 식민지 체제의 비참함을 근거로 하여 프롤레타리아 국가 건설의 당위성을 강조하기 위해 창작한 경우도 있고, 친일파 청산이나 조선 민족의 우월성과 순수성을 발언하기 위해 창작한 경우도 있었다.

박영호의 「겨레」의 경우, 친일 행각을 거듭하여 제국주의의 앞잡이로 출세하고 나아가 조강지처까지 버리며 일본 여성과 재혼을 한 친일파를 비판하고 있다. 남편의 외도에 낙심하여 자결한 어머니의 장례식에 참가한 아들은 아버지의 패륜적이고 반민족적인 행위에 분노하고 아버지의 악행을 신문지상에 고발하고자 한다. 여기에서 아들 용구의 고모, 고모부, 사촌형 등은 용구 아버지의 입장과 정반대에 서있다. 용구의 고모와 고모부는 사회주의 운동 때문에 갖은 고초를 당하고 있다. 이 작품에서 용구의 아버지와 맺어진 일본 여성은 조선의 가정과 자존심을 훼손시키고 모욕한 원수로 자리 잡는다. 그러나 이 작품의 궁극적인 메시지는 훼손된 민족 정체성의 회복에 있지 않다. 사촌형 창수의 입을 빌어 제시되는 메시지는 노동계급이 중심이 되는 사회주의 국가 건설에 있다. 여기에서 민족이나 인종이라는 범주는 계급이라는 범주로 환원되기에 이른다.

이기영의 「해방」은 식민지 시기 감옥을 배경으로 한다. 거의 조선인들로 이루어진 죄수들은 일본인 간수의 야만적이고 폭력적인 처우 때문에 처참한 생활을 하게 된다. 특히 이 감옥에 같이 수감된 매음녀 '춘자'의 등장은 이 작품의 궁극적인 주제 구현의 핵심을 담당한다. 춘자의 몰락은 식민지 체제라는 왜곡된 상황 때문에 빚어진 결과였으며, 감옥에 갇혀서도 일본인 간수에 의해 치욕스러운 대접을 받게 된다. 이 작품은 감옥 안에서 존경받는 '鄭'의 입을 통해 작가의 메시지가 관객에게 전달되는 구성 방식을 취하고 있다. '鄭'은 계몽주의자이며 민족주의자이며 반제국주의자이다. 밑바닥까지 몰락한 춘자는 '鄭'의 評說에 의해 훼손된 민족 정체성을 환기시킨다. 춘자의 순결성 상실은 일제에 의해 훼손된 민족 자존심을 상징하고 있다. 여기에서 민족주의 담론이 상투적인 방식으로 여성을 민족과 동일시하려는 태도를 발견할 수 있다. 이에 따라, 춘자를 통해 구현된 조선 민족의 정체성은 구체적인 역사성과 물질성을 상실하고 절대적이고 단일한 상징 기호로 고착되어 버린다.

　김진수의 「제국 일본의 마지막 날」은 광복 직전 일본 군부대에 노동 봉사대로 참가한 젊은이들의 체험을 바탕으로 쓴 희곡이다. 일본인 감독의 폭력적이고 인종 차별적인 처우 때문에 온갖 고통을 받지만, 일제의 비인간적인 처사는 군속(軍屬)으로 있는 일본인 여성과 노동 봉사대로 참가하고 있는 조선인 청년과의 순수한 사랑에 의해 보속(補贖) 받는다. 해방 기념 작품으로 기획된 것이기 때문에 새로운 국가 건설에 필요한 젊은 세대의 중요성을 감안한 결과로 보이지만, 엄혹했던 식민지 말기의 상황을 젊은이들의 열정과 순수한 애정을 통해 식민지성을 극복하려고 시도한 것은 지극히 낭만적이고 감상적인 역사의식의 결과로 볼 수 있다.

　세 편의 희곡을 통해서 알 수 있는 사실은, 각기 다른 방식으로 민족과 인종을 소환하여 의미화하고 있다는 것이다. 어떤 경우에는 식민지 체제 하의 조선민족의 고난이 곧바로 프롤레타리아 국가 건설의 당위성으로 치환되기도 하고, 어떤 경우에는 일본 제국주의에 의해 훼손당한 민족의 순결성과 정통성을 조선인 매음부를 통해 보상받으려 한다. 또 다른 경우에는 일본인 여성과 조선인 남성의 순수한 사랑과 이해를 바탕으로 식민지 체제에 대한 기억을 지워버리고자 한다. 어떤 경우이든 민족이나 인종, 또는 국가와 국민, 나아가 여성성에 대해 구체적이고 실천적인 역사성을 개입시키고자 하는 예는 보기 힘들다. 이는 관념으로서의 민족과 계급이 새롭게 재편되고 있는 해방기 정국에 자의적으로 적용된 결과로 볼 수 있을 것이다.

동서양을 넘나드는 경계인의 시선
― 한국을 배경으로 한 펄벅의 소설을 중심으로

최 강 민

1. 동양과 서구라는 양쪽 세계

　펄벅(1892-1973)은 1892년 미국에서 태어난 지 3개월 만에 아버지의 선교사 임무를 따라 중국으로 이주한다. 그녀는 유소녀 시절을 중국에서 보내면서 영어보다 중국어를 먼저 배울 정도로 중국에 동화된다. 이 시기에 펄벅은 중국인 유모인 왕에게서 중국의 옛이야기를 많이 듣고, 공 선생에게서 한문도 배운다. 이처럼 펄벅은 비록 피부는 하얗지만 중국인 사이에서 자라면서 자신의 고향을 중국으로 알 정도로 중국에 동화되었던 것이다. 이러한 심정적 일체감은 9살 때 백인들을 학살하는 의화단운동이 발생하여 펄벅 가족이 피신하면서 붕괴되기 시작한다. 그렇지만 펄벅은 중국에 대한 깊은 애정을 버리지 못했다. 펄벅은 중국에서 여학교를 다니다가 1910년에 미국의 랜돌프메이컨 여대에 입학하여 심리학을 전공하고, 졸업 후 다시 중국으로 돌아와 중국의 농업을 연구하던 존 로싱 벅과 결혼했으나 결혼 생활은 행복하지 못했다. 펄벅은 1927년에 국민정부군이 남경에 쳐들어와 자신의 가족이 다시 몰살당할 위기에 다시 처하기도 한다. 이러한 동서양의 분열과 갈등을 겪으면서 펄벅은 동서양의 대화와 화해에 깊은 관심을 갖게 된다.

펄벅의 문학을 형성하는 데에 깊은 영향을 미쳤던 것은 성경과 『수호지』 『삼국지』 등 중국의 전통 문학이다. 그녀가 문학을 하게 된 직접적 이유는 중국에서 항상 돈이 곤궁했던 가정 형편에서 벗어나고 싶은 욕망이 계기가 되었다. 펄벅은 다소 늦은 나이인 38세인 1930년에 『동풍, 서풍』을 출간하면서 작가로서 본격적인 출발을 한다. 펄벅의 소설은 중국의 이야기 전통과 선교 활동에서 영향 받아 윤리적 확고함 속에 일상적 사건 전개를 통한 서사의 전개에 익숙하다. 그녀는 1931년에 『대지』를 출간해 베스트셀러가 되면서 작가적 명성을 얻는다. 펄벅의 『대지』는 중국 문화에 대한 펄벅의 세밀한 시선과 깊은 애정 속에 문화 다원주의를 실현한 선구자적인 작품이었다. 1933년 이후 펄벅은 소설 창작, 여성 인권운동, 인종차별 반대, 아시아 알리기, 장애인 권리 보호 등에 정력적인 열정을 바친다. 펄벅은 1932년에 퓰리처상과 1938년에 노벨문학상을 수상하면서 작가적 명성에 권위를 부여받는다.

펄벅은 생애에 90여 편이 넘는 장편소설을 쓴 대중적인 베스트셀러 작가였다. 비록 그녀의 소설은 당대에 인기가 있었지만 지식인층이나 전문 독자에게 매력적인 작가로 대접받지는 못했다. 이것은 그녀의 소설이 독특한 문체나 내면심리의 천착 등 당대의 첨단 문학 기법과 동떨어진 채 낯익은 전통적 수법을 애용했기 때문이다. 게다가 펄벅의 소설은 당시 미국인에게 관심이 적은 아시아, 특히 중국에 대해 이야기함으로써 이국적인 정취인 엑조티시즘(exoticism)을 불러일으켰으나 당대 미국인의 주요 관심사는 아니었다. 이밖에도 피상적인 인물의 형상화, 우연에 기반한 사건 전개, 작가의 지나친 의도 노출 등은 작품의 격을 떨어뜨렸다. 그리고 무엇보다 대중적인 다작의 작가였다는 점은 그가 한 작품에 창작의 에너지를 집중하지 못하도록 만들었다.[1] 이러한 요인의 복합 속에 펄벅의 소설은 미국문단에서 미학적 성취도가 떨어지는 것으로 평가받았던 것이다. 펄벅의 노벨상 수상은 문학작품에 대한 평가도 있었지만 그보다는 파시즘 비판과 동서양의 화합을 도모하는 인도주의적 정신이 상당 부분 영향을 미쳤다고 보여진다. 수상이 결정되었을 때 펄벅 자신도 뜻밖이었다고 표현했고, 미국 지식인층과 다른 문인들도 대부분 냉담한 반응을 보였다. 펄벅 평전을 쓴 피터 콘도 펄벅에 대해 다음과 같은 냉정한 평가를 내리고 있다.

  우선 그녀는 친숙한 양식의 글을 손쉽게 접할 수 있도록 쓰는 대단히 인기 있는 소설가였다. 그 사실만으로도 그녀의 책들은 문학 담당 언론인들과 학계 평론가들이 선정하는 새로운 명작 목록에서 거의 자동적으로 제외되었다. 그들은 주로 문체 실험을 토대로 삼아 명작을 선택했기 때문이다.
  게다가 펄은 주로 여성들의 흥미없는 일상생활 이야기를 쓰는 여성

---

[1] 송홍한은 「펄벅의 소설에 나타난 국제주의」(『동아영어영문학』 12집, 동아대학교 영어영문학과, 1996, p.348)에서 "펄 벅은 그녀 스스로 다작으로 인한 약점을 인정했으나, 그녀의 문학활동이 민족과 국가를 뛰어넘어 인류공통의 인간성을 설파하고 동서양의 갈등과 편견을 없애려는 목적에 바탕을 둔 것이었음을 인정한다면, 그녀로서는 대중이 이해하기 쉽고 손쉽게 구해 볼 수 있는 작품을 많이 내놓아야 했을 것이다. 그녀가 다작의 작가라는 점은 그녀의 대중성과도 일맥상통한다"고 평한다.

이었다. 그것은 잃어버린 세대의 남성들과 그들의 옹호자들에게는 그다지 관심 없는 주제였다. 또 그녀는 종교 문제를 진지하게 다룸으로써 대다수 미국인들과는 긴밀하게 이어졌지만 지식인 층과 결별하게 되었다. 마지막으로 그녀의 책들은 아시아를 무대로 했기 때문에, 이국적이긴 하지만 단지 색다른 것으로 비쳐졌다. 여전히 미국의 평론가들과 학자들 대다수는 의미 있는 문화적인 질문을 하고 대답을 구할 곳은 유럽이라고 생각하고 있었다. 2)

펄벅이 한국을 배경으로 소설을 쓰기 시작한 것은 1950년대 초로서 나이도 50대 말경이었다. 작가로서나 사회운동가로서 전성기가 다소 지난 시절이라 할 수 있다. 펄벅은 한국을 배경으로 한 『한국에서 온 두 아가씨』(1951), 『살아있는 갈대』(1963)와 한국의 혼혈아를 소재로 한 소설 『새해』(1968)를 썼다. 이외에도 동화책으로 『매튜, 마크, 루크, 존 *Matthew, Mark, Luke and John*』(1967)이 있다. 한국을 배경으로 한 소설들은 문학사적 가치보다 펄벅이 한국을 이해하려고 노력했다는 점과 자신이 이해한 한국을 미국에 소개하여 한미관계를 돈독하게 하려 했다는 점에서 평가받을 만하다. 필자는 이 글에서 한국을 배경으로 한 펄벅의 소설을 중심으로 한국과 미국의 이미지를 비교 분석하고자 한다.

2. 서구에 한국의 근현대사 소개

미국은 일본과 벌어진 태평양전쟁에서 승리하여, 그 부산물로 한국은 1945년 8·15해방을 맞이한다. 이때 아시아에 대한 미국의 관

---

2) 피터 콘, 『펄벅 평전』, 이한음 역, 은행나무, 2004, p.278.

심은 중국과 일본에 집중되었지 한국에 대해 특별한 관심을 보이지 않았다. 미국은 북쪽에 소련군이 진주하자 점령군의 자격으로 남한에 서둘러 진주했을 뿐이다. 따라서 미국은 한국이 무엇을 정확히 욕망하고 있는지 관심조차 없었다. 그래서 가급적이면 일본이 남긴 식민지 제도를 활용하여 임시로 통치하고자 했던 것이다. 그것은 점령정책의 잇따른 실패나 혼란으로 나타났고, 남한의 좌우 갈등을 격화시켰다. 미국은 남한에 이승만이라는 친미정권을 세우는 것으로 만족하고 이 땅에서 손을 뗐다. 미국에 한국은 어디까지나 중국과 일본 사이에 낀 희미한 존재였을 뿐이다. 그러다가 1950년 한국전쟁이 터지자 미국은 다시 한반도에 등장한다. 냉전체제의 등장은 한국의 전략적 가치를 재평가하는 계기를 제공했던 것이다. 이후 미국은 남한과 한미동맹의 관계를 구축하는 돈독한 모습을 보여준다. 그럼에도 불구하고 대부분의 미국인들은 한국에 대해 무지하다는 사실은 변함이 없었다. 오히려 한국전쟁을 통해 전파된 한국의 궁핍과 폐허의 부정적 이미지만이 지속적으로 전달되었던 것이다.

    이러한 시기에 펄벅은 한국의 고유한 문화와 긍정적 이미지를 미국에 전달하는 일종의 대외적 창구 역할을 한다. 펄벅이 노벨상 수상작가라는 상징적 권위가 더해지면서 한국의 역사와 진실을 서구에 전달하는 펄벅의 존재는 한국인 독자에게 일종의 신비한 환상처럼 다가온다. 펄벅의 『대지』는 베스트셀러가 되어 한국에서 유통되었고, 한국인에게 펄벅은 미국을 대표하는 위대한 작가로 인식되었다. 그러나 이러한 한국인의 평가는 미국 문단의 평가와 동떨어진 것이다. 미국 문단에서 펄벅은 외면 받고 있었기 때문이다. 결국 한국인의 펄벅에 대한 환상은 미국에 대한 동경, 서구에서 우리를 이해하고 알려줄 수 있는 유일한 존재, 동양권을 소재로 한 소설, 노벨상 수상이라는 후광이 상호 겹쳐져 파생된 것이다.

　펄벅은 1934년에 중국을 떠났다가 정치적 환경의 변화와 자신의 선택 속에 다시는 중국에 돌아갈 수 없는 존재가 된다. 1949년 탄생한 공산정권인 중화인민공화국(약칭 중국)은 공산주의에 대해 비판적인 펄벅의 언행과 중국을 비하하는 듯한 작품을 이유로 펄벅의 입국을 막았던 것이다. 펄벅은 고향인 중국으로 돌아갈 수 없는 상황에서 중국과 유사한 환경의 한국을 통해 일종의 대리만족을 하고자 했던 것으로 보인다. 비록 펄벅이 이러한 심리를 가지고 있었다고 하더라도 결과적으로 펄벅의 저서 활동은 한국을 미국에 소개하는 역할을 한다. 펄벅이 한국을 배경으로 그린 첫 번째 소설은 한국에 파견된 미국 선교사의 두 딸이 한국전쟁을 피해 미국에 돌아와 겪는 사건을 그린『한국에서 온 두 아가씨』(1951)이다. 이 소설에서 한국의 풍경은 추상적 형태로 등장한다. 이것은 작가 자신이 한국에 한번도 와보지 않은 상황에서 상상만으로 그려낸 결과이다. 이때 펄벅은 한국을 독자적 차별성 대신 중국의 변형된 모습으로 형상화한다. 펄벅에게 한국은 또 다른 중국이었을 뿐이다. 선교사 부모와 두 딸이라는 가족의 형태는 펄벅 자신의 중국 체험이 거의 그대로 차용된 것이다.

　『한국에서 온 두 아가씨』에서 한국에 선교하러 간 부모에게서 태어난 데보라와 메리는 비록 미국인이지만 한국에서 오랫동안 살면서 한국을 대신하는 상징적 이미지를 갖게 된다. 본토 미국인의 시선에 데보라와 메리는 예쁘지도 않고 옷차림도 우스꽝스럽게 보인다. 하지만 선교사 집안의 딸답게 진실성과 깊은 내면을 가진 순수한 결정체로 형상화된다. 이러한 형상화는 펄벅이 중국에서 미국 대학으로 유학하면서 겪은 체험이 반영된 것으로 보인다. 펄벅은 미국 대학에 진학하면서 데보라와 메리처럼 미국 본토인에게 우스꽝스러운 촌스러움으로 인식되었던 것이다. 펄벅은 이 소설에서 두 아가씨를 동양 한국에서 온 기품 있는 공주로 비유함으로써 한국 내지 작가 자신을 옹호하는 입장을 취한다. 이에 비해 본토 미국에서 산 아가씨 쌔라는 세련된 외모를 지녔지만 겉멋만 잔뜩 든 영악한 존재로 등장한다. 이러한 대조적 비교 속에 작가 펄벅은 동양 한국이 공산주의자의 침략으로 현재 고통받고 있지만 예의와 순수함을 지닌 아름다운 나라임을 암시한다. 이것은 펄벅이 동양 한국(내지 중국)을 적극적으로 긍정하고 있음을 말하는 것이다.

  한국에서 온 두 아가씨는 한국을 고향으로, 미국을 조국으로 생각하고 있지만 어느 한쪽의 세계에서도 완전히 소속되지 못한 경계선의 존재이다. 한국에서는 미국인으로 취급받고, 미국에서는 일종의 한국인으로 취급되는 이방인적 존재이다. 청교도적 삶의 태도를 보이는 이 두 아가씨의 모습은 풍요로운 미국의 쾌락에 탐닉하는 사람들에게 일종의 이질적 충격으로 다가온다. 한국에 있던 두 아가씨의 부모는 선교에 열중하다가 유행병인 호열자로 모두 사망한다. 졸지에 데보라와 메리는 부모 잃은 고아가 되는 비극을 겪게 된 것이다. 이에 비해 쌔라는 세속적 이해타산 속에 재산가인 늙은이 포오드와 결혼을 하기로 결정한다. 쌔라의 삶은 세속적인 성공일지 모르지만 사랑이 부재하다는 점에서 불행한 결혼이다. 소설의 결말 부분인 파티 장면에서 결혼을 발표한 쌔라가 즐겁게 춤추자고 외치는 장면은 오히려 그녀의 위선적인 삶과 순진한 한국에서 온 두 아가씨의 삶을 극적으로 독자에게 부각시킨다. 이것을 통해 작가 펄벅은 한국에 대한 긍정적 의미를 미국 독자에게 전달한다. 다음 지문은 데보라와 메리가 한국에 대한 이중적 감정을 드러내고 있는 부분이다. 한국은 데보라와 메리에게 이미 제2의 조국이 된 것이다.

그들이 자라난 곳은 한국의 어떤 시골이었다. 그 마을 사람들은 모두 이들 자매를 사랑하고 신기하게 여겼었다. 그 사랑을 받음으로써 그들은 두려움을 모르고 민감하게 자랐으며 한편 신기하게 여겨짐으로써 어느 정도는 그 사람들과 간격을 두고 살게 되었던 것이다.

그 온순한 갈색 민족인 그 나라 사람들에 대하여 아무리 친밀감을 가졌다 할지라도, 그 처녀들은 자기들이 그 민족에 속하지 않는다는 것을 깨달았었다.

그렇기 때문에 그들은 고민하지 않을 수 없었으며, 또 이 집에 온 이후로는 자기의 본국임에도 불구하고 너무나 외국같아서, 때로는 고향인 한국 생각이 나서 우는 것이었다. 그것은 부모 생각만이 아니라, 자기들 주위의 고향 마을 사람들의 사랑이 새삼스럽게 그리워져서 그러는 것이었다.3)

펄벅이 한국에 대해 구체적으로 쓴 소설은 구한말인 1881년부터 1945년 해방되던 시기까지 다룬 『살아있는 갈대(The Living Reed)』(1963)이다. 작가는 이씨 왕실과 친척 관계인 김일한(金一韓)의 가족인 4대를 소설에 등장시켜 구한말의 격동, 일제식민지시대, 해방의 감격 등을 그린다. 이 중에서 소설의 서사를 이끄는 중심은 김일한이 활동하는 구한말과 일한의 자식인 연춘과 연환이 활동하는 일제식민지시대이다. 한 마디로 이 소설은 한국전쟁 이전에 발생했던 한국의 역사를 미국 독자에게 알려줌으로써 양국의 문화를 상호 이해하는데 도움이 되고자 했던 것이다. 소설은 3대인 형 양과 동생 샤샤의 갈등 속에 샤샤가 북으로 떠나는 장면에서 끝난다. 이러한 장면은 곧 이어 터질 남북 분단의 비극을 강하게 암시하는 것이다.

---

3) 펄벅 S, 「한국에서 온 두 아가씨」, 『세계문학속의 한국』 1, 장왕록 역, 정한출판사, 1975, p.67.

펄벅은 이 작품에서 한국을 주옥 같은 바위와 땅이 있는 금수강산의 나라로 묘사하면서, 이곳에서 살고 있는 조선 민족은 명랑하고 부지런하고 검소하며 용감한 사람이라고 칭찬한다. 일제식민주의자들은 한국을 수동적이고, 패배적이며, 게으르고, 열등한 민족이라는 식민사관을 전파했었다. 이에 비해 펄벅이 바라본 한국의 모습은 적극적이고 역동적인 모습이다. 이러한 이미지의 차이는 펄벅이 한국에 대해 지닌 애정의 정도를 말해준다. 펄벅은 온갖 역경에도 굴하지 않고 다시 일어서는 한국인의 끈질긴 생명력을 '살아 있는 갈대'로 비유하며 한국의 이미지를 긍정적으로 형상화한다. '살아있는 갈대'는 전설적인 독립투사인 김연춘의 별명이기도 하다. 펄벅은 제목에서 보듯 현재는 어려울지 모르지만 한국의 미래는 밝을 것이라는 상징적 암시를 한다. 이 소설에서 한국인 독자들이 놀라는 것은 한국의 역사에 대해 작가의 비교적 풍부한 지식이다. 펄벅은 작품의 서문에서 "나는 내가 한국을 방문했을 때 알게된 사실들과 중국에서 살 때 보았던 것에 기초하여 상상력을 발휘하여 등장 인물들을 구상하였다. 나는 이 소설에서 한국인들을 묘사할 때마다 항상 그들에게 진실되려고 노력하였다"4)라고 언급한다. 결국 동양을 이해하려는 작가의 노력과 중국 체험이 한국에 장기간 체류한 적이 없으면서도 한국의 근대사를 비교적 정확하게 형상화하는 성과를 낳게 했던 것이다.

주옥같은 바위와 땅이 있는 이 나라 조선, 산줄기에는 귀중한 광물이 풍부히 매장되어 있고 강줄기에서는 금빛 강물이 출렁이고 백성들의 뜨거운 마음이 바다에까지 뻗쳐 있는 이 금수강산의 나라, 이 예의 범절

---

4) 펄벅, 『살아있는 갈대』 상권, 장왕록·장영희 역, 동문사, 1999, p.11.

의 나라는 틀림없이 지구상에서 보석 같은 나라 가운데 하나였다.5)
"조선 민족이 자랑해도 좋을 민족이며, 그 모든 시련 속에서도 대단히 쾌활하고, 말할 때는 재치가 뛰어나며, 명랑한 노래를 즐겨 부르고, 부지런하고 검소하며 용감한 사람들"6)

펄벅의 소설을 대부분 번역한 장왕록은 「펄벅여사의 동양관」이라는 글을 통해 『살아있는 갈대』가 외국인 독자에게 한국의 역사를 소개하는 역할을 하고 있다며 그 의미를 높게 평가한다.7) 오랫동안 침묵의 타자였던 한국은 펄벅의 소설을 통해 자신의 존재를 서구에 제대로 드러낼 수 있었던 것이다. 이 소설에서 조선인들은 수동적으로 패배주의적으로 그려지지 않고 나름대로 조선의 독립을 위해 투쟁하는 민족으로 등장한다. 그것은 조선의 해방이 미국의 일방적인 승리에 의해서만 성취된 것이 아님을 암시한다. 이렇게 펄벅은 고정된 한국의 부정적 이미지를 씻어내는 데에 일정 부분 공헌한다.

펄벅은 『살아 있는 갈대』에서 주한공사의 부인인 푸트 여사와 주한 대리공사 푸크를 등장시켜 동서양 문화의 상호 이해를 시도한다. 미국 공사 푸트 장군의 부인인 푸트 여사는 활달한 성격으로 민비와 친교하면서 대원군의 복권 음모에 가담한 모든 사람들을 죽이라고

---

5) 펄벅, 『살아있는 갈대』 하권, 앞의 책, p.107.
6) 펄벅, 『살아있는 갈대』 하권, 앞의 책, p.232.
7) 장왕록은 「펄벅여사의 동양관」(『사상계』, 1963.11, p.322)에서 "펄벅이 東洋에서도 작은 나라인 한국에 대해서는 깊은 관심을 가지고 있다는 것은 여사의 말과 행동에 번번히 나타나곤 했지만 이번에 韓國 배경의 大長篇을 발표함으로써 그것을 완전히 증명하였다. 이 책 첫머리에서 여사는 우선 짤막하게나마 隱遁國이라고 일러진 한국의 역사를 외국인 독자들에게 소개하고 있다. 우리는 이 사실에 주목해야 한다. 펄벅은 동양을 서양인에게 이해시키는 것을 최대의 사명으로 여기는 작가인 것이다"라고 언급한다.

명령한 민비를 설득해 생명을 구해준다. 그런데 푸트 여사가 이러한 공적을 쌓았다고 해서 "조선백성들이 마음속 깊이 사랑하는 사람은 부인뿐이었다. 그녀가 역모에 가담한 사람들의 가족을 죽이지 말도록, 그것도 조선 사람들이 섬기는 성인들을 인용하여 중전을 설득했다는 사실을 다들 알고 있었기 때문이다."8)라는 식은 지나친 상상력의 확대 오류이다. 흥선대원군의 복권과 관련한 권력 투쟁은 민중이 배제된 상층부 내부의 싸움이었다. 이 사건으로 인해 죽게 된 것을 푸트 여사가 막았다고 해서 조선 백성들이 푸트 여사를 마음 속 깊이 사랑하게 되었다고 말할 수는 없다. 이것은 동양 한국을 이해하려고 노력하는 작가 펄벅의 욕망이 작중인물인 푸트 여사에 투사되어 나타난 결과이다. 펄벅은 중국에서 살면서 자신이 중국을 위해 노력해 왔다는 것을 인정받고 싶어했다. 이러한 무의식의 욕망이 조선이라는 대상이 바뀌었음에도 그대로 투영되어 푸트 여사를 통해 형상화되었던 것이다.

  펄벅은 일제의 침략을 미국이 묵인하게 된 것도 결국은 조선을 잘 몰랐기 때문이라고 푸크를 등장시켜 변호한다. "우리나라 사람들은 조선에 대해서는 아무것도 몰라요. 그게 당신네 나라에 대한 우리들의 죄지요. 우리는 무지해요. 우리 정부는 몰라서 당신네 민족을 위해서 아무것도 하지 않은 겁니다."9) 그러나 그것이 과연 사실일까? 미국이 한국에 대해 무지했을지 모르지만 자국의 이권에 대해서만은 아주 영리한 존재였다고 보아야 한다. 1905년에 미일이 비밀리에 체결한 가스라태프트 밀약은 미국에 필리핀의 지배권을, 그 대신에 일

---

8) 펄벅, 『살아있는 갈대』 상권, p.216.
9) 앞의 책, p.244.

본에 한국의 지배권을 인정한 조약이었다. 펄벅은 이 소설에서 미국이 조선을 침략하지도 않았고, 제국을 꿈꾸지도 않았다고 역설한다. 하지만 이것은 조선이 미국의 국익에 당시에 큰 의미가 없었기 때문에 방치한 것이다. 신흥강대국인 미국의 제국주의적 팽창은 1898년에 노쇠한 스페인 제국과 전쟁을 벌여 카리브해 지역의 쿠바와 푸에르토리코를, 아시아에서 필리핀과 괌을 획득하면서 드러난 바 있다.

펄벅은 일제식민지시대에 일제의 야욕에 맞서 싸우는 것으로 기독교, 윌슨의 민족자결주의, 연춘의 독립투쟁을 그린다. 이 중에서 미국과 관련한 것은 기독교와 윌슨의 민족자결주의이다. 이 부분이 『살아있는 갈대』 하권의 상당 부분을 차지한다. 이것은 작가가 일제식민지시대에 미국이 조선의 독립을 하는 데에 있어 적지않은 도움을 주었다는 것을 강조하려는 목적에서 나온 것이다. 펄벅은 "교회와 서양인들을 통해 일제 침략자들이 차단하고 있는 저 외부 세계, 새롭고 현대적인 문화에 접하"[10]도록 했던 것이다. 펄벅은 총독암살사건에 다수의 기독교인도들이 연루되어 있다는 것을 언급함으로써 조선에서 기독교가 지닌 혁명적 성격을 부각시킨다. 그러면서 선교사들이 병원과 학교를 세우고, 우리들을 대변해주었다는 사실을 강조한다. 이 부분은 펄벅의 아버지가 선교사였고 자신도 아버지의 일을 어느 정도 돕는 역할을 한 자전적 체험과 연관성이 있다. 펄벅은 선교사들이 병원과 학교를 세우며 한민족의 친구가 되고자 노력했다는 사실을 여러 번 주지시킨다. 펄벅이 보기에 후진국인 한국을 도울 수 있는 유일한 희망은 '미국'인 것이다. 펄벅은 소설에서 비록 과거에 미국이 가스라태프트 밀약을 통해 배신한 적이 있지만 그것은 무지에

---

10) 펄벅, 『살아있는 갈대』 하권, 앞의 책, p.62.

서 나온 것이며 탐욕의 소치가 아니라고 항변한다. 이 무지를 일깨워 줄 의무가 한국민의 몫임을 저자는 밝힌다. 물론 펄벅은 이 소설에서 미국을 일방적으로 두둔하지 않는다. 선교사의 활동이나 미국의 과오에 대해 일정 부분 비판하기도 한다. 그러나 전체적인 시각에서 한반도에서 미국의 역할은 상당 부분 긍정된다. 특히 한국전쟁에서 미국의 젊은이들이 생면부지의 한국인들을 위해 목숨을 잃으면서까지 도와준 희생정신이 양국의 관계를 깊게 하는 초석이 되었음을 강조한다. 이것은 이 소설이 궁극적으로 한미의 우호 증진을 위해 쓰여진 계몽성의 작품이기 때문이다. 과거 무지로 인해 미국이 한국에 범한 잘못을 잊고, 새로운 미래를 향해 양국이 함께 나아가야 한다는 것이 펄벅이 이 소설을 통해 말하고자 했던 것이다.

> 하지만, 마리코도 말했듯이, 왜 지난 이야기만 하고 있어야 하는가? 그보다는 하나의 끈이 우리 두 국민을 한데 묶고 있다는 사실을 기억하자. 용감한 미국 젊은이들이 생면부지의 사람들을 위해 그리고 그들로서는 잘 이해하지도 못하는 목적을 위해 향수에 시달리고 절망적 피곤에 찌들면서, 더러는 목숨을 잃어가면서까지, 한국의 험한 산비탈을 오르내리며 싸웠다. 그 의기와 희생 정신을 살려 지난 일들은 잊도록 하자. 미래를 위한 교훈이 될 만한 것만 남겨두고서.[11]

펄벅의 『살아 있는 갈대』는 나름대로 한국의 역사와 문화에 대해 비교적 정확한 지식을 전달하고 있지만 그것을 꼼꼼히 따져보면 실상과 다른 부분이 적지 않다. 1960년 한국을 방문해 한국에 관한 것들을 조사했지만 그 기간이 길었다고 볼 수 없다. 한 곳에 오랫동안

---

11) 펄벅, 앞의 책, pp.314-315.

거주하는 것과 자료 조사차 잠시 방문해서 얻을 수 있는 정보의 양은 차이가 날 수밖에 없기 때문이다. 소설에서 윌슨의 민족자결주의 원칙을 듣고 감명한 개인 자격의 김일한이 과연 일국의 대통령인 윌슨을 파리에서 만날 수 있었을지 의문이다. 구한말에 김일한이 조선의 현실을 파악하기 위해 평민으로 분장하면서 말 한필과 하인 한명을 대동하고 조선팔도를 여행한 장면도 현실과 전혀 맞지 않는 부분이다. 그 당시에 말을 몰고 하인을 동반한 채 여행할 수 있는 것은 양반이나 부유한 사람이 아니면 결코 할 수 없는 것이다. 펄벅은 김일한을 평민으로 형상화했지만 제대로 드러내지 못한 어설픈 형상화였던 셈이다. 이처럼 종종 발견되는 리얼리티의 결핍은 소설의 긴장감을 떨어뜨리며 서사의 진실성을 무너뜨린다. 전설적인 독립투사인 연춘의 모습도 구체적이라기보다 관념적 성격을 크게 벗어나지 못한 것도 펄벅이 지닌 관념성의 필연적 소산이다. 이것과 연관해서 펄벅이 그린 일제시대의 풍경도 리얼리티를 충분히 확보하지 못한 채 구체적 형상화에 실패하고 있다.

그러나 펄벅의 『살아 있는 갈대』는 리얼리티의 측면에서 적지 않은 문제점을 안고 있지만 한국의 역사와 문화를 이해하려고 노력하는 모습을 서구의 작가가 보여주었다는 점에서 그 의미를 평가할 수 있다. 동양 한국을 이해하려는 작가의 열정이 한국 체험의 부족 속에 소설 속에서 제대로 꽃피지 못한 점은 안타깝기 그지없다. 이것은 삶의 풍부한 체험에서 창작된 펄벅의 『대지』와 『살아 있는 갈대』를 비교해보면 확연히 드러난다. 작가가 64년이라는 긴 시간을 설정한 것도 한국에 대한 전반적 이해를 목표로 한 것일 수도 있지만 또 한편에서는 지식과 체험의 부족함을 메우려는 서사적 전략이었다고 볼 수 있다. 펄벅은 미국과 한국의 동반자적 관계를 부각시키려는 목적에서 과거 미국이 한국에 범한 잘못들을 오도하거나 희석화한다. 양국의 진정한 이해는 진실을 왜곡하는 것이 아니라 직시한 상태에서 이루어질 수 있지 않을까.

3. 가부장적 한국 대 위대한 미국

한국사회에서 혼혈아는 배척받아 사회의 주변으로 밀려난 소외된 존재였다. 혼혈아는 한국전쟁의 부산물로서 약소국인 한국의 비참한 처지를 상기시키는 존재이다. 또한 그들은 단일민족을 자랑스럽게 생각하는 한민족의 입장에서 이질적인 존재들이다. 이러한 것들이 복합되어 전후 한국사회에서 양공주가 멸시받은 것처럼 혼혈아도 사회의 냉대를 받아야 했던 것이다. 이러한 양상은 한국소설에서도 나타난다. 유주현의 「태양의 유산」(1957)에서 딸이 흑인 혼혈아를 데리고 등장하자 아버지에 의해 마을 밖으로 쫓겨난다. 이에 비해 하근찬의 「왕릉과 주둔군」(1963)에서 백인 혼혈아는 비록 못 마땅하지만 아버지에 의해 받아들여진다. 여기에서 혼혈아도 흑인과 백인의 인종차별이 존재하고 있음을 암시하고 있다. 혼혈아에 대한 한국의 배타적 순결주의는 정상적인 국제결혼을 통해 가정을 이룩한 것에서도 냉대와 차별을 일삼는다. 정한숙의 「어느 동네에서 울린 총소리」(1963)는 정상적인 국제결혼을 한 한국인과 미국인 부부가 배타적인 한국의 민족정서에 의해 비극적 파탄을 맞게 되는 장면을 생생하게 보여주고 있다.

펄벅은 1950년에 설립한 입양기관인 웰컴하우스를, 1964년에 펄벅재단(후일 펄벅인터내셔널로 바뀜)을 설립했다. 이 기관들은 동양인과 미국인 사이에 태어난 혼혈아에 대한 입양, 교육제공, 병원 혜택 등을 제공한다. 혼혈아는 태어나면서부터 이쪽에도 저쪽에도 속하는 경계인이다. 그렇지만 이러한 속성은 이쪽과 저쪽에서 모두 배척받을 수 있는 불행한 존재이기도 하다. 펄벅은 혼혈아는 아니었지만 중국에서 성장하면서 중국인도, 미국인도 아닌 경계 지점에 존재한다. 중국에서 자신은 미국인으로 취급되었고, 정작 미국에서는 중국인으로 취급하는 이중적 체험 속에 펄벅은 소외된 존재의 아픔에 대해 자각하게 된다. 이러한 자신의 성장 체험과 인식이 소설 속에서 혼혈아에 대한 따스한 애정으로 표출된다. 펄벅은 자신이 정신적으로 동서양의 혼혈인이라고 생각했던 것이다. 펄벅은 『새해(The New Year)』(1968)에서 로오라의 목소리를 통해 "한국에서는 퍽 미국인처럼 보이겠지만, 그를 미국에 데려다 놓을 때—— 만약 그런다면—— 그는 동양인으로 보이리라는 것을 그녀는 알고 있었다. 대관절 그의 조국은 어디란 말이냐?"[12]라고 말한다. 여기서 이러한 이중적인 혼혈아의 입장은 중국과 미국 어디에서도 확실히 소속될 수 없었던 작가 자신의 고민이 반영된 것이라 하지 않을 수 없다. 작가 펄벅은 혼혈아의 처지를 통해 자신의 고민을 소설로 형상화했던 것이다. 이처럼 펄벅의 혼혈아에 대한 관심은 자신과 처지가 비슷한 존재를 도우려는 마음에서 비롯된 것이다. 펄벅은 단순하게 혼혈아를 돌보는 것에서 그치는 것이 아니라 이것을 통해 동서양 문화의 상호 이해의 필요성을 부각시켰다. 동서양 문화의 상호 이해 부재는 혼혈아를 여전히 무관심과 배제의 영역으로 남게 할 것이기 때문이다.

펄벅의 『새해(The New Year)』는 인종차별 반대와 혼혈아 끌어안기

---

12) 펄벅, 『새해』, 앞의 책, p.179.

라는 펄벅의 세계관이 반영된 작품이다. 이 소설은 한국전쟁에 참전한 미군과 한국 여성 사이에서 태어난 혼혈아를 한국에서 미국으로 데려오는 과정과 미국 현지에서 겪는 사건들로 구성되어 있다. 기혼남인 미군 크리스는 한국 여성인 순희를 무도장에서 만나 사랑하는 사이가 되고, 둘 사이에 김 크리스토퍼라는 혼혈아가 태어난다. 크리스는 복무기한이 끝나자 미국으로 돌아가버리고 순희와 아들은 한국 땅에 외롭게 남겨진다. 이후 순희와 김 크리스토퍼는 가난과 멸시 속에 고통을 겪는다. 이 사실을 뒤늦게 알게 된 크리스의 아내 로오라는 김 크리스토퍼를 만나러 한국에 왔다가 미국으로 데려간다. 이 소설의 주인공인 로오라는 펄벅의 입장을 대변하는 인물이다. 주지사에 출마한 크리스는 김 크리스토퍼의 양육 문제로 로오라와 갈등을 빚기도 한다. 주지사에 당선된 크리스는 자신의 잘못을 반성하고 파티장에서 김 크리스토퍼를 자신의 아들임을 인정한다. 소설 제목인 '새해'는 혼혈인의 차별이 종식되는 새로운 희망의 세계를 상징한다.

펄벅은 입양기관인 웰컴하우스와 펄벅재단을 설립했다. 이런 입장이기에 그녀의 소설에서 미국 군인과 현지인 사이에 혼혈아가 태어날 경우 아버지가 입양하는 것을 선호했다. 이 목적을 위해 의도했든 그렇지 못했든 역사의 왜곡이 발생한다. 펄벅은 이 소설에서 1950년부터 10년 동안 미국인을 아버지로 가진 많은 혼혈아들이 한국에서 여러 가지 형태로 죽거나 거세당했다고 밝히고 있다. 한국의 단일민족이라는 배타적 전통이 혼혈아에 대한 대규모적인 폭력과 살인을 유발했다는 것이다. 이러한 풍토 속에 한국의 혼혈아들은 정상적으로 삶을 영위할 수 없다. 따라서 미국의 아버지들이 이들을 미국에 데려와 키워야 한다는 인도주의적 논리가 자연스럽게 강화된다. 그러나 이것이 과연 역사적 사실에 입각한 것인지는 의문이다. 혼혈아가 배척받고 살해될 수 있지만 이것이 대규모로 이루어졌다고는 볼 수 없기 때문이다. 또 비정상적인 한국전쟁 시기에 발생한 일부의 사건을 휴전이 된 상황에 그대로 적용시키는 오류를 범한다. 이것은 부분적 사실을 일반화시키는 일반화의 오류이다.

이러한 오류는 순희를 형상화하는 데에도 그대로 반복되어 나타난다. 18살의 순희는 전쟁 후에 집은 폭격으로 파괴되고 아버지도 죽는다. 순희는 미국 군인과 사귀는 것을 통해 생계를 도모하려고 하는데 이 와중에 미군 크리스를 만나 사랑하게 되고, 아들 김 크리스토퍼를 낳게 된다. 크리스가 떠난 이후 그녀는 뛰어난 노래 실력과 외모로 밤무대에 서는 가수이자 요정을 운영하는 마담이 된다. 그런데 로오라가 순희의 집을 찾아갔을 때, 세든 집에서 살고 있는 궁색한 살림의 순희와 만나게 된다. 이것은 한국의 실정과 전혀 맞지 않는 형상화이다. 당대에 인기 있는 가수이자 요정 마담이 궁색한 집에 살고 있다는 설정은 비현실적인 것이다. 이 정도의 사회적 위치를 지닌 여성은 상당한 재력을 축적할 수 있었기 때문이다. 따라서 순희가 로오라에게 김 크리스토퍼를 넘겨주는 조건으로 위자료를 요구하는 장면도 어색하기 그지없다. 결국 이러한 장면 설정은 김 크리스토퍼를 미국에 입양하기 위한 서사적 개연성 차원에서 이루어진 것이다. 문제는 이것이 리얼리티를 확보하지 못한 채 펄벅의 공상에서만 존재할 수 있었다는 것이다.

펄벅의 소설에서 혼혈아는 뛰어난 존재로 부각된다. 펄벅은 두 가지 순종이 결합하여 생겨나는 잡종이 그것의 근원이 된 품종보다 더 바람직하다고 생각하고 있었던 것이다. 이것은 뛰어난 외모와 노래 실력을 지닌 『새해』의 김 크리스토퍼와 『살아있는 갈대』의 마리코에서 다시 한번 확인할 수 있다. 이것은 육체적인 결합의 산물인 혼혈아에게만 국한된 것이 아니다. 동양과 서양이 지금보다 더 나은 문명을 이룩하려면 동서양의 교류 속에 가능하다고 펄벅은 판단하고 있는 것이다. 이러한 입장이었기에 김 크리스토퍼의 모습은 상당히 아름다운 외모와 매우 빼어난 노래솜씨, 그리고 학업에서도 뛰어난 성적을 보이는 매력적인 아이로 형상화된다. 아버지 크리스도 이러한 김 크리스토퍼의 매력에 빠져 처음에 같이 사는 데에 난색을 표시하다가 나중에 공식적인 아들로 받아들여 집에서 함께 살 것을 결심한다.

크리스를 아버지로 하고 —— 그리고 너그럽게 말해서 —— 순희를 어머니로 했으니 말이다. 그런데도 여기엔 특수한 연금술(鍊金術)이 작용했음이 분명했다. 왜냐 하면 그녀는 이 아이만큼 아름다운 한국의 어린이를 본 적이 없고, 또한 그녀가 어린 시절부터 함께 자란 본국의 어린이들 중에서도 이처럼 아름다운 아이는 본 적이 없었기 때문이었다. 그건 단순히 얼굴 생김새나 피부색의 문제가 아니었다. 어쩌면 우아함과 강인성이 결합되고 승화된 그런 면이 그의 모습에 있었다. 김 크리스토퍼는 미국의 어린이보다 더 우아했고, 한국 어린이보다는 더 튼튼했다.[13]

이 소설에서 만약 김 크리스토퍼가 장애인이거나 평범한 외모 등을 소유한 존재였다면 어떠했을까. 그때도 로오라와 크리스가 선뜻 김 크리스토퍼를 아들로 받아들였을까. 혼혈아가 뛰어난 능력을 지닐 수도 있지만 그렇지 못할 수도 있다. 혼혈아가 다른 순종보다 뛰어나다는 점을 강조하기 위해 뛰어난 외모와 능력을 지닌 것으로 매번 형상화하는 것은 또 다른 오류를 낳을 소지를 안고 있다. 순종보

---

13) 펄벅, 장왕록 역, 『새해』, 민중서관, 1968, p.178.

다 잡종인 혼혈아가 우수하다는 또 다른 고정관념의 생성은 배타적 폭력일 수 있는 것이다.

펄벅의 『새해』에서 혼혈인 김 크리스토퍼는 한국사회에 적응하지 못한 채 이방인으로 존재한다. 아버지의 호적에 있지 못했기에 한국에 존재함에도 불구하고 존재하지 않는 비존재인 것이다. 비존재이기에 정상적인 학교교육도 받지 못한다. 펄벅은 한국은 가부장적 사회이기에 자식에 대한 책임이 모두 아버지에 귀속되어 있다는 점을 강조한다. 이런 점 때문에 한국 사회에서 사생아나 혼혈아들은 제대로 성장하지 못한 채 불우한 삶을 살거나 비행 청소년으로 전락할 위험성이 높다는 것이다. 펄벅의 소설에서 한국의 땅은 혼혈인들이 살기에는 너무나 척박한 땅으로 등장한다. 이러한 이미지는 서국의 독자들에게 다소 이해하기 힘든 것이다. 아버지가 없기에 호적에 올릴 수도 없다는 식의 전개는 한국의 비합리적 야만성을 내심 부각시킨다. 더욱이 단일민족의 신화 때문에 혼혈아들을 살해하는 식으로 나타나는 부분에서 한국의 야만성은 극도로 드러난다. 이에 비해 합리적 이성을 상징하는 로오라는 자신의 몸에서 태어난 자식이 아님에도 불구하고 김 크리스토퍼를 따스하게 맞아주는 문명적 존재로 등장한다. 크리스도 처음에는 김 크리스토퍼를 자신의 집에서 키우는 것을 꺼려 했으나 소설의 결말 부분에서 자신의 자식으로 인정함과 동시에 집에서 함께 생활할 것을 결정한다. 이러한 이미지를 통해 상대적으로 돋보이게 드러나는 것은 미국의 포용적 인도주의와 합리성이다.

주지사에 당선된 크리스가 새해를 맞이하는 파티에서 크리스토퍼를 자신의 아들로 소개하면서 노래를 부르게 한다. 이때 크리스토퍼가 부른 노래는 미국의 국가이다. 가부장적 아버지의 전통을 지닌 한국에서 축출되었던 이방인인 크리스. 그는 미국식 교육을 받으며 제대로 성장하면서, 그것에 대한 보답이라도 하듯이 많은 미국인들이 모인 자리에서 애국가를 불렀던 것이다. 애국가라는 것은 결국 한 국가에 대한 칭송이다. 국가의 구성원들은 애국가를 통해 이질적 속성은 단일성으로 귀결되며 조국에 대한 사랑과 충성을 학습하게 된다. 크리스토퍼가 부른 미국의 애국가는 자신을 받아들여준 아름다운 나라이자 선진국인 미국에 대한 고마움과 충성을 맹세하는 상징적 기호인 셈이다.

　　그러나 크리스토퍼는 한 발자국 앞에 나서서 고개를 들고 노래를 불렀다.
　　「나의 조국, 아름다운 자유의 나라, 나는 너를 노래한다 ──」[역주 새뮤엘 프래시 스미스(1808-95)작 미국의 애국가의 첫머리]
　　오, 크리스, 로오라는 소리를 죽여 혼자 울고 있었다. 오, 크리스 당신 외에 누가 ── 당신 외에 누가 ──
　　그녀는 곧 자신을 억제해야만 했다. 노래가 끝나면 그녀는 그들 곁에 서야 하기 때문이었다. 그러나 곧 울음을 그칠 수가 없었다. 그녀가 그들에게로 가려 하자 나이 든 알렌씨 부처가 팔을 낀 채 사람들을 헤치고 나왔다.
　　「환영한다, 크리스토퍼.」[14]

펄벅의 소설 속에서 미국은 인종차별주의가 없고 인도주의적 정신이 살아 있는 아름다운 나라로 형상화된다. 그런데 과연 현실은 그러했을까. 미국은 다인종국가로 형성되었지만 그 내부에서는 다양한

---

14) 펄벅, 『새해』, 앞의 책, p.325.

인종차별과 백인중심주의가 작동하는 배타적 세계이기 때문이다. 펄벅의 『새해』가 발표된 1968년에 인종차별 타파를 꿈꾸었던 마틴 루터 킹 목사는 1968년 4월 테네시주의 멤피스시에서 백인인 제임스 얼 레이가 쏜 총탄을 맞고 사망했다. 이러한 극심한 인종차별과 백인중심주의에 대한 펄벅의 비판적 시선은 『새해』에서 부재하다. 소설에 전면화 된 것은 불쌍한 혼혈인을 받아준 넉넉한 미국의 인심이다. 이러한 소설의 결말은 미국의 위대성을 찬양하면서 우월적 국가주의를 양산하게 한다. 미국의 위대성이 드러나면 날수록 혼혈아를 저버린 동양 한국의 야만성은 증가할 수밖에 없다. 펄벅은 동서양의, 미국과 한국의 상호 이해를 겨냥하였지만 그녀의 소설에는 '서구=미국=우월, 동양=한국=열등'하다는 편향적 오리엔탈리즘에서 자유롭지 못했던 것이다. 펄벅은 동양을 이해하려고 노력한 서구인이지만 그렇다고 해서 필요충분조건을 모두 충족시켰던 것은 아니다. 이것은 펄벅의 한계이기도 하지만 동시에 이제 막 동서양의 교류를 시작하고 있는 시대적 한계이기도 했다.

펄벅과 동시대의 한국 작가들은 혼혈을 어떻게 형상화했을까?

유주현의 「태양의 유산」(1957)에서 보여준 것은 단일민족의 신화에 기반한 순혈주의이다. 혼혈은 이 순혈주의를 해치는 악 내지 치욕의 근원으로 규정된다. 그래서 배생원의 딸 삼순이는 흑인 혼혈아를 집안에 들여놓지도 못한 채 집밖으로 쫓겨난다. 주요섭의 「열 줌의 흙」(1967)에서 조선에서 하와이로 이주한 한 노인은 흑인 혼혈아 손녀인 낸시를 한국인과 결혼시켜 좀더 순수혈통을 보존하고자 하는 욕망을 보인다. 이처럼 한국인 작가들에 의해 그려진 혼혈아들은 장애인이거나 불우한 처지에서 고통받는 침묵하는 타자로 보통 등장한다. 주로 미군 사이에서 태어난 혼혈인들은 한국의 땅에서 태어나 성장했지만 한국의 국민으로 편입되지 못한 채 '비국민'으로 분류된다. 사회적 차별과 냉대를 받으면서 그들은 혼혈인이 된 자신들을 증오하며, 미국으로 떠날 꿈만 생각할 뿐이다.

4. 동서양의 교량과 오리엔탈리즘

펄벅은 두 개의 고향을 갖고 있다. 하나가 대부분의 어린 시절을 보낸 중국이라면 또 하나는 자신의 국적인 미국이다. 선교사인 미국인 아버지가 중국에 파견되어 선교 활동을 벌였기에 자연히 펄벅도 중국에서 10대 후반까지 생활하며 성장했다. 대학에 입학하러 미국에 올 때까지 그녀의 고향은 중국이었다고 해도 과언이 아니다. 중국에서 미국으로 유학 온 펄벅은 낯선 세계인 본토 미국에서 문화적 충격을 경험한다. 가치관과 문화 등 전반적인 면에서 자신과 다른 미국 여성들과 조우하면서 정체성의 혼란을 겪었던 것이다. 펄벅은 중국에서 가져온 흔적들을 지워버리고 미국의 문화를 그대로 내면화하는 수용의 과정을 통해 이 혼란을 극복하고자 한다. 이처럼 펄벅은 미국의 문화를 흡수하여 당시 미국의 젊은이와 비슷해지려고 했지만 그녀의 마음 속에는 여전히 고향인 중국의 체취가 남아 있었다.

펄벅은 유년 시절에 하얗고 깨끗한 장로교의 미국 세계와 사랑스럽지만 깨끗하지 못한 중국 세계가 서로 연결되어 있지 못한 채 불안한 공존의 상태로 자신의 내부에 존재했었다고 고백한 바 있다. 이러한 상태는 유학 시절에도 지속된다. 한쪽의 문화가 전면화될 때 또 한쪽은 무의식의 영역으로 추방되지만 상황이 바뀌면 억압되었던 또 하나의 세계는 무의식의 영역에서 벗어나 의식의 영역으로 이동하는 숨바꼭질을 반복했던 것이다. 다음의 지문은 양쪽 세계를 공유한 펄벅의 심리상태를 잘 말해주고 있다.

> 그 무렵(필자 주 : 8살 전후), 나는 스스로를 백인이라고는 생각지 않았다. 내가 중국 사람과 꼭 같지는 않다는 것을 알고는 있었으나, 그래도 역시 나는 장바닥에서 파는 과자를 아무 탈 없이 먹어내던 중국인이었다.
> 이와 같이 나는 두 겹의 세계에서 자라났다. 나의 부모들의 조그만한 하얗고 깨끗한 장로교의 미국 세계와, 크고 사랑스럽고 즐거운, 별로 깨끗지 못한 중국 세계에서. 그리고 이 두 세계 사이에는 아무 연락도 없었다. 내가 중국 세계에 있을 때는, 나는 중국인이었고, 중국말을 하고, 중국인처럼 행동하고, 중국인처럼 먹으며, 그들의 생각과 감정을 나누어 가졌다. 내가 미국 세계에 있을 때는, 나는 그 사이의 문을 닫아 버렸다.15)

펄벅의 문학적 자양분을 형성한 것은 서양의 고전 텍스트도 있지만 『수호지』와 『삼국지』로 대변되는 중국의 설화에서 많은 영향을 받는다. 중국의 삶은 펄벅의 문학적 뿌리라고 해도 과언이 아니다. 1934년 중국을 떠나 그 이후 미국에 정착하면서 펄벅은 중국보다 미국에 동화되려고 더 많은 애를 썼다. 이 과정 속에서 펄벅은 성장기에서부터 자신의 고민이었던 두 세계의 상호 공존과 통합을 시도하고자 한다. 펄벅은 동양문화와 관련된 일련의 소설과 수필 등을 창작함으로써 미국에 동양 문화를 소개해 상호 이해를 돕고자 한다. 침묵하는 타자였던 동양은 펄벅의 글을 통해 서구에 말을 걸 수 있는 존재로 승격한다. 하지만 이것은 제한적이었다고 보여진다.

---

15) 펄벅, 『나의 자서전』, 민재식 역, 삼중당, 1962, p.16.

펄벅의 중국 체험, 장편 『대지』, 동양에 관한 지속적인 칼럼 등은 펄벅을 아시아의 전문가로 인식시킨다. 펄벅은 글을 통해 지속적으로 인도 독립을 주장하고, 중국에 대한 관심을 표명했고, 일본제국주의를 비판한다. 그녀의 펜을 통해 서구가 동양(특히 중국)에 대해 지닌 고정관념은 일부분 해체된다. 특히 서구가 동양을 문명 대 야만으로 규정하는 폭력적 이분법에 그녀의 글쓰기는 저항한다. 펄벅은 자신의 글에서 동양이 야만국가가 아니라 서구에 비해 다른 문화를 지니고 살아가는 곳임을 주지시킨다. 특히 펄벅의 『대지』는 미국인에게 중국이 어떤 나라인가를 전달하는 강력한 매개체 역할을 했다. 『대지』는 1937년 MGM 영화사에서 의해 영화로 상영되어 당대 미국인들이 많이 관람하기도 했다. 영화 『대지』는 원작이 왕룽과 부인 오란이 농촌의 궁핍을 벗어나려고 몸부림치는 과정에 초점이 맞추어져 있다면, 영화는 할리우드식 문법으로 원작을 변용해 왕룽과 오란의 사랑에 더욱 초점을 맞춘다. 이 영화에 출연하는 배우는 중국배우를 써야 한다는 펄벅의 주장을 받아들이지 않고 철저하게 할리우드 배우인 미국인을 씀으로써 참으로 기이한 동양 영화가 되었다. 영화 『대지』는 많은 미국인들에게 중국에 관한 이미지상을 제공하는 역할을 수행한다.

펄벅이 한국에 대한 관심은 중국 체험에서 비롯한다. 펄벅은 중국의 대학에서 교편을 잡아 가르치던 학생들 중 한국인 학생이 있었다. 그녀는 한국인 학생으로부터 일제식민지 통치의 실상과 그것을 거부하는 한국인의 저항을 확인한다. 이러한 이유로 1942년 5월 27일, 펄벅은 동서협회가 주최한 모임에서 1910년부터 일본의 지배를 받고 있는 한국의 해방을 촉구하는 연설을 했다. 이후 펄벅이 관여한 ≪아시아≫라는 잡지에 한국과 관련한 기사들이 몇 번 실리게 되었다. 이처럼 펄벅은 20세기 전반기에 아시아에 관한 정보를 미국에 전달하는 중요 통로였다. 1942년에 펄벅은 제2차세계대전이 자유를 위한 투쟁이 아니라 유럽 문명을 구하기 위한 전쟁으로 변질되었다고 경고하기도 한다. 서구가 아시아국가들을 식민지배에서 벗어나도록 세계 구도를 짤 의도나 관심이 부족하다고 판단했기 때문이다. 1949년 중국이 공산화되면서 펄벅은 중국에 돌아갈 수 없게 되자 그와 유사한 한국을 통해 중국에 대한 향수를 망각하고자 했던 것으로 보인다. 일종의 대리물을 통한 욕망의 충족인 것이다. 이것에 대해 펄벅을 비난할 일은 아니다.

펄벅이 한국에 대해 주로 쓴 시기는 1950, 1960년대로서 펄벅 문학의 말년기에 해당한다. 이 시기에 그녀의 소설은 『대지』만큼의 파급력을 거의 보여주지 못한다. 펄벅은 동양이 정신적이고 서양은 물질적이라는 이분법을 거부했지만 한국에 대해 최초로 쓴 『한국에서 온 두 아가씨』(1951)라는 작품을 보면 이러한 도식이 그대로 작동하고 있다. 이 소설에서 한국전쟁을 피해 한국에서 온 미국인 선교사의 두 딸인 데보라와 메리는 소박·순수·정신 등의 이미지로, 이에 비해 현지 미국에서 자란 째라는 영리·이해타산·화려·물질 등의 이미지로 그려진다. 『한국에서 온 두 아가씨』는 동양에 대해 서구가 지닌 고정관념을 재생산한 오리엔탈리즘의 전형적 작품인 것이다. 펄벅의 소설들은 한국에 대한 정보가 부족했던 시절 한국에 대해 미국의 독자들이 알 수 있게 하는 역할을 했다. 펄벅이 동양을, 한국을 이해하려는 과정에서 나온 소설들은 한국을 미국에 소개하고 있지만 한계도 존재한다. 물론 펄벅은 『한국에서 온 두 아가씨』가 지닌 한계를 벗어나려는 노력을 이후에 보여준다.

서구가 동양을 바라보고 지배하는 방식인 오리엔탈리즘은 서구가 우월하고 동양은 열등하다는 동양학 담론이다. 여기에서 동양은 여성으로, 서양은 남성으로 치환된다. 펄벅은 이러한 구도를 부분적으로 후속 작품에서 전복시킨다. 『새해』에서 혼혈아 김 크리스토퍼를 만나러온 서양의 매력적인 백인 여성 로오라는 호텔 식사를 하던 중 우연히 한국인 최씨를 만난다. 그는 한국에서 부유한 재력가이자 미국 대학에 유학을 다녀온 지식인이기도 하다. 이런 최씨의 시선에 우연히 만난 미국 여성인 로오라는 매력적인 성적 대상으로도 비쳐지기도 한다. 현실적으로 남편을 사랑하는 기혼의 여성인 로오라와 아내를 병으로 잃고 홀아비가 된 최씨가 사랑의 로맨스를 펼칠 수는 없었을 것이다. 하지만 펄벅의 소설에서 감히 한국의 남성이 곧 주지사 부인이 될지도 모를 백인 여성을 일순간이나마 성적 대상으로 생각했다는 점이 중요하다. 이것은 '동양=여성, 서구=남성'이라는 기존의 상징적 관습을 파괴하고 있기 때문이다. 물론 전체적으로 이 소설에서 크리스라는 미군이 김순희라는 여성과 만나 혼혈아를 낳았다는 점에서 '동양=여성, 서구=남성'이라는 이미지가 유지되지만 부분적으로 이러한 도식이 최씨의 시선에 의해 무너지고 있는 것이다.

  이제는 홀로 되고 별로 할 일도 없고 마음이 어수선하게 헛갈려 있던 중, 그는 아름다운 요정의 마담인 순희와 또한 윈터즈 부인과의 두 방향으로 주의가 쏠리는 것을 느꼈다. 그는 지각 있는 사람이라 그들 둘 중의 어느 하나와도 결혼 같은 것은 생각해 보지 않았다. 비록 순희에 대한 그의 접근에 대해서 그녀는 겨우 한번 미소를 띠어 보였을 정도 밖엔 안되지만, 어떻든 그는 요정의 여자와 결혼할 필요는 없었다. 그리고 아무리 그가 마음이 끌린다 해도 이미 결혼해 버린 미국여자와도 물론 결혼할 수가 없었다. 그러나 그는 그들 두 사람을 여자로서 강렬하게 느끼고 있었으며 그의 상상력은 이 두 여성이 한 남자—— 특이한 개성의 힘이 있고 정치적 권력을 얻기 위해 투쟁하고 있는 것

으로 보이는 한 남자──에게 똑같이 연관이 맺어지게 된 사실을 괴롭게 생각하기도 했다.16)

그러나 펄벅의 동양에 대한 형상화는 늘 일정한 한계를 지니고 있다. 최씨를 형상하는 부분에서도 이러한 한계는 그대로 노출된다. 최씨는 로오라가 김 크리스토퍼를 데리고 미국으로 가면서 순희를 새 부인으로 맞아들인다. 그런데 작품이 끝날 때까지 최씨는 여전히 최씨로 남는다. 다시 말해 이 소설에 등장하는 많은 주요 작중인물들이 모두 온전한 이름을 소유하고 있음에도 불구하고 최씨는 성은 있지만 이름이 없는 상태로 남아있다. 이것은 펄벅의 시선이 최씨를 크리스와 동등한 남성으로 완벽하게 보지 않았다는 무의식의 반영이라 할 수 있다. 또 김 크리스토퍼를 미국으로 데려가려는 목적이 앞서 한국에서 대규모적인 혼혈아 학살이 이루어졌다고 표현한 부분도 동양은 야만이고 서양은 문명이라는 기존 도식을 강화시켜준다. 펄벅은 동서양이나 모두 장단점을 갖고 있다고 생각했기에 『새해』에서 어느 한쪽을 일방적으로 칭찬하지 않는다. 하지만 펄벅 자신이 미국인이라는 입장은 알게 모르게 서구를 동양보다 좀더 긍정적으로 묘사하도록 만들었던 것이다.

5. 피상적 접근을 넘어

펄벅은 여성, 소수인종, 장애인, 고통받는 아시아에 대해 지속적인 관심을 표명해왔다. 중국에서 성장한 체험은 미국 작가 중에서 선구

---

16) 펄벅, 『새해』, 앞의 책, p.161.

자적으로 동서양의 화해를 이룩하는 데에 남다른 열정을 쏟게 했다. 그녀의 삶은 억압받는 소수자나 주변을 옹호하는 데에 일생을 헌신했다. 인종차별 정책 반대, 인도 독립 주장, 남녀평등의 옹호 등 그녀는 인권지도자로서, 페미니스트로서, 동서화합의 전도사라로서 다양한 사회적 활동을 했다.

펄벅은 영어도 중국어도 잘 하는 이중언어 생활자였다. 두 개의 언어에 정통하다는 것은 두개의 문화에 해박할 수 있음을 의미한다. 펄벅은 동양(중국문화)과 서구(미국문화)의 경계선에서 양 문화를 조화롭게 연결시키기 위해 평생 동안 많은 노력을 기울여왔다. 하지만 양쪽의 문화 지역에서 펄벅에 대한 평가는 그렇게 높지 못하다. 중국에서 20세기 위대한 작가로 평가받는 루쉰은 펄벅에 대해 중국에 대해 피상적인 지식을 지닌 미국인 여성으로 낮게 평가했다. 미국에서 펄벅은 이국적인 정취를 생산하는 대중적 작가로 평가한다. 경계인은 속성상 양 문화에서 모두 갈채를 받을 수 있지만 동시에 배제될 수 있다. 펄벅은 양쪽 모두에서 외면받는 후자에 가깝다. 펄벅은 동양과 서양을 연결시키는 데에 노력한 선구자였다. 선구자라는 것은 완벽보다 시작의 의미가 강하다. 이런 점에서 펄벅의 문학에 보이는 리얼리티와 오리엔탈리즘 타자에 대한 충분한 이해의 미흡은 시대적 한계이기도 했다. 펄벅은 서구우월의 오리엔탈리즘을 해체하려고 노력했지만 그 자신이 또 다른 의미의 오리엔탈리즘을 생산하기도 했다. 이러한 시행착오에도 불구하고 기본적으로 펄벅이 동양에 대해 진한 애정을 갖고 있다는 사실은 변함이 없다. 특히 말년에 한국에 애정을 갖고 형상화한 것은 비록 서구에 많은 영향을 끼쳤다고 볼 수 없지만 나름대로 의미를 지닌다. 특히 문화적 다원주의를 제시하며 미국이 우월하고 한국은 열등하다는 오리엔탈리즘을 제한적으로 해체한 것은 무엇보다 큰 성과이다.

  펄벅은 반공산주의자임에도 공산당의 토지 개혁에 감탄했고, 장제스의 무자비한 숙청을 비판했다. 이것 때문에 한때 좌익작가라 오해되기도 하였다. 그렇지만 펄벅의 일관된 반공산주의는 공산정권의 중국 입장에서 충분히 그녀의 입국을 거절할 명분이 되었다. 중국작가 루쉰이 펄벅에 대해 낮게 평가한 것도 방문 거절의 중요 사유가 된다. 그래서 그녀는 1934년 이후 죽을 때까지 중국을 방문하지 못한다. 이러한 그녀의 모습은 경계인의 처지가 얼마나 힘든 것임을 다시 한번 상징적으로 보여준다. 이제 필요한 것은 단순하게 동서양을 동시에 형상화하는 것이 아니라 심층적으로 그리는 것이다. 그것이 펄벅이 우리에게 남긴 과제일 것이다.

역사드라마의 광학적 무의식, 민족서사와 재현 이미지 연구 - 「스캔들」, 「형사」, 「음란서생」의 경우를 중심으로

박 명 진

1. 역사드라마의 지형

　역사드라마(특히 영화의 경우)와 역사의 관계는 중층적(重層的)이라 할 수 있다. 텍스트로서의 드라마는 역사라는 실재(또는 대상)에 대한 재현적 흔적이다. 이때 우리는 소쉬르의 기호학적 위상 체계를 떠올릴 수 있다. 역사를 재현하고 있는 텍스트로서의 영상물은 기표와 기의의 구조로 되어 있다. 특히 영화의 경우, 영상은 영화문법의 고유한 형식적 특징을 지닌다. 물질적 차원에서의 영상물은 하나의 기표로서 역사적 사실과 연관된 특정 이미지 생산과 해석이라는 기의와 연결된다. 기호로서의 영상예술은 대상인 역사적 사실을 실재(the real)인 것처럼 재현해 내고 있지만 이 둘의 관계는 철저하게 자의적일 수밖에 없다. 여기에서 역사드라마와 역사가 맺는 관계는 기호와 대상 사이의, 라캉의 이른바 '거울 단계'로 비유될 수 있다. 이때 역사적 사실의 재현으로서의 영상물은 상징성을 내포하게 된다.

한편 영상물은 그 자체로 역사의 물질성을 띤다. 실재하는 외적 현실을 영상으로 포착하는 순간 그 영상이 역사성을 획득하기 때문이다. 이것은 마치 사관(史官)이 사건을 기록하듯이 카메라에 의해 역사적 순간을 영상으로 기록하는 것이다. 이때 영상물은 역사적 사실과의 거리감을 지워버리고 그 자체가 역사인 양 진정성을 발휘하게 된다. 여기에서 영상물과 역사의 관계는 자의적이기보다는 필연적이다. 왜냐하면 기록된 영상물이 실재 역사 현장에 대한 최고의 실증으로 인식되기 때문이다.

이 글에서 논의하고자 하는 영상물의 특징은 첫 번째의 기호적 성격에 준한다. 역사드라마는 역사를 기호화함으로써 지시대상에 대한 특정의 의미를 생산하고 유통시킨다. 역사의 대체물로서의 영상 자료가 아니라, 역사에 대한 상상적 재구성의 결과로서의 역사드라마가 이 글의 주된 대상이 된다. 그러나 이 경우에도 여러 층위의 영상물로 구분될 수 있다. 소위 정사(正史)를 토대로 재현해 낸 역사드라마, 야화(野話)나 민담 등을 토대로 재구성한 과거 이야기, 또는 아예 상상력에만 의존해 만들어낸 판타지류의 이야기 등은 각기 변별적인 의미의 성운(星雲)을 이루게 된다.

우리나라의 경우 2000년경을 주목할 필요가 있다. 이 시기를 즈음하여 역사 소재 드라마가 본격적으로 생산되었기 때문이다. 1990년대 중후반 이후 역사드라마 장르가 발전되어 온 과정을 보면, 대체로 개연적 역사서술 방식과 상상적 역사서술 방식의 드라마들이 지배적 위치를 차지하고 있으며, 여기에 전형적 서술방식이나 환상적 서술방식의 역사드라마들이 잔여적으로 남아 있었다. 특히 상상적 역사서술 방식의 드라마들은 최근 역사드라마 지형에서 압도적 우위를 접하면서 역사드라마 장르구성체를 형성하고 있다.[1] 2000년경이 중요한 것은 이 시기 이후 생산되고 있는 소위 역사드라마의 성향이 이전의 것과 날카롭게 갈라서고 있기 때문이다.

이 글에서는 이 새로운 경향의 역사드라마 특징을 '기표들의 놀이'로 잠정 전제하고자 한다. 이는 프레드릭 제임슨이 포스트모더니즘을 비판할 때 언급한 바 있는, '깊이 없음'이나 '표면적인 것'과 상통하는 특징을 갖는다. 또는 보들리야르가 우울하게 진단했던 시뮬라시옹의 양상으로 볼 수도 있겠다. 그러나 이 글은 일련의 역사드라마를 포스트모더니즘이라는 범주로 환원시키고 싶지는 않다. 다만 이러한 성향의 역사드라마가 사회심리학적 징후를 나타내고 있다는 것, 또는 나름대로 독특한 '광학적 무의식'을 감추고 있다는 것 정도에서 접근하고자 한다. 궁극적으로 이 글은 최근의 역사 드라마가 민족이나 국가를 어떠한 방식으로 상상하고 재현해 내고 있는가를 고찰해 보고자 한다.

2. 의도된 아나크로니즘(Anachronism), 또는 페티쉬로서의 역사

「스캔들」, 「형사」, 「음란서생」은 디제시스(digesis)[2] 속의 시간을 조선시대로 삼고 있다. 18세기 후반의 「스캔들」은 '18세기 후반의 조

---

1) 주창윤, 「역사드라마의 역사서술방식과 장르형성」, 《한국언론학보》 48권 1호, 2004, p.181.
2) 이 개념은 영화 속에서 전개되는 픽션(허구)의 세계를 뜻한다. 이 용어는 아리스토텔레스의 『詩學』에서 처음 나타났다. 애초에 디제시스는 '이야기를 설명하는 것'을 의미했다. 이후 기호학자 수리오(E. Souriau)와 메츠(Christian Metz)에 의해 "영화 속에서 펼쳐지는 이야기의 외연적 요소(연기, 대사 등)에 의해 구성되는 허구의 시간과 공간"을 뜻하게 되었다.

선'으로, 좀더 정확하게는 1794년에서 1796년 사이의 시기를 배경으로 하고 있다.3) 「형사」는 '어지러운 세상'으로, 「음란서생」은 '조선시대'로 시대배경을 설정해 놓고 있다. 이것은 영화 「혈의누」가 '1808년, 조선시대 말엽'으로 설정하고 근대적 제지소(製紙所)를 중심으로 천주교와 무속, 근대와 전근대 사이의 갈등을 구체화한 것과는 다른 지점에서 출발하고 있음을 시사하고 있다. 앞의 세 영화는 아예 과거 역사의 물질성 자체를 지워버림으로써 '현대'가 아닌 추상적 과거를 호출하고 있을 뿐이다. 다만 「스캔들」의 경우 조선 땅에 천주교가 들어오기 시작한 시기를 배경으로 삼음으로써 그나마 다른 두 편보다 구체적으로 제시되고 있다. 그러나 이 영화의 경우, 프랑스 원작 소설을 매체로 하여 조선 시대를 번역해 내고자 함으로써 영화 속의 역사적 맥락은 그 자체로 큰 의미를 지니지 못한다. 그런 의미에서 이 세 편의 영화들은 '코스튬 드라마(costume drama)'라 할 만하다. 또는 상상적으로 조성된 '과거'라는 공간에 조선 시대의 의상과 소품들로 전시한 쇼윈도우 영화라고도 할 수 있다.

  이때 영화 속에 남는 것은 물신화된 역사, 또는 현대의 욕망으로 호명된 전근대로서의 추상명사이다. 이러한 상황은 영화 필름 자체가 역사적 기록이 되는 경우와, 역사적 사실에 대한 재현물의 경우 모두를 피해간다. 거칠게 말하면, 조선 시대를 빙의(憑依)한 판타지물이라 할 수 있다. 그렇다면, 이 세 편의 영화는 21세기 남한 주민의 망탈리테(mentalites)에 대한 직접적인 발언이라고 말할 수도 있을 것이다. 왜냐하면 이 세 편의 영화들은 현재의 전사(前史)로서의 과거를 이야기한다기보다, '과거'라는 기표를 빌려 '현재'의 욕망을 소구(訴

---

3) 영화 속에서 수원 화성 축성에 대한 이야기가 잠깐 삽입되고 있다.

求)하고 있기 때문이다.[4]

「스캔들」에서 갈등의 중심축은 조원(배용준), 숙부인(전도연), 조씨 부인(이미숙) 사이에서 벌어지는 '게임'이다. 바람둥이 조원이 조씨 부인의 몸을 탐하자, 조씨 부인은 조원과 내기를 건다. 조원이 행실 바른 숙부인을 유혹할 경우 자신의 몸을 내주겠다는 것. 이 영화의 내러티브는 우리들의 기대를 빗겨나간다. 9년 동안 수절하여 열녀문까지 하사받고, 게다가 독실한 천주교 신자였던 숙부인이 조원과의 낭만적 사랑에 무너지는 것이 그러하다. 물론 조원은 은밀하게 춘화(春畵)를 그려대고, 숙부인이 서구로부터 유입된 천주교를 믿고 있기 때문에 이들이 근대적 연애 감정의 주체가 될 개연성을 전적으로 부인할 수는 없다. 그러나 조원으로 상징되는 리비도가 숙부인의 정절 의식과 천주교 신앙을 압도한다는 설정은 지나치게 서구적 시선이라 할 수 있다. 물론 서구 문명의 하나로 수입되었던 천주교는 전통적인 가부장주의와 여성관에 변화를 주긴 했었다.

> 남편을 잃어도 시가에서 시부모를 모시고 재가의 기회를 잃고 있었던 청상과부들은 서로 교류하는 가운데 비합리적인 의무에서 벗어나고자 하였고 몇몇은 모여서 수도자적인 공동체 생활을 하기도 하였다. … 더욱이 종교적인 공동체를 구성함으로써 유교적 수절이 갖고 있던 고립감을 해소할 수 있는 계기를 부여하였고 사회로부터 소외된 여인

---

[4] 조한욱, 『문화로 보면 역사가 달라진다』, 책세상, 2000, p.39.
"이데올로기란 이른바 '대의명분', '이념', '가치관' 등과 같이 의식적으로 삶의 목표로 삼아 추구하려는 것을 말한다. '망탈리테'는 그것과는 구분되지만 여전히 존재하는 정신적인 태도를 말한다. 이것은 집단적으로 확립되기는 했지만, 반드시 의식적이라고 말할 수 없는 태도, 개념, 규범, 자연에 관한 특정 사회집단의 가치관 등을 지칭한다. '망탈리테'란 지리나 기후와 같은 장기지속적인 조건에 의하여 오랜 기간에 걸쳐 형성된 집단적인 사고방식, 생활습관 같은 것을 의미한다."

들을 포용하여 새로운 삶의 활로를 터주는 역할을 담당하였다. 이 모임은 새로운 형태의 공동선을 향한 사회적 움직임이었다.5)

여기에서 세 명의 조선 시대 양반들은 18세기 말 프랑스 사교계 귀족들로 변신한다. 쇼데를로 드 라클로가 1782년에 출판한 소설 「위험한 관계」는 프랑스 혁명 직전 문란하고 퇴폐적인 프랑스 상류사회의 추태를 풍자하고 있다. 「스캔들」은 신윤복의 춘화를 통해 이 시기 사람들의 성 윤리가 비교적 자유로웠을 것이라는 가정으로 시작한다. 그러나 18세기 프랑스의 분방한 성 풍속도는 비슷한 시기 조선에 대비될 수는 없다. 왜냐하면 이 시기 조선의 여인들에게 정조는 선택이 아니라 운명적인 의무였기 때문이다. 이 지점에서 영화 「스캔들」은 18세기 조선의 역사적 맥락을 놓쳐버리고 '이성에 대한 욕망'이라는 근대 유럽의 보편적 개념으로 환원된다. 18세기 조선(또는 조선시대의 민족)은 '시대'를 잃고 그 대신 '풍경'을 선사받는다. 그러나 이때의 '풍경'은 21세기 한국의 감독이 상상한 조선의 상상도(想像圖), 또는 차용된 기표로서의 조선 역사이다.

「형사」의 경우 탈역사성의 징후는 보다 심각하다. 이명세 감독의 이전 영화 「인정사정 볼 것 없다」의 사극 버전이라 할 만한 「형사」는 애초부터 역사적 물질성을 지워버린 상태에서 시작하고 있다. 조선시대 '난세(亂世)'를 배경으로 여형사 남순(하지원)과 안포교(안성기)는 시중에서 유통되고 있는 위조 화폐의 범인을 체포하기 위해 수사에 착수한다. 수사가 진행될수록 용의자가 자객 '슬픈 눈(강동원)'으로 좁

---

5) 이향만, 「천주교 수용과 여성의 근대의식」, 성균관대학교 동아시아 유교문화권 교육·연구단 편, 『동아시아와 근대, 여성의 발견』, 청어람미디어, 2004, pp.99-100.

혀진다. 이 작품은 영상의 비주얼한 완성도와 영화의 형식미를 추구함으로써 시대 배경의 구체성을 주변으로 밀어내고 있다. 이때 조선시대라는 시간배경은 영화의 내러티브를 위한 것이라기보다는 미장센 구축을 위한 장치로서만 기능할 뿐이다. 화려하고 변화무쌍한 시각적 이미지가 '역사'의 시간성을 잠식해버린다. 영화 속에서 시간성은 증발되고 공간성만 과잉 상태로 넘쳐나고 있다. 따라서 「형사」는 '시대극'도 '역사극'도 아닌 어정쩡하게 장르 사이를 미끄러져 빗겨간다. 이에 따라 '시대'를 살아가고 있던 '민족'의 구체성도 함께 증발해버린다.

쫓는 자와 쫓기는 자 사이에서 벌어지는 사랑과 갈등. 이 모티브는 남녀 사이를 숙명적인 연인 관계로 설정하는 기본 동력이 될 만한데, 이러한 특징은 조선시대도 현대도 아닌 보편적인 초월 시간을 지향하게 된다. 따라서 영화 속에 등장하는 인물들은 특정 시간을 살아가고 있는 존재로 부각되지 못하고 이미지로 흘러 다닌다. 이들이 거닐고 있는 '과거 시간'은 '현대'의 전사(前史)로서의 역사적 기원이 지워진 초월적 시간이다. 감독은 결국 「인정사정 볼 것 없다」의 주인공들에게 조선시대로 추측되는 시대의 의상을 입혔을 뿐이다. 따라서 영화 「형사」는 역사로부터 탈맥락화되어 외부와 차단된 폐쇄적 텍스트 구조를 유지할 수밖에 없다.

「음란서생」은 앞의 두 영화에 비해 시대적 구체성을 살려내기 위해 애쓴 흔적이 보이는 작품이다. 이를테면 조선시대 유기(鍮器) 상점, 의금부(義禁府), 왕궁 등의 공간 묘사에 있어 섬세한 배려가 눈에 띈다. 그러나 이 영화는 현대와 조선시대 사이의 내적 연속성(또는 시대 초월적 보편성)을 지나치게 신뢰함으로써 상대적으로 두 시대의 차이에 대해서는 관용적인 태도를 보인다. 대사 중에 나오는 '폐인, 댓 글'과 같은 용어뿐 아니라 음란서적 제작과 판매 및 유통 구조에 대한 시대적 배경 또한 매우 현대적이다. 이는 성적 욕망과 관련된 인간사는 현재나 조선시대나 큰 차이가 없을 것이라는 전제에서 가능하다. 영화는 표피적 리얼리즘의 파괴를 넘어 역사학계의 주장들을 탈신비화하고, 역사적 시차와 객관성이라는 개념들에 의문을 제기하며, 과거에 대해 우리가 던지는 질문들은 언제나 우리의 현재적 관심에서 비롯되는 것이라는 점을 주장한다.[6)]

사대부 신분인 윤서(한석규)가 가문의 숙적 파벌에 속하는 의금부 대사 광헌(이범수)을 꼬여 음란소설의 삽화를 그리게 한다든지, 왕의 후궁인 정빈(김민정)이 윤서를 유혹하기 위해 궁궐을 빠져나오는 등의 상황 설정은 상식적으로 조선시대의 풍경으로 여기기 어렵다. 그러나 음란소설과 춘화에 대한 모티브는 시대적 정황에서 그리 멀리 떨어져 있지 않은 것으로 보인다.

> (중국에서) 향락적인 성문화로서 춘화가 자리 잡힌 것은, 패관소설이 유행한 명나라 후기이다. … 여기에서 인기리에 간행된 『金甁梅』나 『昭陽趣史』와 같은 패관소설에는 호색적 내용이 삽도로 등장하였다. … 우리나라에 중국의 춘화가 소개된 사실은 조선 후기 실학자 李圭景의 『五洲衍文長箋散考』, '漢書春情辨證說'에 밝혀져 있다. 일찍이 중국에서 들어온 그림 가운데 남녀가 성교하는 각양각색의 형상이 그려져 있거나 또는 상자 속에 넣은 인형을 작동시키면 남녀의 성행위를 생동감 있게 보이는 것도 있다. 이를 춘화도라고 하는데 보는 이로 하여금 성욕을 발동시켜 흥을 돋군다고 한다.[7)]

---

6) 로버트 A. 로젠스톤, 「워커, (포스트모던적) 역사로서의 극영화」, 로버트 A. 로젠스톤 엮음, 『영화, 역사-영화와 새로운 과거의 만남』, 김지혜 옮김, 소나무, 2002, p.333.

위의 인용문에서 알 수 있듯이 조선 후기에 와서 중국 및 일본으로 부터 춘화 및 음란한 패관소설이 은밀하게 수입되고 있음을 추측할 수 있다. 그러나 음란소설의 창작자와 제작사 및 도서 대여업자 사이에 형성된 근대적 유통 시스템이나, 소설 속의 삽화 구성 방식, 대여해 간 음란소설 책 뒤에 독자들이 감상평을 적어놓거나 팬클럽을 형성하는 풍경 등은 작가 및 감독의 상상력에 의해 구현된 것이다.

루카치는 과거에 대한 충실함이 과거의 언어, 사유 방식, 그리고 감각 방식의 연대기적이고 자연주의적인 재현을 의미하는 것인가에 대해서 단호하게 아니라고 말한다. 루카치는 모든 역사 소재 작품에 나타날 수밖에 없는 '필수불가결한 시대착오(notwendige Anachronismus)'을 괴테와 헤겔의 입을 빌려 설명하고 있다.

> 우리가 환기시키는 모든 과거를 우리 방식으로 동시대인들에게 제시하기 위해서는 고대의 사건에 그것이 실제로 그랬던 것보다 한층 더 고양된 상(像)을 부여하지 않으면 안 된다. … 일리어드와 오딧세이, 모든 비극 배우, 그리고 참된 문학이 우리에게 남겨준 것, 이 모든 것은 오직 시대착오 속에서만 살아 숨쉬고 있다. 사람들은 모든 상황을 명백히 하거나, 아니면 단지 그럴 듯하게 하기 위해 그것에 현대의 정신을 빌려주는 것이다.[8] (괴테)
>
> 재현된 대상의 내적 실체는 동일하게 남아 있다. 그러나 이 실제적인 것의 재현과 전개의 발전적인 형성은 그 실체의 표현과 형상을 위한 어떤 변형을 불가피하게 요구한다.[9] (헤겔)

---

[7] 이태호, 「조선후기 춘화의 발달과 퇴조」, 《全南史學》 제11집, 1997, p.789.
[8] 게오르그 루카치, 『역사소설론』, 이영욱 옮김, 거름, 1993(2쇄), p.67에서 재인용.
[9] 위의 책에서 재인용.

헤겔의 경우, 형상화된 과거가 현재의 작가에 의해 현재의 필수불가결한 전사(前史)로서 명백히 인식되고 체험될 때, '필수불가결한 시대착오'는 역사적 소재로부터 유기적으로 생겨날 수 있으리라고 생각한다. 루카치는 헤겔의 주장을 통해 과거를 바라보는 현재의 관점을 중요시하고 있는데, 그것은 객관적이고 역사적인 실재로서의 영향 관계이다.

> 작가가, 과거부터 이미 생생하게 활동하고 있었던, 그리고 실제 역사적으로 현재에까지 이끌어진, 그러나 이러한 사건을 겪은 동시대인들에게는 자명하게도 그들 이후에는 명백하게 되어버린 그것의 의미가 인식되지 못했던 그러한 경향들을, 이들이 이러한 과거의 산물, 즉 현재에 대해 객관적, 역사적으로 갖고 있는 것만큼의 무게로 드러나게 하는 방식으로이다.10)

루카치가 보기에 '필수불가결한 시대착오'는 역사적 진실성, 즉 인물의 역사적, 심리적 진실, 그들의 정신적인 동기들과 행위의 진정한 '지금 그리고 여기(hic et nunc)'에서의 진실을 확보하고 있어야 한다. 헤겔이 주장하듯, 역사 속에서 하나의 과정, 즉 한편으로는 역사의 내부에서 운동하는 여러 세력들에 의해 추진되고, 다른 한편으로는 인간 생활의 모든 현상과 사유에까지 그 영향을 미치는 과정, 결국 거대한 역사과정으로서의 인간의 총체적 삶이 온전히 드러나는 것이어야 바람직한 역사성을 확보할 수 있다.11) 그런 의미에서 위의 세 영화들은 헤겔과 루카치가 상상한 '역사소설' 또는 '필수불가결한 시

---

10) 위의 책, p.68.
11) 위의 책, pp.24-25.

대착오(notwendige Anachronismus)'로부터 멀리 떨어져 있다고 할 수 있겠다. 세 편의 영화들이 생산해 내는 시간 의식은 역사적 '총체성'을 거부하고 있기 때문이다. 그러나 신역사주의와 포스트모더니즘의 시각에서 보자면, 헤겔이나 루카치의 주장은 과도한 정치성을 은폐하고 있는 것처럼 보일 수도 있다.

> 과거의 역사는 이미 당대의 맥락이 탈각된 흔적으로서의 유물이나 고문서와 같은 파편화된 부분으로써만 존재할 뿐이다. 그것은 이미 흔적으로서만 남은 과거를 해석하고 구성해 내는 역사적 지식의 주관성이나, 나아가 무엇보다도 과거의 객관적이고 실제적인 사실을 담보해 준다고 여겼던 기록이나 문서와 같은 역사적 대상 그 자체에 내재해 있는 정치적 권력의 오용과 이용에 관한 이데올로기적 함의이다.[12]

그러나 신역사주의나 포스트모더니즘적 역사관이 세 편의 영화에게 모두 면죄부를 제공해 줄 수 있다는 것은 아니다. 왜냐하면 세 영화에서 문제가 되는 것은, 사료(史料)의 채택 과정에 연루되어 있는 권력 문제가 아니라, 과거와 현대의 관계 설정에 대한 시각 문제이기 때문이다. 루카치가 강조하고자 하는 것은 과거 역사를 원형 그대로 재현하는 것과는 관계가 없다. 역사드라마는 역사적 사실을 해석하고 구체적인 상황과 성격을 구축하여 생명력을 불어넣는다. 이때 과거 시간과 인물들이 현재적 의미로 해석되고 새롭게 조명을 받게 되면 역사 속에 갇혀 있던 특정한 시간과 인물이 보편성을 획득하게 된다. 역사드라마에서 역사적 정확성보다 시적 진실이 더 중요한 이유는 바로 여기에 있다.[13]

---

[12] 공임순, 「환상적' 역사소설 연구」, 《서강어문》 제15집, 1999, p.59.

거칠게 말하자면,「스캔들」은 유럽 원작 소설 위에 조선의 옷을 덧씌움으로써 프랑스도 아니고 조선도 아닌 퓨전의 시공간을 전시(展示)하고 있다. 춘화도와 천주교와 같은 시대적 근거들은 원작 소설의 프랑스적 내러티브 속에서 스쳐가는 볼거리로만 존재한다.

「형사」에서는 '역사'라는 개념조차 떠올리는 것이 쉽지 않다. 애초부터 이 영화가 과거와 현재의 연결 가능성이나 대화를 설정해 놓지 않고 있으며, 과거 역사에 대한 재현 욕망도 지니고 있지 않고 있기 때문이다.「형사」가 묘사하고 있는 영화 속의 시공간 및 캐릭터들은 철저하게 상상되고 고안된 이미저리에 불과하다.

「음란서생」은 조선시대 상가(商街)의 풍속도를 매우 치밀하고 섬세하게 재현해 냄으로써 영상의 진정성을 확보하고자 한 작품이다. 춘화와 음란 소설, 그리고 패관소설 류의 근대적 유통망과 확산되는 독서 대중 등에 대한 것은 역사적으로 객관성을 인정받을 수 있다. 그러나 재현된 역사는 감독의 현대적 감각에 의해 수정되고 번역됨으로써 매우 낯선 과거 풍경을 만들어낸다. 이때의 탈역사적인 재현 방식은 '의도된 시대착오'라 칭할 만하다. 이 영화들이 호명하는 역사는 마치「스캔들」에서 조원이 조씨 부인과 함께 숙부인을 두고 벌이는 게임처럼,「음란서생」에서 은밀하게 거래되고 있는 음란서적처럼 교환가치의 법칙에 종속된다.

세 편의 영화는, 루카치가 말한 '총체성'에의 확신을 지지하지 않는다. 거대담론이 해체되고, 상품의 물신화가 심화되고, 시각적 이미지의 과잉이 보편화되는 상황에 있어서 전통적인 재현 의지는 방해받

---

13) 김남형,「역사극의 장르적 특성에 관한 연구」, 서강대학교 석사학위논문, 1999, p.25.

을 수밖에 없다.

　　상품 또는 상품화가 재현의 위기를 야기하는 결정적 요인이라는 말은, 상품화 자체가 시각화를 통해 물질적 토대를 은폐하고 독자적으로 존재하는 것처럼 자율성을 획득한다는 뜻이다. 시각화는 가시성(visibility)을 가로막음으로써 물질에 대한 접근을 원천적으로 차단한다. 이런 맥락에서 우리가 상품을 구매한다는 것은 그 구체적인 상품의 물질성이 아니라 그 상품의 시각성, 다른 말로 표현하자면 내면이 아니라 표면을 사게 되는 셈이다.14)

　20세기 후반에서 현재에 이르기까지 한국 사회에서의 미디어 테크놀로지의 발달은 획기적일 정도이다. 인문학의 위기, 정통 문학의 몰락, 거대 서사의 해체 등에 대한 담론이 가능할 수 있었던 것은 일종의 '문화의 위기'라고도 할 수 있는 새로운 미디어 테크놀로지의 전개 때문이라 할 수 있다. 이때 문화는 '원시적 열정'에 포획되기 쉽다. '문화의 위기' 시대에 문화는 동물, 야만인, 시골, 토착민, 인민 등과 관련된 '기원'에 관심을 갖게 되고, 이 회복 불가능한 공유/장소의 모습으로 나타나는 원시적인 것은 언제나 사후(事後) 발명, 즉 포스트(post, 以後) 시기에 프리(pre, 以前)가 만들어지는 것이다. 현재와 미래를 이해하기 위해 과거를 재해석하는 것 자체는 '감성의 구조'에 가장 적합한 표현 매체로서 영화를 선택하게 된다.15) 세 편의 영화는 전망 부재의 시대에 대한 미시적 내러티브 욕망의 징후로 읽혀진다. 그에 따라 풍요로운 기표의 놀이 속에서 기의의 빈곤함을 발견하게 된다.

---

14) 이택광, 『한국문화의 음란한 판타지』, 이후, 2002, p.39.
15) 레이 초우, 『원시적 열정』, 정재서 옮김, 이산, 2004, pp.44-46.

3. 시각성의 과잉결정(over-determination)과 역사적 관음증

　인간은 이야기에 목말라하는 존재이다. 「천일야화」에서 샤리아르 王과 샤흐라자드 사이에 벌어지는 이야기를 향한 치명적인 게임, 또는 영화 「미저리」에서 인기 대중 소설가 폴(제임스 칸)을 자신의 집에 감금하고 소설 '미저리'의 후속편을 강요하는 애니(캐시 베이츠)의 정신병적 욕망 구조를 통해 내러티브와 인간의 관계를 추측할 수 있다. 여기에서 이야기를 생산하는 작가는 새로운 이야기를 탐욕스럽게 찾아 헤매는 독자들에게 먹이를 건네주지 않고서는 생명을 유지하기 힘든 존재로 나타난다. 그 이야기는 정사(正史)의 형태로, 변형된 야사(野史)나 민담 및 전설, 또는 가공의 형태로 독자들의 허기를 달래준다.

　그러나 소위 '재현의 위기' 시대를 맞이하면서 이야기의 쾌락은 급속도로 증발하기 시작했다. 영상 매체와 인터넷 환경의 발달로 인해 전통적인 재현 행위 자체가 불가능하게 되었다는 지적도 나오고 있다. 실재와 가공이 혼재되고, 시공간의 근대적 인과구조에 대한 신념이 사라지고, 단일한 정체성을 지니고 있다고 믿었던 주체가 분열된 대상으로 각인되기 시작하면서 텍스트와 콘텍스트 사이의 긴밀한 재현 방식은 의심받기 시작했다.

　이제 이 시대의 문화 소비자들은 이야기의 쾌락에서 이미지의 쾌락으로, 역사적 교훈이기보다는 볼거리로서의 생활사로 관심사를 돌린 듯하다. 이때 콘텍스트는 상품처럼 진열되는 풍물(風物)로 배치되고 텍스트의 가상현실이 실재를 압도하는 형국까지 나아간다. '대상의 견고성'이 해체되기 시작하면 내러티브는 약화되고 시각적 이미지가 부상하게 된다. 보들리야르가 음울하게 예언했던 것처럼, 시뮬라

시옹이 현실을 대신하는 이미지의 홍수 속에 빠지게 되는 상황에 처해진 것처럼 보이기도 한다. 시대는 이미 이데올로기 시대에서 이마골로기(imagology)16)의 시대로 접어든 것처럼 보인다. 만약 보들리야르와 프레드릭 제임슨이 주장하듯이, 이 시대가 시각적 이미지의 과잉으로 대표될 수 있다면 우리는 시선의 정치학에 대해 고민해야 한다. 그렇다면 이제는 누가 말하는가가 아니라, 누가 보는가의 문제가 중요해진다.

정치인들은 저널리스트 손에 달려 있다. 그렇다면 저널리스트들은 누구의 손에 달려 있는가? 그들에게 돈을 지불하는 이들이다. 그들에게 돈을 지불하는 이들이란 곧, 광고를 위해 신문 지면이나 방송 시간을 사는 광고업체이다. … 상품의 판매는 우리가 생각하는 것보다 덜 중요하다. 공산주의 국가들에서의 경우를 한 번 생각해 보라. 어쨌거나 당신이 지나치는 곳곳에 붙어 있는 무수한 레닌 포스터가 곧 레닌의 값어치를 올려 준다고는 말할 수 없지 않겠는가. 공산당의 광고업체들(그 유명한 선동, 선전구들)은 그들의 실제 목표(공산주의 체제를 좋아하게 하는 것)는 이미 오래 전에 잊어버렸으며, 업체들 자체가 그들 고유의 목표가 되어 버렸다. 그들은 하나의 언어를, 여러 공식과 하나의 미학을(이들 업체의 장들은 과거 그들 조국의 예술의 전제군주들

---

16) 이마골로기는 가상의 논리, 즉 가상을 토대로 삼아 실재적 토대마저 무시하려는 강화된 이데올로기를 뜻한다. 인쇄매체가 민족 국가 전 영역으로 보급되고, 다양한 대중매체가 그 자체로 사회적 영향력을 발휘하기 시작하자 매체 자체가 위력을 발휘하게 되었다. 이마골로기는 자신의 본질인 이데올로기를 관철시키면서도 뛰어넘는다. 이데올로기가 권력을 장악하고 있는가를 전제하면서 옳고, 그름의 가치 판단을 했다면, 이마골로기는 얼마나 알려지는가 하는 것을 옳고, 그름의 잣대로 하여 권력 장악은 물론 권력 관리까지 한다. 이마골로기는 매체와 매체형식을 띠며, 이데올로기를 매체와 매체형식으로 변화시킨다.
(http://blog.naver.com/miavenus/60002862913)

이었다.) 창출해 냈고, 이를 곧 하나의 독특한 삶의 스타일로 발전시켜 가난한 인민대중에게 공표하고 부과했던 것이다. … 마르크스의 유산 전체가 그 어떤 논리적 사상 체계를 형성하기는커녕 단지 일련의 이미지와 암시적인 도상들(망치를 든 채 웃고 있는 노동자, 황인과 흑인에게 손을 내밀고 있는 백인, 비상하는 평화의 비둘기 등)을 이룰 뿐인 만큼, 우리는 그 이데올로기의 점진적이고 총체적이며 전 세계적인 이 마골로기(imagology)의 면모에 대해 정당하게 말할 수 있는 것이다.17)

이 글에서는 쿤데라의 '이마골로기'를 '시선의 정치학' 또는 '광학적 무의식'과 밀접하게 연관되는 하나의 '이미지 구성체(formation of image)'로 간주하고자 한다. 「스캔들」, 「형사」, 「음란서생」 세 편의 영화는 내러티브의 핍진성(逼眞性)보다는 시각적 이미지의 완성도에 치중한 영화로 분류될 수 있을 것이다. 의상, 무대장치, 각종 오브제 등 섬세하게 재현된 시각적 대상이 미장센을 풍부하고 화려하게 장식하고 있다.

「스캔들」에서 숙부인과 조씨 부인이 입고 나오는 의상이나, 이들이 화장할 때 사용하는 다양한 소도구들, 그리고 양반 가정의 주택과 실내 풍경 등이 우아하고 품격 있게 묘사되고 있다. 특히 숙부인이 번갈아 입고 나오는 의상의 디자인과 색채는 그녀의 심리 변화에 맞춰 적절하게 채용되고 있다. 영화에서 숙부인의 캐릭터와 내면 묘사는 대사나 동작보다는 의상의 시각적 이미지나 소품, 또는 화면의 색채 등에 의해 제시된다. 등장인물들의 '정서적 등가물'이라 할 수 있는 오브제들은 영화의 심리적 변화 과정을 읽을 수 있는 키워드가 되

---

17) 밀란 쿤데라, 『불멸』, 김병욱 옮김, 청년사, 2002, pp.148-151.

는 것과 동시에 관객으로 하여금 시각적 쾌감을 느끼게 해주는 기능을 수행하게 된다. 우리는 다양하고 구체적인 소품들을 통해 내러티브의 사실성과 매력이 증가될 수 있다는 사실을 TV 드라마 「대장금」에서도 실감한 바 있다. 「스캔들」에서 시각적 쾌락은 「대장금」에서의 다양한 요리가 그랬던 것처럼 내러티브의 쾌락을 능가하기도 한다.

이전의 TV 드라마 「태조 왕건」, 「불멸의 이순신」, 「해신」 등은 군중씬(mob scene)을 이용한 전투장면, 진군(進軍) 장면, 궁궐 전경 등과 같은 스펙터클을 사극(史劇)의 주요 전략으로 사용한다. 그러나 「대장금」과 「궁(宮)」의 경우 대단위 야외 로케이션 촬영 장면보다는 비교적 협소한 공간 속에서 펼쳐지는 인간관계와 소품들의 재현을 통해 극의 흥미를 유도하고 있다. 특히 HDTV 구현 방식을 채택한 「궁(宮)」에서는 이전까지 TV 드라마에서는 발견할 수 없었던 미장센, 즉 각종 소품들로 화면을 가득 채운 프레임 구축 방식으로 시각적 이미지의 극대화를 도모하였다. 상대적으로 '찬 매체(cool media)'로 평가받던 TV 브라운관은 「궁(宮)」에 와서는 '뜨거운 매체(hot media)'로 불릴 만한 상황까지 변화하였다. 서사의 힘과 시각성의 힘 사이의 권력관계에서 명백하게 시각성의 힘이 우위를 점하게 되는 지점을 발견하게 된다. 영상과 음악적 기호들은 '기의'를 위해 존재하는 그들 본래의 기능을 유보한 채, 그들 스스로 화면 위에 현존하는 하나의 물질적인 '대상'이 되어 직접적으로 수용자의 욕구 충족 과정에 작용하기 시작했다. 즉 기의로부터 해방된 이러한 요소들의 '물질성'은 이야기의 실질적인 진행을 일시적으로 유보한 채 수용자에게 탈-맥락인 즐거움을 제공한다.[18]

---

[18] 원용진·주혜정, 「텔레비전 장르의 중첩적 공진화(dual co-evolution) : 사극 「허

여기에서 시각 미디어를 분석하는 방식으로 두 가지가 존재할 수 있다고 지적한 김소영의 언급을 살펴볼 필요가 있다.

> 영화와 사진 그리고 TV와 같은 시각 미디어는 20세기에 오면서 역사를 재현, 해석, 사고하고 과거의 흔적으로부터 의미를 만들어내는 데 사용하고 있다. 그 중에서도 영화가 역사를 그 내부로 끌어들이는 방식은 전통적인 왕조복장 드라마에서부터 다큐멘터리, 그리고 최근에 제작되는 수정주의적 역사영화까지 상당한 스펙트럼을 이루고 있다. … 역사를 다루는 영화들은 대체로 두 가지 방식으로 취급되었다. 영화를 그 시대의 정치적, 사회적 관심들의 반영물로 간주하고 역사적 내용을 진지하게 다루지 않았다고 비판하는 것이 하나의 방식이고, 특정한 책에 근거해 영화가 만들어졌다면 그것과 다른 해석을 하고 있다고 질책하는 것이 두 번째 방식이다. 이와는 다른 방식으로, 시각적 미디어가 역사를 다루는 고유 방식을 검토하는 것이 있다. 말하자면 영화가 어떻게 문자와 다른 방식으로 과거를 다루는가 하는 질문이 그것이다.19)

첫 번째 방식을 택한다면, 세 편의 영화들은 모두 역사를 왜곡하거나 무시한 실패작으로 분류될 수 있을 것이다. 엄밀하게 말해서 「스캔들」의 경우에서도 조선 후기의 실재 역사와 영화적 이야기 구조의 상동성은 별로 찾아보기 힘들기 때문이다. 이는 「형사」나 「음란서생」도 마찬가지이고, 「황산벌」, 「천군」에서는 극단적인 역사 훼손이 나타나고 있기 때문이기도 하다. 예컨대 2000년 이후 한국 영화계에서

준」, 「태조 왕건」 분석을 중심으로」, 『한국방송학보』 통권 16-1, 한국방송학회, 2002, pp.309-310.
19) 김소영, 『근대성의 유령들』, 씨앗을 뿌리는 사람, 2000, p.129.

역사 소재 작품들은 이전의 사극 문법을 과감하게 탈피하고 역사를 전혀 다른 방식으로 전유함으로써 논란꺼리를 제공하고 있다.

이명세의 「형사」는 역사드라마라고 부르기보다는 차라리 시각적 이미지 실험과 회화적 묘사를 위한 '활동사진'이라고 부르는 것이 낫다. 이때 역사는 시각적 쾌락에 의해 그 흔적이 지워지고 신화적인 시공간을 허용하게 된다. 카메라는 등장인물들과 공간 배경을 역사적 맥락에서 탈구시키고 시각적 이미지의 표면을 포착한다. 이와 함께 기표(記標)로서의 영상 이미지는 역사라는 기의(記意) 밑을 미끄러져 지나간다. 「형사」보다는 덜 하지만 「음란서생」에서도 시각적 이미지는 역사적 내러티브를 압도한다. 유기전(鍮器廛)을 중심으로 상가(商街)를 몽환적이면서도 역동적으로 포착함으로써 관람자의 시선을 매료시킨다. 「음란서생」의 오프닝씬은 장옷으로 몸을 가린 여인네들이 저마다 등(燈)을 들고 길을 걷고 있는 장면이다. 몽환적이고 신비롭게 처리된 이 장면은 감독이 조선시대를 바라보고 싶은 욕망의 실루엣으로 보아도 좋을 것이다. 은밀하면서도 강력하게 리비도가 꿈틀거리던 조선 시대의 시전(市廛), 유기전 내부, 궁궐 안 정빈(김민정)의 처소, 홍등가, 내시관(內侍館), 의금부 감옥 및 고문실 등의 공간은 이 영화가 심혈을 기울여 표현한 곳이다. 여기에 정빈이 윤서(한석규)를 불러 차를 대접할 때 등장하는 다구(茶具), 정빈이 수시로 갈아입는 의상, 유기전 주인 황가(오달수)가 당시 예술가들이 즐겨 사용하는 것이라며 건네 준 선글라스, 틈틈이 소개되는 춘화(春畵) 등의 소품은 시각적 쾌락을 극대화한다.

그러나 「스캔들」과 「음란서생」의 경우 모두 신윤복 화풍의 춘화(春畵)가 등장한다. 과거에 급제하고도 관직에 나가지 않은 채 여색을 탐하며 춘화를 그리는 조원(배용준)은 나라로부터 열녀문까지 하사 받은 청상과부 조씨 부인(전도연)을 범하기로 작정한다. 결국 조원의 목표는 정절(貞節)과 천주교의 공간에 유폐되어 사는 조씨 부인을 욕망의 난장(亂場)으로 끌어내리는 것. 이를 위해 조원은 끈질기게 조씨 부인을 따라다니며 탐색한다. 「음란서생」에서 김윤서(한석규)는 성공한 베스트셀러 음란소설을 위해 정빈을 이용한다. 윤서 소설의 삽도(挿圖)를 맡은 의금부 관리 광헌(이범수)이 실물(實物)을 보지 못해 그림을 못 그리겠다고 하자, 윤서는 정빈을 시전(市廛)으로 유인해 정사를 벌인다. 이 둘의 정사를 나무 벽 틈으로 훔쳐보는 광헌. 그리고 광헌의 삽화는 윤서의 소설과 어울려 당대 최고의 베스트셀러로 성공한다. 두 편의 영화는 모두 점유하고 싶은 대상에 대한 집요한 시선의 욕망을 내포하고 있다. 조씨 부인에 대한 조원이나, 성행위에 대한 윤서와 광헌의 욕망은 모두 대상에 대한 탐욕스러운 관음증을 유발시킨다. 나아가 영화들은 역사마저 관음의 대상으로 배치함으로써, 시선 주체와 시선 객체의 관계, 현대와 과거의 관계를 날카롭게 갈라놓는다. 이때 둘 사이의 관계는 '대화'나 '투쟁'을 통한 상생상극의 관계가 아니다. 왜냐하면 시선 주체가 설정한 시선 객체의 세계는, 라캉이 말한 바 있는, '상상계'에 속하는 것이기 때문이다. 시선 주체는 집요하게 객체를 관음하고 호명하고 재현하려 하지만 현존할 수 없는 대상에 불과하다.

4. 맺음말

프로이드는 무의식을 논하면서 '억압된 것의 귀환'을 이야기한다. 의식에 의해 억압되는 욕망은 무의식 깊이 은폐되어 있다가 어느 순간엔가 의식의 표면으로 솟아오른다는 주장이다. 우리가 공포영화에서 '억압된 것의 귀환'을 자주 거론하는 것은 이 장르야말로 문명의 억압에 의해 은폐되어 있던 과거의 욕망들에 대한 징후를 잘 나타내주기 때문이다. 그러나 벤야민이 영화를 일컬어 '광학적 무의식'에 의한 근대적 발명품이라고 했듯이, 영화라는 매체 자체가 '억압된 것의 귀환'을 가장 잘 나타내주는 예술 중의 하나일 것이다.

「스캔들」과 「음란서생」은 욕망에 대한 시대착오를 징후적으로 보여주고 있다. 그런데 이때의 욕망 구조는 매우 착종된 형태를 지니고 있다. 두 영화가 조선시대에 억압되어 있던 성적 욕망을 현대에 와서야 풀어놓은 것으로 보기 힘들기 때문이다. 오히려 이 두 영화는 '억압된 것의 귀환' 구조를 통해 과거의 욕망을 오늘날에 펼쳐 보이는 것이 아니라, 현대의 리비도 발산을 위해 과거의 섹슈얼리티를 불러들인다. 말하자면 현재의 억압된 욕망이 조선시대로 거슬러 올라가 귀환하고 있는 것이다. 이는 섹슈얼리티의 역귀환(逆歸還)이라 칭할 만하다.

그런 의미에서 두 영화는 과거로부터 억압되어 온 욕망의 배설에 대해서 통쾌하고 산뜻하게 대응하기에 아직도 자유롭지 못한 주체에 대한 백일몽을 대표한다. 「음란서생」이 「스캔들」보다는 억압에 대한 공포가 상대적으로 약화되어 나타나고 있다. 「스캔들」에서는 욕정에 인생을 건 남녀 주인공이 죽음이라는 파국을 맞게 되지만, 「음란서생」에서는 왕의 후궁을 유린한 두 명의 관료(윤서와 광헌)를 끝까지 살려둔다.[20] 두 영화 모두 '억압된 것의 귀환'에 대해 명쾌한 입장을 내세우

---

20) 영화의 끝부분, 윤서와 정빈이 있는 자리에서 왕은 두 남녀의 불륜을 용서한다. 이때 강력한 남근(왕)은 순정 멜로드라마의 주인공처럼 두 남녀의 순애보 때문에 복수의 칼날을 버린다. 순정파 두목과 그 두목의 애인과 정분이 난 부하의 배신.

지 못하고 있다. 이를테면 두 영화는 억압과 욕망 사이에서 분열증을 앓고 있는 듯하다. 영화는 과거라는 페르소나를 뒤집어쓰고 리비도 분출에 대한 두려움을 애써 감추려 한다.

세 영화는 역사를 호명하지만, 이때 호명된 역사는 시대적 특수성을 잃고 원형화된다. 특히 「형사」의 탈역사성은 극단적인 경우라 할 만한데, 이 영화는 역사의 구체적 물질성 자체를 아예 외면하고 있다. 감독의 상상력 속으로 호명된 과거 시간은 마치 포스트모던한 아케이드에 진열된 상품들과 같다. 「스캔들」과 「음란서생」 역시 정도의 차이는 있지만 역사를 매혹적인 풍물지(風物誌)로 바라보려는 징후를 남겨놓고 있다.

그런 의미에서 세 편의 영화는 역사에 대한 환유적 욕망보다는 은유적 욕망에 훨씬 가까운 곳에 서 있다고 하겠다. 이들이 재현해 낸 과거라고 하는 것이 시대적 특수성을 지니고 있는 것이 아니라, 오히려 현대적 정서의 '정서적 등가물'로 대체되고 있거나 아예 현대의 조선시대적 번역에 기대고 있기 때문이다. 또한 역사의 유기적, 인과적 연속성 문제는 동일성 욕망으로 환원될 수는 없기 때문이다. 이 세 편의 '새로운' 경향의 역사 드라마는 과거와 현재와 미래에 대해, 그리고 그들 사이의 관계에 대해 진지하게 심문(審問)할 필요가 있다. 그람시가 말했듯이 '새로운' 경향의 예술은 논쟁적이어야 한다.

> 새로운 문학의 전제는 역사적이지 않을 수 없고 정치적이지 않을 수도 없으며 대중적이지 않을 수도 없다. 새로운 문학은 이미 존재하는 것을 논쟁적으로, 혹은 다른 다양한 방식으로 일구어내도록 해야 한

이 바람난 남녀를 '순애(純愛)'라는 명분하에 용서하는 모티브는 순정 조폭 영화의 조선시대 버전이라 할 만하다.

다. 중요한 것은 새로운 문학이 있는 그대로의 대중문화의 토양에 해당 문화의 심미안과 경향, 그리고 그 도덕적, 지적 세계-그것이 시대에 뒤떨어지는 것이든 관습적인 것이든 상관없이-와 함께 뿌리를 깊이 내리는 것이다.[21]

---

21) 안토니오 그람시, 『대중 문학론』, 박상진 해제, 책세상, 2003, pp.100-101.

>> 박명진

1959년생. 문학박사. 1999년 ≪동아일보≫ 신춘문예 영화평론 당선. 현재 중앙대 국어국문학과 교수. 저서로『한국희곡의 근대성과 탈식민성』,『욕망하는 영화기계』,『한국 극예술과 국민국가의 무의식』 등을 출간했다.

>> 권택영

1947년생. 문학박사. 경희대에서 영문학을 전공하고 미국 네브라스카대학원에서 영문학 석사와 박사학위를 받았다. U. C. 버클리대학 영문과에서 비평이론을 연구했으며, 현재 경희대 영어학부 교수. 저서로『후기 구조주의 문학이론』,『포스트모더니즘이란 무엇인가』,『소설을 어떻게 볼 것인가』 등을 출간했다.

>> 이재성

1961년생. 문학박사. 중앙대에서 일문학을 전공하고 일본의 주오(中央)대학 문학연구과에서 가와바타 야스나리 문학 연구로 박사학위를 받았다. 현재 중앙대 일어일문학과 교수. 저서로『일본의 문화와 예술』을 발간했고, 오오카 쇼헤이(大岡昇平)의 소설『들불(野火)』을 번역 출간하기도 했다.

>> 최강민

1966년생. 문학박사. 2002년 ≪조선일보≫ 신춘문예 문학평론 당선. 현재 중앙대와 경희대에서 강의. 반연간지 ≪작가와비평≫ 편집동인. 『한국문학권력의 계보』·『비평, 90년대를 묻다』(공저) 등을 집필했다.

>> 강진구

1969년생. 문학박사. 중앙대 인문과학연구소 전임연구원. 현재 중앙대에서 강의. 『탈식민의 텍스트, 저항과 해방의 담론』·『억압과 망각, 그리고 디아스포라』·『1930년대 문학과 근대체험』(공저) 등을 집필했다.

>> 김민아

1970년생. 문학박사. 일본 주오대(中央大)에서 학사, 석사취득. 한국 중앙대 일문학 박사. 현재 중앙대, 서일대 등에서 강의. 대표논문으로 「지카마쓰와 유기리(近松と夕霧)」와 「여자간의 의리에 대한 비교 고찰」 등이 있다.

편견과 무지의 경계선 넘기

초판 1쇄 발행 _ 2007년 2월 28일

저 자 _ 박명진, 권택영, 이재성, 최강민, 강진구, 김민아
발행인 _ 김흥국
펴낸곳 _ 도서출판 **보고사**(등록 제6-0429)
주 소 _ 서울시 성북구 보문동7가 11번지
　　　　전화 922-5120~1(편집) 922-2246(영업) | **팩스** 922-6990
　　　　메일 kanapub3@chol.com | www.bogosabooks.co.kr

정 가 _ 12,000원
ISBN _ 978-89-8433-548-6(03800)

＊잘못된 책은 바꾸어 드립니다.
＊저자와의 협의에 의하여 인지는 생략합니다.